·马克思主义研究文库·

马克思主义未来社会学说
文本解读

孟 艳丨著

光明日报出版社

图书在版编目（CIP）数据

马克思主义未来社会学说文本解读 ／ 孟艳著．

北京：光明日报出版社，2025.1. -- ISBN 978 - 7 - 5194 -

8410 - 1

Ⅰ. A811. 64

中国国家版本馆 CIP 数据核字第 20250QP442 号

马克思主义未来社会学说文本解读

MAKESI ZHUYI WEILAI SHEHUI XUESHUO WENBEN JIEDU

著　　者：孟　艳		
责任编辑：杨　娜	责任校对：杨　茹　乔宇佳	
封面设计：中联华文	责任印制：曹　净	

出版发行：光明日报出版社

地　　址：北京市西城区永安路 106 号，100050

电　　话：010-63169890（咨询），010-63131930（邮购）

传　　真：010-63131930

网　　址：http：// book. gmw. cn

E － mail：gmrbcbs@ gmw. cn

法律顾问：北京市兰台律师事务所龚柳方律师

印　　刷：三河市华东印刷有限公司

装　　订：三河市华东印刷有限公司

本书如有破损、缺页、装订错误，请与本社联系调换，电话：010-63131930

开　　本：170mm×240mm

字　　数：242 千字　　　　　　印　　张：13. 5

版　　次：2025 年 1 月第 1 版　　印　　次：2025 年 1 月第 1 次印刷

书　　号：ISBN 978 - 7 - 5194 - 8410 - 1

定　　价：85. 00 元

前　言

自古以来，人类就有对未来理想社会的憧憬。这种憧憬经常体现在文化、宗教和哲学体系中，无论是东方的大同思想，还是西方的黄金时代传说，都反映了人们对一个更加和谐、美好社会的渴望。正如俄国著名思想家别尔嘉耶夫所言，"乌托邦是人的本性所深刻固有的，甚至是没有不行的"①。当人类社会开始从封建社会向资本主义社会过渡时，空想社会主义应运而生，产生了一批空想社会主义者，形成了一批代表作品，开启了世界社会主义的历史。

空想社会主义是西欧原始资本主义发展引起的一种现代化的思想反应。从托马斯·莫尔和闵采尔，到19世纪上半期的三大空想社会主义者，空想社会主义历经三百余年，成为人类对未来社会学说探索的最高理论成就。在空想社会主义者那里，未来理想社会在细节上或许各有不同，但是在两点上几乎是一致的，即公有制与民主制。公有制是空想社会主义者设想的未来社会制度的根本特征。从托马斯·莫尔到温斯坦莱，从维拉斯到巴贝夫再到欧文，绝大多数的空想社会主义者都把公有制置于显要的位置，即便是主张保留私有制的圣西门也一再强调个人所有的公有制基础。以财产公有和一切归人民所有为基础，未来社会实行"主权在民"的民主政治原则，人民具有选举、监督、罢免国家官员的权力，并具有直接参与国家重大事务讨论与决定的权利。马克思恩格斯高度赞扬了空想社会主义的成就，"德国理论上的社会主义永远不会忘记，它是站在圣西门、傅立叶、欧文这三个人的肩上的。虽然这三个人的学说含有十分虚幻和空想的性质，但他们终究是属于一切时代最伟大的智士之列的，他们天才地预示了我们现在已科学证明了其正确性的无数真理"②。同时，空想社会主义者在他们的时代终究没有找到实现未来理想社会的途径和力量，随着科学社会

---

① 别尔嘉耶夫. 精神王国与凯撒王国［M］. 安启念，周靖波，译. 杭州：浙江人民出版社，2000：113.

② 中共中央马克思恩格斯列宁斯大林著作编译局. 马克思恩格斯文集：第2卷［M］. 北京：人民出版社，2009：218.

主义的诞生，空想社会主义逐渐走向它的反面。

马克思恩格斯将未来社会学说建立在"唯物史观"和"剩余价值"两大发现基础上，实现了社会主义从空想到科学的一次伟大飞跃。马克思恩格斯的社会主义学说之所以能够成为"科学"，是因为他们从来没有试图在头脑中构建理性的社会，而是从现实的基础出发。他们看到空想社会主义所受到的时代的局限，也看到空想社会主义者展露的天才的思想火花。马克思恩格斯从来没有贬低资本主义社会所取得的一切优秀的文明成果，反而将它们作为自己的理论基础；他们从来没有满足于已经取得的成就，而是主张不断修正、发展和完善他们的理论学说。

马克思恩格斯对未来社会主义社会学说的构建也经历了一个形成、发展、成熟和反思的过程。以哲学为起点，以《共产党宣言》的发表为标志，马克思恩格斯的未来社会学说初步形成。《资本论》使马克思恩格斯的未来社会学说从理论假说上升为科学原理，标志着科学社会主义的诞生。在国际工人运动和巴黎公社实践的推动下，马克思恩格斯的未来社会学说逐渐走向成熟，其主要内容包括未来社会名称演变，社会主义前提、起点和道路问题，未来社会发展阶段及其特征等内容。马克思去世后，国际工人运动不断向前发展，恩格斯结合工人运动的新实践和资本主义的新变化进行不断的理论反思，进一步丰富了马克思主义未来社会学说体系。

马克思恩格斯通过分析资本主义社会的基本矛盾指出了未来社会主义社会的发展趋势，但是他们并没有对未来社会做具体详细的描述。马克思恩格斯从来都不赞成对未来社会的特征做细节的勾画，也没有为未来社会规定具体的发展模式。对已经取得无产阶级革命胜利、建立起无产阶级专政的国家来说，如何在本国现实的基础上，建立、发展和完善社会主义制度，无疑是科学社会主义理论的新命题。

恩格斯去世后，国际共产主义运动一分为二，列宁坚持马克思主义基本原理，创立了列宁主义。在马克思列宁主义指导下，俄国十月革命爆发，建立了人类社会历史上第一个社会主义国家政权，实现了马克思主义从理论到实践的第二次伟大飞跃。列宁社会主义思想是东方落后国家进行社会主义革命和社会主义建设的最初理论探索，是将东西方社会主义连接起来的思想桥梁，为我们留下了宝贵的思想财富。

从新的历史条件、国际形势和俄国国情出发，列宁提出帝国主义是资本主义最高阶段的理论，深化了对马克思恩格斯关于资本主义发展规律的认识。在领导俄国十月革命的过程中，列宁创造性地运用和发展了马克思主义关于无产阶级革命、无产阶级政党和无产阶级专政的理论，建成了世界上第一个社会主义国家，将马克思恩格斯构建的未来社会学说变成了现实。列宁在社会主义建设方面也做出了重要贡献，提出了过渡时期的新经济政策，在无产阶级政党建设、社会主义民主建设和社会主义文化建设领域做出了有益的理论和实践探索，极大地丰富了马克思主义未来社会学说。这在社会主义发展史上是前所未有的。

社会主义革命和建设的道路从来不是一帆风顺的，列宁去世后，苏联形成了斯大林模式，社会主义经济有了长足发展。第二次世界大战中，苏联人民和中国人民做出了重大牺牲、做出了重大贡献。社会主义国家经受住了世界大战的冲击，建立社会主义阵营，苏联成为世界超级大国。没有哪一种模式是放之四海而皆准的，也没有哪一种发展是一劳永逸的。斯大林模式演变为苏联模式，在军备竞赛和社会主义阵营内部动荡中逐渐僵化，已经成为社会生产力发展和人民生活水平提高的阻碍，最终导致苏联解体。苏联解体的教训耐人深思，苏联社会主义的失败是不是证明马克思主义不行了？回答当然是否定的。在生动的社会主义实践中坚持和发展马克思主义，是对执政党的巨大考验。什么时候对马克思主义的理解僵化了，什么时候就会在实践中犯错误、栽跟头；什么时候能够做到实事求是、守正创新，什么时候就能够做出一番事业来。中国特色社会主义就是在这样的历史经验中成功开辟出来的。

时代在变化，社会在发展，中国特色社会主义已经进入新时代，中国共产党已成为百年大党。但马克思主义没有过时，马克思主义基本原理依然是科学真理，我们依然处在马克思主义所指明的历史时代。"马克思主义就是我们党和人民事业不断发展的参天大树之根本，就是我们党和人民不断奋进的万里长河之泉源。背离或放弃马克思主义，我们党就会失去灵魂、迷失方向。在坚持以马克思主义为指导这一根本问题上，我们必须坚定不移，任何时候任何情况下都不能动摇。"①

---

① 习近平主持中共中央政治局第四十三次集体学习时强调 深刻认识马克思主义时代意义和现实意义 继续推进马克思主义中国化时代化大众化［N］. 人民日报，2017-09-30（1）.

目　录
CONTENTS

第一章　空想社会主义对未来社会的向往 ⋯⋯⋯⋯⋯⋯⋯⋯⋯ 1

　第一节　公有的经济制度 ⋯⋯⋯⋯⋯⋯⋯⋯⋯⋯ 2

　第二节　民主的政治制度 ⋯⋯⋯⋯⋯⋯⋯⋯⋯⋯ 5

第二章　马克思恩格斯对未来社会的总体构建 ⋯⋯⋯⋯⋯⋯⋯ 10

　第一节　探索与形成阶段：从《1844 年经济学哲学手稿》到《共产党宣言》
⋯⋯⋯⋯⋯⋯⋯⋯⋯⋯⋯⋯⋯⋯⋯⋯⋯⋯⋯⋯⋯⋯⋯⋯⋯⋯⋯ 10

　第二节　发展与成熟阶段：从《资本论》到东方社会理论 ⋯⋯ 40

　第三节　恩格斯晚年对未来社会学说的发展 ⋯⋯⋯⋯⋯⋯⋯ 104

第三章　列宁社会主义思想的历史演进 ⋯⋯⋯⋯⋯⋯⋯⋯⋯⋯ 112

　第一节　国际共产主义运动的新发展 ⋯⋯⋯⋯⋯⋯⋯⋯⋯ 112

　第二节　列宁主义的形成与发展（1903 年至十月革命前夕） ⋯⋯⋯ 116

　第三节　列宁对苏俄社会主义建设的理论探索 ⋯⋯⋯⋯⋯⋯ 149

第四章　分析与评价：社会主义的传统与现实 ⋯⋯⋯⋯⋯⋯⋯ 173

　第一节　空想社会主义的思想遗产 ⋯⋯⋯⋯⋯⋯⋯⋯⋯⋯ 173

　第二节　马克思恩格斯未来社会学说及其当代意蕴 ⋯⋯⋯⋯ 181

结　语 ⋯⋯⋯⋯⋯⋯⋯⋯⋯⋯⋯⋯⋯⋯⋯⋯⋯⋯⋯⋯⋯⋯⋯⋯ 195

参考文献 ⋯⋯⋯⋯⋯⋯⋯⋯⋯⋯⋯⋯⋯⋯⋯⋯⋯⋯⋯⋯⋯⋯⋯ 197

第一章

空想社会主义对未来社会的向往

　　空想社会主义是社会主义理论的初级形态，是科学社会主义的理论来源，也是科学社会主义的逻辑起点。为了便于研究，人们通常会按照不同的标准对空想社会主义（者）进行分类或分阶段。① 根据未来社会是静态图景抑或动态发展，空想社会主义大致可以分为三个阶段：第一阶段，空想社会主义者静态地描绘了未来社会的蓝图，代表人物有托马斯·莫尔（St. Thomas More）、康帕内拉（Tommas Campanella）、闵采尔（Thomas Münzer）、温斯坦莱（Gerrard Winstanley）等；第二阶段是未来社会发展阶段思想的萌发时期，空想社会主义者开始探索未来社会制度的建立过程，代表人物有维拉斯、马布利（Gabriel Bonnot de Ma-bly）和巴贝夫（Francois Noël Babeuf）等；第三阶段，空想社会主义者从理论上阐述了未来社会发展阶段等问题，代表人物有卡贝（Etienne Ca-bet）、三大空想社会主义者、魏特琳（Wilhelm Christian Weitling）等。在空想社会主义三百多年的发展历史上闪现着许多关于未来社会的天才设想，其中虽不乏臆测甚至荒诞之谈，但却提出了许多发人深思的问题，在社会主义思想史上开辟了一条崭新的认识之路，对我们加深马克思恩格斯未来社会学说和现实社会主义的认识具有重要的理论意义和现实意义。

---

① 目前国内基本上有五种分类方法。第一种是根据是否主张革命的标准划分的；第二种是根据空想社会主义者著作的体裁划分的；第三种是根据空想社会主义来源划分的；第四种是根据空想社会主义表现形式即理论斗争或实际斗争划分的；第五种是依据综合标准进行划分的。国外的空想社会主义研究主要被纳入乌托邦范畴，属于一些学者所谓"蓝图派"的乌托邦主义传统，因为马克思拒绝预测未来社会的具体形式，所以属于"反偶像崇拜"的乌托邦主义传统。参考：王伟光. 社会主义通史：第 1 卷［M］. 北京：人民出版社，2011；本书编写组. 科学社会主义概论［M］. 北京：人民出版社，高等教育出版社，2011；拉塞尔·雅各比. 不完美的图像：反乌托邦时代的乌托邦思想［M］. 姚建彬，等译. 北京：新星出版社，2007.

第一节　公有的经济制度

公有制是空想社会主义者设想的未来社会制度的根本特征。从莫尔到温斯坦莱，从维拉斯到巴贝夫再到欧文（Robert Owen），绝大多数的空想社会主义者都把公有制置于显要的位置，即便是主张保留私有制的圣西门（Claude-Henri de Rouvroy）也一再强调个人所有的公益基础。在空想社会主义发展的各个阶段，公有制思想呈现出不同的特点，经历了一个不断发展和深化的过程。

在空想社会主义最初发展的一百年中，公有制处于与私有制对立面上，两者非此即彼，势不两立。莫尔第一次明确指出私有制是人类社会一切不平等的根源，主张必须完全废除私有制，并首次将未来社会的设想与制度建设联系在一起。在乌托邦中，生产资料和消费品完全公有，任何人不占有财产，劳动产品实行按需分配。从此，公有制成为空想社会主义的重要特征，并作为社会主义的传统被保留下来。

16 至 17 世纪的空想社会主义者用文学游记或宗教神学的语言勾勒出了空想社会主义公有制的基本轮廓和基本命题。但是，不难看出空想社会主义者对公有制的认知还是粗线条的。到了维拉斯，未来社会公有制开始由一种设想逐步上升为构建的过程，即旧的所有制转变为公有制的过程。

首先，可以通过暴力或合法途径自上而下地进行经济制度变革，实现私有制向公有制的转变。比如，维拉斯笔下的理想王国是依靠普列斯塔兰人对斯特鲁卡兰人的"可怕的大屠杀"建立起来的。通过武力征服，塞瓦利阿斯建立了"美妙绝伦"的国家制度。维拉斯认为，旧社会向新社会转变需要一定的所有制形式和智力条件。"当地人过群居的生活，几乎没有什么财产"，因此，塞瓦利阿斯没花多大力气就使他的新臣民接受了"民族的全部土地和财富都归国家所有，由国家绝对支配"① 的新法律。巴贝夫开辟了空想社会主义发展史上将革命运动同理论构建相结合的全新的发展道路。巴贝夫领导了鲁瓦人民的抗税斗争，亲自参加土地运动，密切关注巴黎起义情况，关注工人的贫苦，成立平等派密谋革命委员会。马克思（Karl Heinrich Marx）高度评价平等派密谋的革命

---

① 德尼·维拉斯. 塞瓦兰人的历史 [M]. 黄建华，姜亚洲，译. 北京：商务印书馆，2009：137，135.

组织，指出这个组织和英国掘地派同属于"真正能动的共产主义政党"①。

摩莱里和马布利则试图通过法典、宪政的方式达到未来理想社会。比如，摩莱里在他的代表作《自然法典》中，以法律条文的形式规定了未来社会的本质特征是废除私有制，实行公有制。摩莱里提出，社会上的任何东西都不得单独或作为私有财产属于任何个人，但每个人因生活需要、因享乐或因进行日常劳动而于当前使用的物品除外；每个公民都是依靠社会供养维持生计和受到照料的公务人员；每个公民都根据自己的力量、才能和年龄促进公益的增长；据此按分配法规定每个人的义务。

其次，在这一时期空想社会主义者对未来社会制度的构想逐渐从静态描绘走向动态展示，"过渡"时期的思想逐渐发展起来，其中尤为突出的是马布利提出的私有制社会过渡到公有制社会的社会改革纲领。马布利认为，财产和地位的平等是国家繁荣的必要条件，但是，一蹴而就地实现那个比柏拉图的理想国还要完美的共和国是不可能的，他希望人们"放弃一步登天的念头"，因为"富人"和"不富不贵"的人无法放弃贪婪和虚荣的欲念。因此，私有制社会向公有制社会的转变必然要经历一个过渡时期，在这一时期应当把已经建立起来的私有制看成秩序、和平和公共安全的基础。正是基于这样的出发点与目的，马布利提出了未来社会的改革纲领。具体内容包括以下几方面：取缔豪华法，提倡节约；改革征税法；禁止经商法；限制和取消财产继承法和限额土地法。这些立法限制都是针对富人提出的，最终目的是要达到恢复公民财产平等。

最后，在公有制经济制度的具体内容方面，空想社会主义者也做出了重大创新。比如，摩莱里的公有制思想就蕴含了将生产资料所有制与生活资料所有制明确区分的观点。在《自然法典》中，摩莱里明确表示"社会上的任何东西都不得单独地或作为私有财产属于任何个人，但每个人因生活需要、因享乐或因进行日常劳动而于当前使用的物品除外"②。又如，在公有制基础上，巴贝夫第一次明确提出了计划经济的设想："我们未来的制度将使一切都按计划来进行……社会将会经常知道，每一个人在做的是什么事，以免同类物品生产得太多或太少。社会将规定，每个特殊生产部门由多少公民来工作，多少青年应专门致力于某项生产事业，按照现在的需要并根据可能的人口增长，将来的需要是

---

① 马克思恩格斯全集：第4卷［M］. 北京：人民出版社，1958：334.

② 摩莱里. 自然法典［M］黄建华，姜亚洲，译. 北京：商务印书馆，1982：106-107.

很容易预先算出来的，一切都会安排和分配得妥妥帖帖。"①

这一时期，空想社会主义公有制思想一方面继承了旧有的批判传统，另一方面开始肯定私有制对公有制建立的积极作用，并对公有制的对象进行了生产资料和消费资料的区分，这是空想社会主义公有制思想的一大进步。进入 19 世纪，随着工业革命的展开和资产阶级进入全面统治时期，空想社会主义也在阶级矛盾空前激烈、工人运动蓬勃兴起的时代背景下发展到历史的顶峰。这一时期的空想社会主义者在新的历史条件下，在各方面将空想社会主义推向了一个新的、更高的发展阶段，即本来意义的社会主义和共产主义的体系。

第一，通过和平、渐进的方式逐步实现现存社会向未来理想社会制度的过渡。进入 19 世纪，空想社会主义对社会发展阶段的认识更加成熟，三大空想社会主义者试图论证人类社会的发展是有规律的，资本主义制度不是自然的、永恒的制度，必然会被未来的理想社会制度代替。比如，欧文认为人类社会是一个不断向前发展的过程，主要包括渔猎时代、游牧时代和犁耕时代。犁耕时代产生了私有制，人类进入了没有理性的时期。因此，欧文认为在恶劣的资本主义旧制度和未来美好社会制度之间有一个过渡时期。在实现途径方面，三大空想社会主义者都赞成改良的方式。傅立叶（Jean Baptiste Joseph Fourier）认为由文明制度向和谐制度的变革"将是一个不会引起任何骚动的变革，因为这种变革仅仅涉及同行政制度毫无关系的家庭方面和产业方面的措施"②。这样，不需要推翻现存的政治制度，只要按照他设想的改造方案，就可以如愿以偿地实现由文明制度向和谐制度的过渡。当然，也有空想社会主义者对改良的过渡方式提出了疑问。德萨米（Théoddre Dézamy）指出，"一步步地或一下子加以消灭的贵族阶级，他们同样会对你们怀抱恶感的。能否认为，他们作为所有权和货币的所有主，会放弃一切的念头，会放弃利用你们的无知而仍留在他们手中的武器的任何尝试，他们会不会去秘密策划成千上万毒辣的阴谋"③，因此，夺走所有权和货币是消除这些危险的最好方式。

第二，将私有制的废除与公有制的建立和现实经济运行紧密联系起来。在这一阶段，空想社会主义者对私有制的认识开始突破纯粹的道德谴责和价值批判，萌发了公有制代替私有制的历史必然性的思想，如欧文提出"推行理性的

① G. 韦耶德，C. 韦耶德. 巴贝夫文选 [M]. 梅溪，译. 北京：商务印书馆，1962：90-91.
② 傅立叶选集：第 1 卷 [M]. 赵俊欣，等译. 北京：商务印书馆，2009：62.
③ 泰·德萨米. 公有法典 [M]. 黄建华，姜亚洲，译. 北京：商务印书馆，2009：285，225.

制度和以亲睦、和平、不断完善、普遍幸福的精神改造人的性格与管理世人的方法的时期即将到来，任何人力都抗拒不了这一变革"①。圣西门则看到所有制对整个社会的物质生产和价值追求的决定意义。圣西门指出，社会改革应当解决的最重要的问题，是应当如何规定所有制，使它兼顾自由和财富，又造福于整个社会，这一点比起规定权利和政府形式的法律要重要得多。为了实现这一目的，圣西门要求对现有的所有制进行改革，即实行所有权和管理经营权的分离。通过对所有权与经营权的分离，改造私有制经济的基本形式是圣西门所有制思想的突出特点。

第三，空想社会主义者对未来社会公有制经济制度的具体方面进行了更加深入的探索。比如，欧文认为劳动是创造财富的源泉，是一切价值的基础。通过在新拉纳克工厂的经营与计算，欧文发现了资本主义生产的秘密，并从政治经济学的角度对资本主义进行了批判，这在社会主义史上是第一次。他说，工人劳动创造的产品价值比他们消费的价值要大得多，他们除了生产出自己的生活资料，还生产出剩余产品。剩余产品被资本家占有，变成了利润。进而，欧文指出，这样的结果是不合理的，劳动者应当得到公平合理的报酬，工人有权享有自己全部的劳动产品。在欧文设想的共产主义社会中，公社实行消费品按需分配的原则。由于物质产品的丰富，每个人都可以随便到公社仓库去领取他所需要的任何物品，因此人们无须积累财富，也不会产生贪欲，这样便克服了18世纪空想社会主义的平均主义和禁欲主义的倾向。公社将设立公共仓库或货栈，生产出来的产品按照品种分类送进不同的仓库或货栈保存，负责分配的工作人员向社员分配所需要的物品。欧文提出，在从现存社会向新社会的过渡时期，实行按劳分配的原则。这是社会主义史上第一次将过渡时期和未来共产主义社会的分配形式区分开来，对社会主义分配理论做出了重要贡献。

第二节 民主的政治制度

自托马斯·莫尔开始，民主就赫然写在了社会主义的红旗之上。莫尔竭力批判封建专制主义，提出主权在民的民主政治原则。以财产公有和一切归人民所有为基础，莫尔同样赋予了乌托邦人民同等的政治权利。人民具有选举、监督、罢免国家官员的权力，并具有直接参与国家重大事务讨论与决定的权利。

---

① 欧文选集：第2卷[M].柯象峰，等译.北京：商务印书馆，2009：49，131.

后来的空想社会主义者继承了莫尔的民主思想，并随着资本主义的发展与成熟，不断地补充完善他们所向往的那个未来社会的民主政治制度。

第一，确立人民主权的思想原则。

在绝大多数空想社会主义者构想的政治制度中，人民享有至高无上的权力。这种权力以生产资料的公共占有和财产公有为基础，通过法律的形式固定下来，并得到一系列选举、监督等民主制度的保障。这样，空想社会主义者为未来的政治制度确立了主权在民的思想原则。马布利认为，国家的最高权力属于人民，每个公民都有改变现有政府和管理制度的权利与义务。如果政府违背了理性和人民的利益，公民有权要求更换政府。人民代表机关是国家的最高权力机关，由选举产生国家的最高行政机关，后者受到前者的约束。摩莱里认为每个领导人，无论职位高低，与人民群众一律平等，一旦违法，处以终身禁闭，永远开除公民队伍。巴贝夫则强调应以平等为基础建立人民主权。巴贝夫认为，立法权属于人民，任何违背人民利益和自由意志的立法权都是有害的。为了使人民可以真正行使立法权，巴贝夫提出设立实现人民主权会议、中央立法会议和国民意志保卫会议。卡贝提出人民主权原则，即人民是国家权力机关的真正主人，并将之贯彻到民主政治中。

第二，建立完善的社会主义法律体系，实行法治管理。

一些空想社会主义者通过法典的形式展开对未来理想社会制度的描绘，他们的思想主张形成了法典社会主义，如温斯坦莱的《自由法》、摩莱里的《自然法典》和德萨米的《公有法典》等。他们不仅阐释了未来社会主义的法律原则，而且创建了未来社会的法律制度。

温斯坦莱是以法律形式制定理想社会方案的第一人，也是构建社会主义法律体系的第一人。温斯坦莱特别重视自由共和国的法治建设和法治化的管理模式，即通过法律来实现国家管理。同莫尔一样，温斯坦莱认为法律应当简洁明确，便于人民掌握使用。他设置了共和国的法律体系：包括行政法和诉讼法等在内的基本法以及包括耕种法、监督人法、公职人员选举法和婚姻法等十二种专门法律。在人治与法治的关系上，温斯坦莱提出了独特的观点：要在管理方面建立真正的秩序，既不能只服从公职人员的意志而不管法律，也不能只服从法律而不管公职人员，更不是只服从这两者而不管执行情况，而当这三者协调起来的时候，管理制度才是健全的。

摩莱里认为一切混乱和灾害的起源与发展都同各种社会腐败的法制有关，与温斯坦莱的法律思想相比，摩莱里的自然法体现了更多的现代民主宪政的观念。比如，强调法律在政治和社会生活中的至高权威：在政治生活中，国家任何公共命令的公式都是法律命令；参议会拥有隶属于法律的一切政治权力，可以发布执行法律的命令；元首的职责在于根据法律做出决议和管理国家，如果他向人民强施法外义务，法律将剥夺他的一切权力；等等。

德萨米是 19 世纪法典空想社会主义的代表人物。他继承了摩莱里的法典思想，试图将未来社会建立在法律原则之上。他甚至认为在以公有制为基础的未来社会中，政治制度和国家的政治职能将由法律取代，"因为一切事情都是自然而然地进行的，一切法律和社会关系都是自然规律的真实反映，所以政治制度和政治职能将不再具有重要意义而退居次要地位，国家只需依照从根本法中衍生出来的整套法律体系就可以和谐自然地运转了"①。

第三，建立公职人员选拔、监督与任免的民主机制。

温斯坦莱为共和国设计的民主选举的政治制度是社会主义政治学的思想源头，特别是他第一次在社会主义思想史上提出了公职人员选拔、监督与任免的机制，被马克思称为"最彻底的共和主义"。温斯坦莱认为，任何公职人员都是人民的公仆，"应该由需要他的、认为他能胜任这项工作的人来推选"②。《自由法》规定，凡二十岁以上未受法律制裁的男子均享有选举权。此外，旧制度下的官员与贵族以及在革命中买卖土地的人既没有选举权，也没有被选举权。不仅如此，温斯坦莱还详细地规定了公职人员的品德素质和政治素质———拥护普遍自由，具有为共和国事业牺牲的精神，具有法律知识，勇敢、性情温和，待人接物稳重和作风正派等。为了避免公职人员长期任职带来种种的弊端，温斯坦莱主张每年改选一次，并严加监督，设计出一套人民与专职人员结合起来的监督制度。这种制度使所有公职人员受到上至中央、下至基层组织的专职监督人和普通公民的多重、有效的监督。在共和国的整个权力构架中，议会是最高的权力机关，是立法机构和经济活动的领导机关。议会是人民的代表，由每个选区的代表组成，一年选举一次。议会主要负责发布命令，保证土地使用自由，制定和批准法律，进行监督和指挥军队等；议会之下还设有省法院或郡议院，负责执法；城市、中心城区或教区的权力机构负责监督和调解。

卡贝的民主选举思想也十分丰富，主要涉及选举的理论前提、基本原则、具体程序等。在基层组织公社中，实行直接民主，全体公民共同讨论、决定各项社会事务；在公社之上的省级和国家范围内，实行间接民主，由公民通过选

---

① 泰·德萨米. 公有法典 [M]. 黄建华，姜亚洲，译. 北京：商务印书馆，2009：285.
② [英] 温斯坦莱. 温斯坦莱文选 [M]. 任国栋，译. 北京：商务印书馆，1965：132-133.

举组成各级代表大会讨论决定各重大事项。代表大会任期两年，每年进行半数改选，全国最高权力机关为最高执行委员会。最高执行委员会由全体公民根据全国代表大会提出的候选人名单，进行最后的选举。

第四，建立"贫民的革命专政"。

从过渡时期思想萌发开始，空想社会主义者就开始设想过渡时期社会经济政治生活的细节。在民主政治领域，巴贝夫继承雅各宾派的专政思想，首先独创性地提出了"贫民的革命专政"的思想。巴贝夫看到，从革命成功到新的宪法政权之间有一个过渡时期。在这一时期，国家借助"特殊的权力"，克服旧制度遗留下来的堕落腐化，突破国内外敌人的围攻和联合反抗，从而确保民族的自由。这个"特殊的权力"被巴贝夫称为"贫民的革命专政"，这是空想社会主义史上第一次明确提出过渡时期的政权问题。

首先，革命专政是下层劳动人民的专政。"人民必须要求全部权利，必须坚决地表现出当家作主的意志；人民必须显示出自己的全部威力；人民所发出的论断，人民所说的话，一切都必须绝对服从，什么也不能对人民有所抗拒。"①其次，革命专政的对象是那些不从事劳动，对祖国毫无贡献的人。他们不能享有任何政治权利，并将承担沉重的经济赋税。另外，巴贝夫认为，革命胜利后人民政权不可能立刻由人民选举产生，而是应该交给意志坚定的革命者，保证一切政治权利属于全体劳动人民所有。最后，革命专政具有以下职能：武力镇压一切国家专政的敌人，以保证一切政治权利属于劳动人民享有；保证人民的民主权利，规定立法权属于人民并构想了人民行使立法权的具体措施；干预国家经济生活，如通过建立国民公社等强硬措施改造私有者，并对社会劳动、产品分配和商业实行全国统一管理；等等。巴贝夫的革命专政思想将对敌人的专政与对人民的民主统一起来，并开始认识到在国家里不可能有绝对的民主，民主是和维护国体相联系的。

第五，国家机器废除，国家不复存在。

傅立叶设想，在和谐制度下国家政权不复存在，各机构的设置充分反映出为全体人民服务的性质，公务人员由民众选举产生，且一定要德才兼备，政治组织体现经济管理和生活文化管理的职能。

新社会的理想政治模式是以情欲引力为政治生活动力，建立起来一个法郎吉的自愿联合体。各法郎吉在地位上完全平等，没有高下贵贱之别，它们之间

---

① G. 韦耶德，C. 韦耶德. 巴贝夫文选［M］. 梅溪，译. 北京：商务印书馆，1962：82-83.

的联合是自觉与自愿的，不掺杂任何强制性的因素。法郎吉内部设有一般领导事务的机关——权威评判会。它由以下人员组成：各谢利叶的领导人，有重大经济利益的股东，因年龄、功绩受到特别尊敬的德高望重的法郎吉成员。权威评判会不是国家机关，它是作为舆论的权威而存在的，是非强制性的机构，主要就收割、摘葡萄和建筑等事务发表意见，其意见主要作为经济活动的指针被采纳，但不具有非采用不可的强制性。公民与法郎吉之间、各法郎吉之间的一切争端交由仲裁法庭，按自愿协商的原则来解决。在和谐制度下，存在着十六种具有不同称号的"统治者"，但他们只享有大大小小的荣誉，没有任何实权。在谢利叶中，设置领导劳动和领导庆祝活动的公职人员。这些公职人员均由选举产生，由生产效率高的人和会花钱并能给谢利叶增光的、富有的成员来担任，所有公职人员都要从事劳动生产。

按照欧文的方案，未来社会的基层组织是公社。每一个公社都是独立的政治经济和社会单位，是由农、工、商、学结合起来的大家庭，"每个成员将各尽其能彼此团结互助，而公社与公社之间也用同样方式联结起来"①。那里没有农村和城市的差别，没有农业和工业的对立，是一个和谐的完美世界。公社废除了国家机器，最高权力属于全体社员大会。公社的常设领导机构是总理事会，由全体社员选举产生，负责公社生产交换分配、日常生活管理、理性培养、环境制度建设和对外交往等事宜。全体社员享有监督权和罢免权，对总理事会和行政管理人员实行严格的监督，一旦发现有违法行为，就剥夺其权力。

---

① ［英］罗伯特·欧文. 欧文选集：第 2 卷［M］. 柯象峰，等译. 北京：商务印书馆，2009：131.

第二章

马克思恩格斯对未来社会的总体构建

马克思恩格斯对未来社会主义的构建经历了形成、发展、成熟和反思的历史进程。以哲学为起点，以《共产党宣言》发表为标志，马克思恩格斯的未来社会理论初步形成。《资本论》使马克思恩格斯的未来社会理论从假说上升为科学原理，标志着科学社会主义的诞生。在国际工人运动和巴黎公社实践的推动下，马克思恩格斯的未来社会理论逐渐走向成熟。马克思去世后，国际工人运动不断向前发展，恩格斯结合工人运动的新实践和资本主义的新变化进行不断的理论反思，极大地丰富了未来社会理论体系。

第一节 探索与形成阶段：从《1844 年经济学哲学手稿》到《共产党宣言》

从马克思、恩格斯最初接触社会主义到马克思恩格斯未来社会理论的形成，基本遵循了哲学推进的方式。《共产党宣言》以唯物史观为根本指导，将未来社会主义建立在现实生产力发展的客观需要之上，集中概括了马克思恩格斯未来社会理论的全部理论成果，标志着马克思恩格斯未来社会理论的最终形成。

一、未来社会理论的胚芽：共产主义的本质是对私有制的积极扬弃

（一）马克思与社会主义和共产主义的最初接触

1842 年，马克思开始公开在社会主义和共产主义问题上发表看法。

1842 年 10 月，马克思担任《莱茵报》主编工作。《莱茵报》因为刊登了一系列有关社会主义和共产主义的文章，遭到了资产阶级自由派报纸奥格斯堡《总汇报》的恶言攻击。马克思撰文《共产主义和奥格斯堡〈总汇报〉》予以回击："难道我们仅仅因为共产主义不是目前的沙龙问题，因为它的衣服不洁、

没有洒香水就不应该把它当作目前的重要问题吗?"① 从文中可以看出,马克思并不信仰当时流行的共产主义。他写道:"《莱茵报》甚至在理论上都不承认现有形式的共产主义思想的现实性,因此,就更不会期望在实际上去实现它,甚至都不认为这种实现是可能的事情。《莱茵报》彻底批判了这种思想。"② 虽然马克思认为共产主义思想不切实际,但是马克思提出应当持有谨慎的态度,严肃对待共产主义的学说:"对于像勒鲁、孔西得朗的著作,特别是对于普鲁东的智慧的作品,则决不能根据肤浅的、片刻的想象去批判,只有在不断的、深入的研究之后才能加以批判。"③ 同时,马克思深刻地指出,共产主义的真正威胁在于思想的理论论证,任何实验性的活动一旦因为其普遍性而成为危险的东西,就会得到大炮的回答。从马克思的这些言论中我们可以看出,马克思已经具备了一定的共产主义的知识,看到了共产主义作为对无产阶级现实要求的理论回应的空想性,同时主张以科学态度研究这些理论。后来,马克思在《政治经济学批判》序言中,这样回顾了他当时对社会主义和共产主义的态度:"在善良的'前进'愿望大大超过实际知识的时候,在《莱茵报》上可以听到法国社会主义和共产主义的带着微弱哲学色彩的回声。我曾表示反对这种肤浅言论,但是同时在和奥格斯堡《总汇报》的一次争论中坦率承认,我以往的研究还不容许我对法兰西思潮的内容本身妄加评判。"④

《莱茵报》被查封后,马克思于 1843 年夏天移往克罗茨纳赫。在那里,马克思研究了有关国家和政治思想方面的著作,提出了对国家、家庭和市民社会的新认识,批判了黑格尔法哲学设计的国家构图,完成了《黑格尔法哲学批判》。同年 9 月,马克思提出和卢格等人合办《德法年鉴》的想法。在同卢格的通信中,马克思进一步表达了对社会主义和共产主义的认识。

首先,社会主义的思想原则要高于共产主义。马克思在信中写道:"除了共产主义外,同时还出现了如傅立叶、普鲁东等人的别的社会主义学说,这绝不是偶然的,而是完全必然的,因为这种共产主义本身只不过是社会主义原则的一种特殊的片面的实现而已。"⑤ 其次,两种思潮都具有局限性。马克思指出,"共产主义就尤其是一种教条的抽象观念",社会主义也"只是涉及真正人类实质的实际存在的这一方面",还应注意对人的理论生活进行批判。不仅如此,它

---

① 马克思恩格斯全集:第 1 卷 [M].北京:人民出版社,1956:130.
② 马克思恩格斯全集:第 1 卷 [M].北京:人民出版社,1956:133.
③ 马克思恩格斯全集:第 1 卷 [M].北京:人民出版社,1956:133-134.
④ 马克思恩格斯全集:第 13 卷 [M].北京:人民出版社,1956:8.
⑤ 马克思恩格斯全集:第 1 卷 [M].北京:人民出版社,1956:416.

们对消灭私有制的问题还没有彻底的认识，"还没有摆脱它的对立面即私有制的存在的影响。所以消灭私有制和这种共产主义绝对不是一回事"①。最后，应当从实际斗争需要出发，研究现实问题。马克思主张要将批判同实际斗争结合起来，并把批判和实际斗争看成同一件事情。这样，"我们就不是以空论家的姿态，手中拿了一套现成的新原理向世界喝道：真理在这里，向它跪拜吧！我们是从世界本身的原理中为世界阐发新原理"②。此时，我们已经可以看到，马克思设定了未来社会理论研究的基本原则——理论批判与实际斗争相结合，并坚定了揭露旧世界、建立新世界的历史任务。

是年 10 月，马克思前往法国，开始了他认识现代市民社会，熟悉社会主义者、共产主义者以及历史学家和政治经济学家的新时期。

在巴黎居住期间，马克思阅读了大量国民经济学著作，做了五本读书笔记，这些成为《1844 年经济学哲学手稿》写作的理论基础。与此同时，马克思同法国工人和流亡巴黎的德国工人建立了直接联系，结识了工人斗争的一些领导人，如路易·勃朗（Louis Blanc）、卡贝和普鲁东等。同工人们的广泛联系与接触，引起了马克思思想上的变化。当时法国工人普遍信奉社会主义和共产主义思想，各派之间经常展开热烈的争论和思想斗争。在这个时期，马克思第一次较为全面地接触了法国、英国和德国的社会主义著作，这些著作成为《1844 年经济学哲学手稿》的直接思想来源。

通过参与法国工人阶级革命活动，马克思看到了工人阶级的力量。1844 年 8 月 11 日，马克思在写给费尔巴哈的信中说："您应当出席法国工人的一次集会，这样您就会确信这些受尽劳动折磨的人纯洁无瑕，心地高尚……历史是会把我们文明社会的这些'野蛮人'变成人类解放的实践因素的。"③ 在《〈黑格尔法哲学批判〉导言》中，马克思深刻地阐述了先进理论的革命性作用，第一次表述了无产阶级作为旧制度的破坏者和新制度的创造者的历史使命的思想。"无产阶级宣告现存世界制度的解体，只不过是解释自己本身存在的秘密，因为它就是这个世界制度的实际解体。"④

二、演进逻辑：异化→私有财产→共产主义

《1844 年经济学哲学手稿》（以下简称《手稿》）是马克思早期的代表作品

---

① 马克思恩格斯全集：第 1 卷 [M]. 北京：人民出版社，1956：416.
② 马克思恩格斯全集：第 1 卷 [M]. 北京：人民出版社，1956：418.
③ 马克思恩格斯全集：第 27 卷 [M]. 北京：人民出版社，1972：450，451.
④ 马克思恩格斯全集：第 1 卷 [M]. 北京：人民出版社，1956：466.

之一，也是马克思诸多文本中饱受争议的一部著作。自 1932 年正式发表后，特别是 50 年代以来，学界围绕它展开了广泛的研究与争论，其焦点主要集中于《手稿》在马克思思想发展史中的地位和作用、异化理论和人道主义问题等。人们从不同的阶级立场和理论背景出发，得出了不同的甚至完全相反的结论。这场争论时起时伏，延续至今，产生了持久而深远的影响。《手稿》的影响不仅仅局限在马克思主义的研究领域，而且对整个西方学术界产生了重要影响，甚至成为整个西方马克思主义的理论来源之一。①

在《手稿》中，马克思第一次比较全面地阐述了他对共产主义的看法。法国著名学者科尔纽在《马克思恩格斯传》中指出："《经济学——哲学手稿》的两个基本主题——揭示资产阶级社会中人的自我异化和这种异化在共产主义制度下的克服……这两个主题是紧密联系着的，因为异化的产生及其扬弃都被描述和解释为历史发展的结果。"② 在《手稿》丰富的原创性思想中，异化无疑是一个最能代表《手稿》特点的概念。异化与其紧密相关的私有财产和共产主义共同构成了《手稿》的基本主题。

异化是马克思共产主义理论的基础。马克思首先从劳动生产过程和劳动产品占有关系两方面，考察了工人的异化问题。一方面，马克思从劳动产品与工人的对立这个基本的经济事实出发，解释国民经济学的诸多现象。具体地说，就是"工人生产的财富越多，他的生产的影响和规模越大，他就越贫穷。工人创造的商品越多，他就越变成廉价的商品。物的世界的增值同人的世界的贬值成正比。劳动生产的不仅是商品，它还生产作为商品的劳动自身和工人"③。工人同劳动的这种异化关系，生产出资本家同这个劳动的关系。在私有制条件下，工人生产的产品越多，他的本质力量被资本家占有的就越多，工人就越发贫穷，资本家占有了工人的劳动产品并将之转化为资本，成为继续统治工人、奴役工人的手段，从而造成工人同资本家之间的尖锐对立。另一方面，在资本主义生产条件下，劳动成为人们的负累，整个生产过程在充满压迫、丧失自身的不愉快的体验中完成。"劳动对工人来说是外在的东西，也就是说，不属于他的本质；因此，他在自己的劳动中不是肯定自己，而是否定自己，不是感到幸福，而是感到不幸；不是自由地发挥自己的体力和智力，而是使自己的肉体受折磨、

---

① 王贵贤，田毅松.《1844 年经济学哲学手稿》导读［M］. 北京：中国民主法制出版社，2012：108.

② 科尔纽. 马克思恩格斯传：第 2 卷［M］. 王以铸，等译. 北京：生活·读书·新知三联书店，1965：137.

③ 马克思恩格斯选集：第 1 卷［M］. 北京：人民出版社，2012：51.

精神遭摧残。因此，工人只有在劳动之外才感到自在，而在劳动中则感到不自在，他在不劳动时觉得舒畅，而在劳动时就觉得不舒畅。"① 就是在这种劳动异化的过程中，人丧失了人的特征，完全失去了有意识的自由的活动，成为一种纯粹的动物性的存在。不仅如此，由于劳动产品不属于工人，工人生产出一个同劳动格格不入的、处于劳动之外的人同劳动之间的关系，即工人通过异化劳动生产出了自己的对立面。

综上，马克思通过劳动的异化引申到人的异化，说明了资本主义生产条件下全面异化的发展过程。进而，马克思指出，"私有财产是外化劳动即工人对自然界和对自身的外在关系的产物、结果和必然后果"②。但是马克思接着指出，从国民经济学中还可以得到外化劳动是私有财产运动的结果的结论。而这种概念的对立只有在私有财产"发展到最后的、最高的阶段，它的这个秘密才重新暴露出来，就是说，私有财产一方面是外化劳动的产物，另一方面又是劳动借以外化的手段，是这一外化的实现"③。这看起来似乎是一个循环论证，然而从历史维度看，异化劳动必然产生私有财产，而私有财产只有发展到了资本主义社会制度这个最高的阶段后，私有财产才最终演化为资本，从而产生新的异化劳动。

私有财产关系既不是这种异化关系的终极表现，也不是这种关系的固化，它本身有一个产生、发展和灭亡的过程。只有当私有财产成为劳动的财富，上升为工业资本时，私有财产才能最终完成它对人的统治，并以最普遍的形式成为世界历史性的力量。私有财产关系包含着劳动和资本的相互关系，当它们的对立达到一定极限，必然会促成全部私有财产关系的灭亡。进而马克思得出结论："社会从私有财产等解放出来、从奴役制解放出来，是通过工人解放这种政治形式来表现的，这并不是因为这里涉及的仅仅是工人的解放，而是因为工人的解放还包含普遍的人的解放；其所以如此，是因为整个的人类奴役制就包含在工人对生产的关系中，而一切奴役关系只不过是这种关系的变形和后果罢了。"④ 私有财产的运动构成了共产主义革命运动的全部内容，共产主义通过异化和私有财产的扬弃，成为人和自然界之间、人和人之间的矛盾的真正解决。

根据对私有财产本质的理解和"人的问题"的解决，马克思将共产主义分为三种形式：

① 马克思恩格斯选集：第1卷［M］. 北京：人民出版社，2012：53-54.
② 马克思恩格斯选集：第1卷［M］. 北京：人民出版社，2012：60.
③ 马克思恩格斯选集：第1卷［M］. 北京：人民出版社，2012：60.
④ 马克思恩格斯选集：第1卷［M］. 北京：人民出版社，2012：61.

第一种共产主义形式是粗陋的共产主义，它的本质"不过是想把自己设定为积极的共同体的私有财产的卑鄙性的一种表现形式"①。私有财产关系仍然是整个社会同实物世界的关系，人依然受物的统治，物质的直接占有成为生活的唯一目的。"这种共产主义——由于到处否定人的个性——只不过是私有财产的彻底表现，私有财产就是这种否定。"②

第二种共产主义形式是民主的或专制的共产主义。这种共产主义已经理解了人的自我异化的扬弃，但是还没有弄清私有财产的积极的本质，没有理解人自身的需要，因此还未能摆脱私有财产的束缚和感染，也就不能真正解决人的问题。

第三种共产主义，即马克思支持的科学共产主义，是"私有财产即人的自我异化的积极的扬弃"，"是通过人并且为了人而对人的本质的真正占有"③。马克思认为，这种共产主义揭示了私有财产的本质，真正解决了人和自然界、人和人之间的矛盾，体现了共产主义运动的最终价值。

马克思指出，生产活动是人的历史活动的全部内容，其他活动，如宗教活动、家庭生活、国家政治活动、科学研究活动、艺术活动、司法活动以及道德活动等都要受生产活动的支配。因此，生产活动领域的异化——私有财产的扬弃，是人类整体社会生活的异化的扬弃的核心。马克思写道："对私有财产的积极的扬弃，作为对人的生命的占有，是对一切异化的积极的扬弃，从而是人从宗教、家庭、国家等向自己的人的存在即社会的存在的复归。"④ 私有财产内部的矛盾运动——作为贫穷者的消极方面，为了扬弃由异化导致的贫困和人的本质的丧失，同作为富有者的积极方面，为了保持财富的对立，必然引起私有制的毁灭，从而引起经济的改造，最终引起对社会各个方面的改造。因此，共产主义是私有财产的历史运动的必然产物，是人类社会经济发展的必然结果。

三、基本内容与特征

在《手稿》的序言中，马克思指出了共产主义理论的思想来源，法国、英国和德国的社会主义著作，其中主要包括普鲁东、傅立叶、圣西门、魏特琳、赫斯和恩格斯等。比如，人们普遍认为赫斯在1843—1844年间对马克思共产主

① 马克思.1844年经济学哲学手稿 [M]. 北京：人民出版社，2000：81.
② 马克思.1844年经济学哲学手稿 [M]. 北京：人民出版社，2000：79.
③ 马克思.1844年经济学哲学手稿 [M]. 北京：人民出版社，2000：81.
④ 马克思.1844年经济学哲学手稿 [M]. 北京：人民出版社，2000：82.

义理论产生了重要影响，这种影响在《手稿》中表现得非常明显。① 赫斯本人的社会主义思想发展经历了宗教社会主义、哲学社会主义和伦理社会主义三个阶段。在第一阶段，赫斯认为社会主义本质是"和谐""统一"和"平等"的"财富共同体"。在第二阶段，即哲学社会主义阶段，赫斯描述了社会主义和共产主义的一些特征——劳动和享乐的统一以及必然性向自由的转化等。赫斯还从哲学和经济学视角论证了共产主义的必然性。在伦理社会主义阶段，赫斯对社会主义进行了更为详细的描述，即以巴贝夫为代表的粗陋的社会主义，以圣西门、傅立叶为代表的社会主义和"最新的"社会改革者和共产主义者为代表的"科学共产主义"。赫斯的这些论述直接体现在了《手稿》中。

在批判地吸收和继承了空想社会主义和赫斯的学说后，马克思很快实现了共产主义理论的飞跃，初步规定了未来科学社会主义的基本特征与内容：共产主义是"人向自身、向社会的即合乎人性的人的复归，这种复归是完全的，自觉的和在以往发展的全部财富的范围内生成的。这种共产主义，作为完成了的自然主义＝人道主义，而作为完成了的人道主义＝自然主义，它是人和自然界之间、人和人之间的矛盾的真正解决，是存在和本质、对象化和自我确证、自由和必然、个体和类之间的斗争的真正解决。它是历史之谜的解答，而且知道自己就是这种解答"②。

1. 资本主义为共产主义提供了物质前提

与空想社会主义不同，马克思的共产主义社会在资本主义内部生成。在资本主义条件下，生产力的高度发展和私有财产的不断累积为未来共产主义社会准备了物的条件和人的条件。共产主义是一个工业和科学高度发展的社会制度，也只有在这种高度发展的条件下，人的本质力量的全部发展才成为可能。"工业的历史和工业的已经生成的对象性的存在，是一本打开了的关于人的本质力量的书"，"自然科学却通过工业日益在实践上进入人的生活，改造人的生活，并为人的解放做准备"③。因此，马克思所说的私有财产的积极的扬弃，不是指简单地废除私有财产，而是在批判中继承，在否定中肯定。未来的共产主义将保存私有财产和人的自我异化过程中取得的一切积极成果和全部财富；它抛弃的是异化劳动和由此产生的社会关系，而不是劳动和财富本身。但是这一过程不

---

① 参考：侯才. 青年黑格尔派与马克思早期思想的发展：对马克思哲学本质的一种历史透视 [M]. 北京：中国社会科学出版社，1994：178-210.

② 马克思 . 1844 年经济学哲学手稿 [M]. 北京：人民出版社，2000：81.

③ 马克思 . 1844 年经济学哲学手稿 [M]. 北京：人民出版社，2000：306，307.

是一蹴而就的，还需要经过漫长的革命和建设过程，正如马克思所说："我们在思想中已经认识到的那正在进行自我扬弃的运动，在现实中将经历一个极其艰难而漫长的过程。"①

2. 人的发展是共产主义根本的价值追求

无论是马克思的哲学立场，还是对资产阶级国民经济学的批判，人的发展问题都是马克思理论的核心，也是其共产主义理论的最终归宿。马克思认为共产主义就是人的本质的复归，这种复归既包含着人与自然之间的和谐统一，又包含着人和人之间矛盾的真正解决，它是人作为自然人的真正复活和人道主义的真正实现，是人作为一个整体以全面的方式对自己全面本质的真正占有。人的全面发展成为共产主义的目标与价值追求，是共产主义的内在规定，是区别于一切社会主义制度的根本标志。《手稿》是马克思初次涉及政治经济学领域的最初成果，它讨论的基本范畴仍然是费尔巴哈式的人本学唯物主义，但是因为马克思将哲学的讨论置于政治经济学批判的语境中，所以当马克思在处理自然与人这些唯物主义的基本对象时，他的理论深度远远超过了费尔巴哈。

3. 共产主义始终是一场运动

马克思通过经济理论表述了共产主义的观点，看到了共产主义是私有制矛盾运动的必然产物，因此将共产主义置于现实的基础之上。马克思以剖析劳动与资本的矛盾为出发点，批判了资产阶级经济学家，"无产和有产的对立，只要还没有把它理解为劳动和资本的对立，它还是一种无关紧要的对立，一种没有从它的能动关系上、它的内在关系上来理解的对立，还没有作为矛盾来理解的对立"②。由此，可以看出，马克思并不是一般地反对私有财产，而是将私有财产同私有制联系起来。只有在私有制下，劳动和资本作为两方面的独立性相互排斥时，共产主义社会才会到来。因此，共产主义始终是一种以现实经济生活活动为基础的运动，它本身就是这种运动的结果。在马克思看来，"历史的全部运动，既是它的现实的产生活动——它的经验存在的诞生活动——同时，对它的思维着的意识来说，又是它的被理解和被认识到的生成运动"③。

4. 共产主义是人类社会制度发展的必然阶段

马克思从历史发展的角度，指出共产主义社会是人类社会发展中的必然环节，是继资本主义制度后一个全新的社会制度。"共产主义是作为否定之否定的

---

① 马克思.1844 年经济学哲学手稿 [M].北京：人民出版社，2000：128.
② 马克思.1844 年经济学哲学手稿 [M].北京：人民出版社，2000：78.
③ 马克思.1844 年经济学哲学手稿 [M].北京：人民出版社，2000：81.

肯定，因此，它是人的解放和复原的一个现实的、对下一段历史发展说来是必然的环节。共产主义是最近将来的必然的形式和有效的原则。但是，共产主义本身并不是人的发展的目标，并不是人的社会的形式。"① 这里，马克思把未来共产主义社会分为了两个阶段：第一个阶段是以私有财产的初步扬弃为中介的"最近将来"的共产主义阶段；第二个阶段是扬弃私有财产的中介，在自身基础上达到人的解放的社会主义阶段。马克思说："在社会主义的人看来，整个所谓世界历史不外是人通过人的劳动而诞生的过程，是自然界对人说来的生成过程，所以，关于他通过自身而诞生、关于他的产生过程，他有直观的、无可辩驳的证明。""但是，社会主义作为社会主义已经不再需要这样的中介；它是从把人和自然界看作本质这种理论上和实践上的感性意识开始的。社会主义是人的不再以宗教的扬弃为中介的积极的自我意识，正像现实生活是人的不再以私有财产的扬弃即共产主义为中介的积极的现实一样。"② 在《手稿》中，马克思在广泛意义上使用了共产主义一词。有时，共产主义指粗陋的共产主义，有时指他主张的未来社会发展的第一阶段，有时指未来理想社会的统称。总之，在这里马克思表达了关于人类社会制度发展的观点，代表了马克思当时在共产主义理论方面所达到的水平。

《手稿》中阐述的共产主义原理仅仅是马克思未来社会理论的胚芽，还带有明显的探索的性质，但是"它已经从本质上与18—19世纪法国的社会主义、共产主义学说的伦理性、空想性、浪漫性、形而上学性划清了界限"③，因此，《手稿》中的共产主义原理是人类社会主义思想史中一次伟大的飞跃，同时也成为马克思未来社会理论的思想起点。

四、未来社会理论的初步发展：新历史观视域下的共产主义

在《手稿》中，马克思的未来社会理论处于刚刚萌芽的状态，一些观念和主张还比较隐晦，没有得到充分的展开。1845年2月15日，在爱北斐特的演说中，当有德国工人认为马克思、恩格斯没有说明共产主义在德国的必然性时，恩格斯并没有反驳，"证明（共产主义的）历史必然性不可能像证明两个三角形全等那样快；历史必然性只有经过研究和全面的论证才能得到证明。尽管这样，今天我还是要竭力消除引起这些责备的原因，竭力证明共产主义对德国说来即

---

① 马克思.1844年经济学哲学手稿［M］.北京：人民出版社，2000：93.
② 马克思.1844年经济学哲学手稿［M］.北京：人民出版社，2000：92-93.
③ 李鹏程.马克思早期思想探源［M］.北京：人民出版社，2008：267.

使没有历史的必然性，至少也有经济上的必然性"①。在《德意志意识形态》（以下简称《形态》）中，未来社会理论的轮廓更加清晰，无论从理论维度还是思想深度，都有了新的拓展，而这一切首先要归功于新历史观的形成。

1. 新历史观的确立

历史观是马克思、恩格斯在《形态》中首先要解决的问题。通过对黑格尔之后思辨哲学的批判，马克思、恩格斯第一次系统地阐述了唯物史观的基本原理。《形态》因此成为马克思主义哲学发展史上里程碑式的著作。苏联学者巴加图里亚指出，有许多特征可以将《形态》同马克思、恩格斯以前的全部著作区别开。在这里，马克思、恩格斯第一次确立或论述了许多东西。② 其中，最根本的特征是马克思、恩格斯第一次弄清并简要陈述了生产力和生产关系的辩证关系。

（1）历史的第一前提："现实的个人"

与黑格尔将人归结为"绝对的精神"不同，马克思、恩格斯提出了"现实的个人"。现实中的个人具有两方面的内涵：现实的个人不是"自然人"，是"从事活动的，进行物质生产的，因而是在一定的物质的、不受他们任意支配的界限、前提和条件下活动着的"③ 人；现实的个人绝不是单纯的"存在的个人"，而是处于一定生产交往关系之中，从属于一定社会形态的人。人们在物质生产实践的过程中产生了意识观念，思想、观念和意识反映了社会实践活动的水平、范围和主体的社会实践能力，正如《形态》提到的"意识在任何时候都只能是被意识到了的存在，而人们的存在就是他们的现实生活过程"，"不是意识决定生活，而是生活决定意识"④。任何一种观念的东西，只有把它放在现实的物质生活实践中考察，才能弄清它的来龙去脉和真实面目；而要想彻底消灭错误的观念和唯心史观的谬论，就必须通过实践推翻其产生的社会基础。故而，哲学家的任务不在于解释世界，而在于改变世界。

（2）生产力和交往形式（生产关系）的矛盾是历史发展的推动力

交往在《形态》中具有十分广泛的含义。它有时指生产关系或物质交往，有时指精神交往，其中物质交往是任何其他交往形式的基础。总之，交往是"包含生产关系在内的更广泛的、动态的社会关系"⑤。马克思、恩格斯认为生

① 马克思恩格斯全集：第2卷 ［M］. 北京：人民出版社，1957：617.
② 马列主义研究资料：总第31期 ［M］. 北京：人民出版社，1984：56.
③ 马克思恩格斯选集：第1卷 ［M］. 北京：人民出版社，2012：151.
④ 马克思恩格斯选集：第1卷 ［M］. 北京：人民出版社，2012：152.
⑤ 王巍.《德意志意识形态》导读 ［M］. 北京：中共中央党校出版社，2014：15.

产力决定交往形式，交往形式适应生产力的发展，两者共同存在于市民社会中。

随着生产力的发展，生产力和交往形态会出现不相适应的现象，甚至是矛盾的关系，从而成为历史冲突的根源。生产力和交往形式的矛盾一方面表现为生产力的发展在现有生产形式下变得难以维系，交往形式甚至成为"桎梏"，另一方面还意味着生产力的主体，即人的活动受到束缚，个人的力量发展受到抑制。在阶级社会里，这种矛盾最终演化为阶级斗争和阶级冲突，直到"已成为桎梏的旧交往形式被适应于比较发达的生产力，因而也适应于进步的个人自主活动方式的新交往形式所代替；新的交往形式又会成为桎梏，然后又为另一种交往形式所代替"①，从而推动着历史和人类社会不断向前发展。

（3）市民社会是"国家及其他上层建筑的基础"

马克思、恩格斯指出："在过去一切历史阶段上受生产力所制约、同时也制约生产力的交往形式，就是市民社会"，"这个市民社会是全部历史的真正发源地和舞台"，"市民社会包括各个个人在生产力发展的一定阶段上的一切物质交往"，"这一名称始终标志着直接从生产和交往中发展起来的社会组织，这种社会组织在一切时代都构成国家的基础以及任何其他的观念上的上层建筑的基础"。②

进入资本主义社会后，市民社会逐渐从国家的概念中独立出来。通过这种独立，市民社会是"全部历史（笔者加）的真正发源地"的意义更加明确。因此，市民社会具有了资产阶级社会的同样内涵，前者成为后者的抽象概念，后者是前者的外部存在。这样，资产阶级社会本身体现了市民社会作为资产阶级的市民社会和全部历史的真正发源地的双重属性。"马克思批判、变革近代资产阶级社会的观点，不是对近代资产阶级社会的全面否定，而是继承了通过这种否定形式展开的肯定的因素，并试图跨越资产阶级社会。"③

2. 演进逻辑：分工→阶级→共产主义革命

首先，在《形态》中，马克思做出了一个重要的逻辑确认：分工是异化的根源。马克思认为，分工造成了体力劳动和脑力劳动的分离以及劳动和劳动产品的分配不公，并造成社会活动和社会关系的恶化，特别是社会关系中物质关系和经济关系的异化。只要分工不是出于自愿，亦即分工对于人来说还是一种强制的时候，"人本身的活动对人来说就成为一种异己的、同他对立的力量，这

① 马克思恩格斯选集：第1卷［M］.北京：人民出版社，2012：204.
② 马克思恩格斯全集：第3卷［M］.北京：人民出版社，1960：40，41.
③ 岩佐茂，小林一穗，渡边宪正.《德意志意识形态》的世界［M］.梁海峰，王广，译.北京：北京师范大学出版社，2014：122.

种力量压迫着人，而不是人驾驭着这种力量"①。因此，马克思指出"生产力、社会状况和意识，彼此之间可能而且一定会发生矛盾，因为分工使精神活动和物质活动、享受和劳动、生产和消费由不同的个人来分担，这种情况不仅成为可能，而且成为现实，而要使这三个因素彼此不发生矛盾，则只有再消灭分工"②。消灭分工不是消灭分工本身，而是对固定分工和强制分工的否定。在未来社会中，人类将进入自觉分工阶段，每个人没有特殊的活动范围，而是在任何部门内自由发展。

由于私有制与分工具有相同的含义，分工的消灭就意味着私有制的废除。"分工和私有制是相等的表达方式，对同一件事情，一个是就活动而言，另一个是就活动的产品而言。"③ 在整个生产过程中，分工使人们使用特定的生产工具，作用于不同的劳动对象，生产特定的产品。由于这种地位与作用的差异，人们之间的分配，特别是对劳动产品的分配自然也不相同，因此，分工和私有制是同一个过程。但是，分工本身并不产生私有财产④，因为私有财产占有发生社会分化的前提是普遍化的私有财产的存在。对此，马克思、恩格斯这样论证："私有制，就它在劳动的范围内同劳动相对立来说，是从积累的必然性中发展起来的。起初它大部分仍旧保存着共同体的形式，但是在以后的发展中越来越接近私有制的现代形式。"⑤ 而分工在这里只是起着促使资本和劳动分离的催化作用，因为分工的发达意味着生产力水平的提高，这必然会促进积累的增加。"分工越发达，积累越增加，这种分裂也就发展得越尖锐"⑥。因此，分工加剧了财产的私人占有，而不是其产生的原因。

随着分工的发展产生了个人利益和共同利益之间的矛盾，这些不同的利益集团构成了不同的阶级，其中一个阶级统治着其他一切阶级。统治阶级为了维护自己的利益，采取了国家这一虚幻的共同体形式。所谓共同利益只是统治阶级的共同利益，这一共同性也仅仅是统治阶级的共同性，统治阶级由于取得了国家的形式而与被统治阶级对立；对被统治阶级而言，由于国家只是一个阶级

---

① 马克思恩格斯选集：第1卷 [M]. 北京：人民出版社，2012：165.
② 马克思恩格斯选集：第1卷 [M]. 北京：人民出版社，2012：162-163.
③ 马克思恩格斯选集：第1卷 [M]. 北京：人民出版社，2012：163.
④ 魏小萍在《探求马克思：〈德意志意识形态〉原文文本的解读与分析》中认为，马克思、恩格斯没有对分工的必要性、技术合理性和分工在阶级社会条件下产生的异化特征做出清晰的界定。魏小萍. 探求马克思：《德意志意识形态》原文文本的解读与分析 [M]. 北京：人民出版社，2010：243-247.
⑤ 马克思恩格斯选集：第1卷 [M]. 北京：人民出版社，2012：208.
⑥ 马克思恩格斯选集：第1卷 [M]. 北京：人民出版社，2012：208.

反对另一个阶级的联合，国家不仅是完全虚幻的共同体，而且还成为新的桎梏。"国家内部的一切斗争——民主政体、贵族政体和君主政体相互之间的斗争，争取选举权的斗争，等等"都是在这个虚幻的共同体形式掩盖下的"各个不同阶级间的真正的斗争"①。在资本主义社会中，这些斗争主要表现为资产阶级同无产阶级之间的斗争。这场斗争将采取也必然采取共产主义革命的方式，"消灭劳动，并消灭任何阶级的统治以及这些阶级本身"②。因此，"共产主义对我们来说不是应当确立的状况，不是现实应当与之相适应的理想。我们所称为共产主义的是那种消灭现存状况的现实的运动"③。

在《形态》中，共产主义摆脱了那种纯粹的历史的抽象，被置于资本主义经济现实的基础之上。经济学的论证构成了共产主义理论的分析前提，只有理解哲学视域到经济学视域的转变，才能真正认识马克思、恩格斯展望未来共产主义社会的具体的历史语境，从而把握马克思恩格斯未来社会理论不断演变的现实基础和逻辑线索。

3. 共产主义社会释义

（1）共产主义作为未来社会名称的确立

1844 年，马克思和恩格斯在巴黎再次会面时，便开始致力于创建科学共产主义理论。1845 年，马克思、恩格斯在两人合著的《神圣家族》中，开始使用共产主义来代表他们创建的未来社会的名称。

在《形态》中，马克思、恩格斯批判了英法空想社会主义和德国小资产阶级的真正社会主义，初步构建了未来共产主义社会的轮廓，并不再把社会主义而是把共产主义作为人类社会发展的目标。马克思、恩格斯提出实现共产主义必需的前提，用生动形象的比喻描述了未来共产主义社会的美好画面，并将共产主义作为理念和运动的双向规定有机统一起来。但是，他们在世时以及逝世后相当长的一段时间内，这部著作没有公开发表，因此人们通常将《共产党宣言》看作马克思、恩格斯正式使用共产主义这一名称的开端。那种认为"这部著作中仍然存在类似《1844 年经济学哲学手稿》中把共产主义只是看作实现未来理想社会的运动的遗迹"④ 的观点是不能成立的。

---

① 马克思恩格斯选集：第 1 卷 [M]. 北京：人民出版社，2012：164.
② 马克思恩格斯选集：第 1 卷 [M]. 北京：人民出版社，2012：170-171.
③ 马克思恩格斯选集：第 1 卷 [M]. 北京：人民出版社，2012：166.
④ 赵家祥. 马克思主义经典著作中未来社会名称的演变 [J]. 贵州社会科学，2009（3）：6. 关于这一问题，高放曾撰文与之商榷，参见：高放. 也谈马克思主义经典著作中未来社会名称的演变 [J]. 理论视野，1999（6）.

在《形态》之后，马克思、恩格斯以共产主义者自居，与诋毁共产主义的言论进行不断的理论批判。在批判中，未来共产主义的轮廓越来越清晰。1847年，恩格斯在与卡尔·海因岑的论战中，第一次提出了革命过渡时期的具体措施：限制竞争和大资本聚积在个别人手里；限制或废除继承权；通过国家对劳动进行组织；等等。恩格斯指出："这些措施作为废除私有制的准备措施和过渡的中间阶段是有可能实行的，而且它们也只能是这样一种措施。"① 这些措施经由无产阶级许可并得到他们的武力支持，是资本主义社会向共产主义社会过渡的中间阶段必然采取的措施。此时，恩格斯继承了《手稿》中共产主义分为两个时期的主张，但没有使用任何社会主义的字眼。

（2）共产主义的前提

共产主义的实现与发展需要一定的物质前提。马克思、恩格斯一方面在《形态》中继承了对资本主义进行积极扬弃的思想，另一方面又强调了共产主义本身的经济性质。"共产主义和所有过去的运动不同的地方在于：它推翻一切旧的生产关系和交往关系的基础，并且第一次自觉地把一切自发形成的前提看作前人的创造，消除这些前提的自发性，使这些前提受联合起来的个人的支配。"② 同时，共产主义还将为个体的联合创造各种物质条件。"共产主义所造成的存在状况，正是这样一种现实基础，它使一切不依赖于个人而存在的状况不可能发生，因为这种存在状况只不过是个人之见迄今为止的交往的产物。这样，共产主义者实际上把迄今为止的生产和交往所产生的条件看作无机的条件。"③ 这说明共产主义既要废除旧的生产关系，又要自觉扬弃一切异化现象，既要对资本主义经济进行合理计划，使之受到联合起来的个人支配，又要创造比资本主义更发达的生产力，为这种"联合"提供充分的物质条件。这些理论主张为发展共产主义与资本主义关系留下了很大空间，正如岩佐茂所说，"以旧社会的生产力'高度发展'为前提的马克思的共产主义论，包含着来源于生产力规定的旧社会与未来社会具有连续性的主张"④。

共产主义革命需要一定的阶级基础。资本主义大工业的发展不仅创造了资本主义灭亡的物质条件，而且创造了自身的埋葬者——无产阶级。无产阶级的经济地位决定了它是最革命最先进的阶级，是进行共产主义革命的物质力量。

---

① 马克思恩格斯选集：第 1 卷 [M]. 北京：人民出版社，2012：281.
② 马克思恩格斯选集：第 1 卷 [M]. 北京：人民出版社，2012：202.
③ 马克思恩格斯选集：第 1 卷 [M]. 北京：人民出版社，2012：202-203.
④ 岩佐茂，小林一穗，渡边宪正.《德意志意识形态》的世界 [M]. 梁海峰，王广，译. 北京：北京师范大学出版社，2014：236-237.

"大工业却创造了这样一个阶级，这个阶级在所有的民族中都具有同样的利益，在它那里民族独特性已经消灭，这是一个真正同整个旧世界脱离而同时又与之对立的阶级。"① 同时，作为个体的无产者，"他们自身的生活条件，即劳动，以及当代社会的全部生存条件都已变成一种偶然的东西，单个无产者是无法加以控制的，而且也没有任何社会组织能够使他们加以控制"②。因此，他们与国家处于直接的对立中，只有推翻国家，才能真正成为有个性的个人，从而使资本主义经济处于联合起来的个人的支配之下。生产力的发展从经济性质上塑造了无产阶级，但不能自觉产生共产主义的意识，因此，必须通过共产主义的革命从意识觉悟上塑造无产阶级，"只有在革命中才能抛掉自己身上的一切陈旧的肮脏东西，才能胜任重建社会的工作"③。在巴黎期间，马克思、恩格斯亲身参加工人活动，对工人阶级有最直观的认识。他们也对工人的品质加以赞扬，但是马克思、恩格斯始终从生产力和生产关系的角度去论证工人阶级的革命性作用，任何其他的阶层都无法承担起这样的历史使命。总之，"城市工业无产阶级成了现代一切民主运动的核心；小资产者，尤其是农民，总是跟在他们后面"④。

马克思、恩格斯非常看重共产主义的物质前提和阶级基础，他们指出："如果还没有具备这些实行全面变革的物质因素，就是说，一方面还没有一定的生产力，另一方面还没有形成不仅反抗旧社会的个别条件，而且反抗旧的'生活生产'本身、反抗旧社会所依据的'总和活动'的革命群众，那么，正如共产主义的历史所证明的，尽管这种变革的观念已经表述过千百次，但这对于实际发展没有任何意义。"⑤

共产主义必须以世界历史的发展为前提。马克思、恩格斯认为，共产主义不能"作为某种地域性的东西而存在"，"交往的任何扩大都会消灭地域性的共产主义"，共产主义"只有作为占统治地位的各民族'一下子'同时发生的行动，在经验上才是可能的，而这是以生产力的普遍发展和与此相联系的世界交往为前提的"，共产主义只有作为"'世界历史性的'存在才有可能实现"⑥。共产主义的实质是全人类的解放，而不是某一个阶级、某一个国家或某一个民族

---

① 马克思恩格斯选集：第1卷 [M]．北京：人民出版社，2012：195．
② 马克思恩格斯选集：第1卷 [M]．北京：人民出版社，2012：200．
③ 马克思恩格斯选集：第1卷 [M]．北京：人民出版社，2012：171．
④ 马克思恩格斯选集：第1卷 [M]．北京：人民出版社，2012：280．
⑤ 马克思恩格斯选集：第1卷 [M]．北京：人民出版社，2012：173．
⑥ 马克思恩格斯选集：第1卷 [M]．北京：人民出版社，2012：166-167．

的解放，它依赖于每一个个体的解放，而每一个个体的解放程度与历史完全转变为世界历史的程度相一致。因为每一个个体都会成为世界历史进程中的个体，地域性的个人终究会被世界历史性的、经验上的普遍的个人所代替。马克思、恩格斯深刻指明了共产主义对世界历史的依赖关系，共产主义只能在世界历史中生成，在人类全部社会历史中存在。

（3）理念与运动的双向规定

社会主义首先是而且必然是以一种理念的面貌出现的。这里的理念有两层含义。一方面，社会主义是对未来社会应然性做出一种纯粹的思维活动，带有"乌托邦"的性质；另一方面，社会主义是对未来社会必然性做出的一种相对于实践而言的思想理论。总之，理念是一切社会主义的起点形式。

在探索未来社会理论的初期，马克思、恩格斯就很少有对共产主义纯理念性的描述，而且这些描述往往存在于一些演讲和具有指导实践的纲领性文件中。比如恩格斯在爱北斐特的一次演说中，对未来共产主义社会进行了较大篇幅的描述："在共产主义社会里，人和人的利益不是彼此对立的，而是一致的，因而竞争就消失了。……在生产和分配必要的生活资料的时候，就不会再发生私人占有的情形，……，同样也就自然而然地不会再有商业危机了。在共产主义社会里无论生产和消费都很容易估计。……现代社会制度的主要缺陷就会消除。"① 而且恩格斯"大胆地假设，有了公共食堂和公共服务所，从事这一工作的三分之二的人就会很容易地解放出来，而其余的三分之一也能够比现在更好、更专心地完成自己的工作"②。

马克思、恩格斯在《形态》中谈到分工消灭时，这样描绘了未来社会中人们自由的生产生活："在共产主义社会里，任何人都没有特殊的活动范围，而是都可以在任何部门内发展，社会调节着整个生产，因而使我有可能随自己的兴趣今天干这事，明天干那事，上午打猎，下午捕鱼，傍晚从事畜牧，晚饭后从事批判，这样就不会使我老是一个猎人、渔夫、牧人或批判者。"③

与理念相对应，运动是共产主义的另一个更为重要的属性，或者更确切地说，运动的共产主义是对理念的共产主义的突破。这个"运动"是指，共产主义社会必然取代资本主义的过程，并以革命的形式表现出来。马克思、恩格斯在《形态》中十分强调共产主义的运动属性，"共产主义对我们来说不是应当确

---

① 马克思恩格斯全集：第 2 卷［M］. 北京：人民出版社，1957：605.
② 马克思恩格斯全集：第 2 卷［M］. 北京：人民出版社，1957：613.
③ 马克思恩格斯选集：第 1 卷［M］. 北京：人民出版社，2012：165.

立的状况，不是现实应当与之相适应的理想。我们所称为共产主义的是那种消灭现存状况的现实的运动"①。这一运动的规定是对《手稿》中共产主义运动规定的继承。

因此，《形态》中的共产主义理论，是伴随着"理念"与"运动"而确立起来的。②

首先，两者具有相同的物质基础。无论是理念还是运动，共产主义都被置于资本主义社会化大生产的基础上，基于资本主义经济发展、竞争扩大、世界市场开拓等运动的规定基础之上。恩格斯对未来社会图景的描述与马克思所批判的那些哲学家和社会主义者的纯粹理念不同，因为它立足于资本主义的发展过程，更重要的是，它是资本主义生产力不断扩大，分工消灭后，共产主义现实运动的结果。因此，恩格斯的理念的共产主义不仅具有蓝图式的特点，而且包含了运动的规定。

其次，运动的规定没有否定理念的规定。在那段典型的理念描述中，马克思特别进行了增补，即"晚饭后从事批判，这样就不会使我老是一个猎人、渔夫、牧人或批判者"。这一增补更好地对应了前文中物质劳动与精神劳动的分裂，通过对德意志意识形态家们只从事"批判的批判家"这一片面的精神劳动者的讽刺，揭示了共产主义社会中精神劳动的存在方式。另外，马克思揭示了作为理念的共产主义的本质——"共产主义只有作为'世界历史性'的存在才有可能实现"，而世界历史性又是由交往的世界化引起的必然结果，因此，马克思并没有因为运动的规定而否定理念的规定，相反，共产主义运动的每一步战略的调整与进步必然会在一定程度上形成革命的目标理念。

最后，理念规定与运动规定紧密相连，是共产主义革命战略发展的客观反映。1845 年以后，马克思对革命的总体构想开始转变为对特殊条件的探索，这就意味着对一个国家特殊条件的考察。在对普遍革命的鸟瞰图转移到对德国特殊草图的勾勒中，马克思逐渐形成了两阶段的战略构想。在第一阶段，要加入资产阶级的政治革命，意味着对资产阶级革命目标的展望；在第二阶段，意味着对夺取政权进行构想，重视各国的政治权力关系或阶级关系的构成。因此，这一革命战略的发展，是坚持了使理念内在化的最终目标（共产主义革命），而不是放弃了这一最终目标。

---

① 马克思恩格斯选集：第 1 卷 [M]. 北京：人民出版社，2012：166.
② 岩佐茂，小林一穗，渡边宪正.《德意志意识形态》的世界 [M]. 梁海峰，王广，译. 北京：北京师范大学出版社，2014：216.

在以后马克思未来社会理论发展过程中，关于政治或经济现实的运动规定有了新的发展，而作为理念规定的共产主义却没有得到进一步的深化与完善。

（4）人的全面发展的条件与未来社会的特征

在《形态》中，马克思、恩格斯论述了共产主义的形成过程，这个过程本质上是人类获得自由解放的过程。如果说，马克思在《手稿》中对人的发展的论述具有较强的哲学色彩，那么在《形态》中，这一论述具有了更多的经济学成分。"在共产主义社会中，即在个人的独创的和自由的发展不再是一句空话的唯一社会中，这种发展正是取决于个人间的联系，而这种个人间的联系则表现在下列三个方面，即经济前提，一切人的自由发展的必要的团结一致以及在现有生产力基础上的个人的共同活动方式。"①

首先，共产主义为人的解放提供物质基础。"当人们还不能使自己的吃喝住穿在质和量方面得到充分保证的时候，人们就根本不能获得解放"②。生产力的充分发展满足人们基本的物质生活，彻底消灭贫穷和极端贫困，最终使人们完全摆脱争夺必需品的斗争。其次，大工业促进了大城市的发展和发达，而廉价的交通使原本彼此孤立的无产者能够联合起来，并同时铲除与个人相对立的一切有组织的势力。最后，在掌握了个人的生存条件和全体成员的生存条件的革命无产者的共同体中，个人才能获得全面发展其才能的手段。"它是各个人的这样一种联合（自然是以当时发达的生产力为前提的），这种联合把个人的自由发展和运动的条件置于他们的控制之下"，"各个人在自己的联合中并通过这种联合获得自己的自由"③。

与这三个条件相对，未来共产主义社会具备下面三个特征：财产公有；联合起来的个人占有；自由与平等。

在未来社会中，由于分工的废除，财产的私人占有最终被联合起来的个人乃至社会占有代替，实现对社会有意识、有计划的控制。"随着对生产实行共产主义的调节以及这种调节所带来的人们对于自己产品的异己关系的消灭，供求关系的威力也将消灭，人们将交换、生产及他们发生相互关系的方式重新受自己的支配。"劳动成为自主自愿的活动，个人之间的交往得以确立，生产力的发展与每个人能力的发展相适应，为统治阶级和被统治关系提供保障的政治性制度也被消除。阶级已经完全消失，每个人再也不是作为阶级的成员而存在，而

---

① 马克思恩格斯全集：第3卷［M］. 北京：人民出版社，1960：516.

② 马克思恩格斯选集：第1卷［M］. 北京：人民出版社，2012：154.

③ 马克思恩格斯选集：第1卷［M］. 北京：人民出版社，2012：202，199.

是作为个人存在；而作为个人，他又不是孤立的，个人与个人之间的关系是一种自由联合的关系。

另外，在对圣西门主义的批判中，马克思、恩格斯还指出未来社会的平等性特征。"共产主义的最重要的不同于一切反动的社会主义的原则之一就是下面这个以研究人的本性为基础的实际信念，即人们的头脑和智力的差别，根本不应引起胃和肉体需要的差别；由此可见，'按能力计报酬'这个以我们目前的制度为基础的不正确的原理应用……变为'按需分配'这样一个原理，换句话说：活动上，劳动上的差别不会引起在占有和消费方面的任何不平等，任何特权。"① 这里，马克思、恩格斯将个人在人格自由水平上的差异和个人在肉体水平上的差异引入平等的视野，没有因为各个人活动和能力上的不同而否定需要上的平等，初步显示了自由与平等兼顾的原则，这一点也使《形态》同巴贝夫的绝对平等观区别开来。

从《手稿》到《形态》，马克思、恩格斯关于未来共产主义的理论完成了从以抽象的人本哲学论证为主到以现实的人和历史的发展为主的转变，凸显了经济共产主义的特征，实现了哲学共产主义向经济共产主义的突破。《形态》初步奠定了马克思未来共产主义理论的科学基础，建构了科学共产主义的初始轮廓，标志着马克思未来社会理论发展过程中的第一次飞跃。

五、未来社会理论的形成："全世界无产者联合起来！"

（一）共产主义名称的进一步明确

1847 年年初，马克思、恩格斯应正义者同盟的邀请加入该组织。同年 6 月，正义者同盟在伦敦召开第一次代表大会，并接受马克思、恩格斯建议，改名为共产主义者同盟。恩格斯向大会提交了《共产主义信条》作为组织纲领的讨论稿，但未通过。在 11 月下旬召开的第二次代表大会上，恩格斯对《共产主义信条》做了大幅修改，以问答的形式写成《共产主义原理》（以下简称《原理》），但仍无法使马克思和恩格斯本人满意，于是两人再度合作最终完成了《共产党宣言》（以下简称《宣言》）这一名垂千古的历史性文献。《宣言》第一次精辟地总结和阐述了未来共产主义的理论，向世界宣布了共产主义的目标和无产阶级的历史使命，标志着马克思未来社会理论正式形成。同时，由于《宣言》是作为共产主义者同盟的纲领创作的，它的完成也标志着马克思恩格斯共产主义的理论同工人运动实践的第一次真正的结合，它的广泛传播意味着马

---

① 马克思恩格斯全集：第 3 卷 [M]. 北京：人民出版社，1960：637-638.

克思主义开始在世界范围内播下革命的种子。

在《形态》中，马克思、恩格斯已经使用共产主义来命名未来社会，他们也自称为共产主义者。"在《形态》以后，只有共产主义才是反映马克思及恩格斯理论特征的用语。这是《共产党宣言》所明示的。"① 恩格斯在《宣言》1890年德文版序言中指出了其中原因——"1847年，所谓社会主义者是指两种人。一方面是指各种空想社会主义体系的信徒，特别是英国的欧文派和法国的傅立叶派，这两个流派当时都已经缩小成逐渐走向灭亡的纯粹的宗派。另一方面是指形形色色的社会庸医，他们想用各种万应灵丹和各种补缀办法来消除社会弊病而毫不伤及资本和利润。这两种人都是站在工人运动以外，宁愿向'有教养的阶级'寻求支持。相反，当时确信单纯政治变革还不够而要求根本改造社会的那一部分工人，则把自己叫作共产主义者。这是一种还没有很好加工的、只是出于本能的、往往有些粗陋的共产主义；但它已经强大到足以形成两种空想的共产主义体系，在法国有卡贝的'伊加利亚'共产主义，在德国有魏特琳的共产主义"，简单地说，"在1847年，社会主义意味着资产阶级的运动，共产主义则意味着工人的运动"② 。虽然恩格斯根本没想放弃这个名称，但是马克思恩格斯的共产主义理论同工人运动的结合注定未来社会名称的使用将与工人运动的思想状况和活动情况紧密结合起来。至于后来，马克思恩格斯未来社会理论是共产主义的还是社会主义的，都不具有实质性的区别，这一点至少在马克思和恩格斯本人那里是无可争辩的。

（二）未来社会理论的最初总结

《原理》全文一万三千余字，用当时流行的问答的形式，以通俗易懂的语言，初步总结了马克思和恩格斯的未来共产主义理论，并提出了一些引人深思的新问题，是《宣言》的写作草稿，也是我们了解马克思恩格斯未来社会理论最好的入门读物之一。

《原理》开宗明义地指出了共产主义的定义："共产主义是关于无产阶级解放的条件的学说。"③ 这个定义言简意赅，围绕定义的三个要素——"无产阶级""解放"和"条件"，将马克思恩格斯的未来共产主义理论同其他的社会主义和共产主义思想区别开来并最终实现了对后者的超越。

---

① 岩佐茂，小林一穗，渡边宪正.《德意志意识形态》的世界［M］.梁海峰，王广，译.北京：北京师范大学出版社，2014：219.
② 马克思恩格斯选集：第1卷［M］.北京：人民出版社，2012：392.
③ 马克思恩格斯选集：第1卷［M］.北京：人民出版社，2012：295.

1. 关于无产阶级的理论

恩格斯指出，无产阶级是工业革命的产物，而不是从来就有的。随着机器和工厂制度的普遍使用和分工的不断细化，整个社会日益形成两大对立的阶级：资产阶级和无产阶级。通过对无产阶级和手工工人以及历史上其他劳动阶级进行比较，恩格斯表明无产者只有通过消灭竞争、私有制和一切阶级差别才能最终自己解放自己。也就是说，无产阶级肩负着推翻资本主义制度，建设未来共产主义制度的历史使命。同时，生产与资本的集中使无产阶级越来越聚集在一个地方，使无产阶级越来越处于贫困的状态，并逐渐认识到自己的力量。一方面是不堪忍受的生活，一方面是力量和阶级意识不断地增长，共产主义革命将不可避免。这样，恩格斯实际上驳斥了沙佩尔等人把无产阶级看成古已有之的观点，也驳斥了他们把资本主义社会中的一般文艺工作者，甚至小资产阶级都包括在无产阶级之列的谬说，也使自己的理论同无视无产阶级力量和痴迷于秘密暴动的空想社会主义和共产主义有了本质区别。

2. 逐步改造，废除私有制

在新制度中，联合将代替竞争，财产公有将代替私有制。恩格斯反复强调："废除私有制甚至是工业发展必然引起的改造整个社会制度的最简明扼要的概括。"① 历史上所有制关系的变革，都是新的生产力突破旧的所有制关系的必然结果，私有制的废除也是如此。大工业的发展不仅产生了不断提高生产力的手段，也产生了革命的无产阶级，当无限增长的生产力超出私有制和资产者可以驾驭的程度导致社会制度的剧烈震荡时，废除私有制才成为可能而且完全必要的使命。既然私有制既不是一向就有，也不是可以一下废除的，那么"很可能就要来临的无产阶级革命，只能逐步改造现今社会，只有创造了所必需的大量生产资料之后，才能废除私有制"②。

那么，如何才能废除私有制呢？恩格斯指出，共产主义者当然是最支持和平办法的人，但在当时的情况下无产阶级只有使用革命的手段，才能废除私有制。但是共产主义者很清楚"革命不能故意地、随心所欲地制造，革命在任何地方和任何时候都是完全不以单个政党和整个阶级的意志和领导为转移的各种情况的必然结果"③。不仅如此，革命的具体过程应根据无产阶级发展的具体情况而定。在无产阶级比较发达的英国，无产阶级革命将建立起民主的国家制度。

---

① 马克思恩格斯选集：第 1 卷 [M]. 北京：人民出版社，2012：303.
② 马克思恩格斯选集：第 1 卷 [M]. 北京：人民出版社，2012：304.
③ 马克思恩格斯选集：第 1 卷 [M]. 北京：人民出版社，2012：304.

而在无产阶级还不发达的法国和德国，则可以通过第二次斗争的方式，将其他的小农和小资产阶级争取到自己一边。但是建立工人阶级的政权并不等于建立了共产主义，中间必然会有一个利用民主和经济手段，逐步改造整个社会的过渡时期。

首先，恩格斯明确了共产主义革命的前提和废除私有制的前提。革命的前提已有论述，对于后者，恩格斯指出现有的生产力还不能一下子扩大到实行财产公有的程度。

其次，在过渡时期，首要的任务还是大力发展生产力。恩格斯不是指一般的发展生产，而是从生产力的改造进程对社会经济关系变革进程的制约性来看待并确立这一原则的。通过无产阶级的劳动，国家的生产力将大大增长，随着这种增长，各种改造措施"实现的可能性和由此而来的集中化程度也将相应地增长"①。

最后，恩格斯提出了一系列过渡时期的改造措施，其中特别引人注目的是和平的经济手段的使用，如国家工业竞争和赎买办法等。这些措施要一个接着一个实行，直到把"全部资本、全部生产和全部交换都集中在国家手里的时候，私有制将自行灭亡，金钱将变成无用之物，生产将大大增加，人将大大改变，以致连旧社会最后的各种交往形式也能够消失"②。

这样，恩格斯第一次完整地给我们呈现了一个在政治上实行无产阶级民主，在经济上通过不断发展生产力和调节生产关系等一系列和平改造措施，消灭私有制，建立公有制的共产主义过渡时期的社会图景。

3. "革命不能单独在一个国家发生"的理论

恩格斯在《原理》中提出因为大工业的发展，世界各国的人民相互联系，所有地方性的小市场联合成为一个世界市场，生产力的发展和各国交往的发展使各文明国家里发生的一切必然影响到其余各国。"因此，如果现在英国或法国的工人获得解放，这必然会引起其他一切国家的革命，这种革命迟早会使这些国家的工人也获得解放。"③ 在后面第十九个问题的回答中，恩格斯又以同样的理由，得出这样的结论："共产主义革命将不是仅仅一个国家的革命，而是将在一切文明国家里，至少在英国、美国、法国、德国同时发生的革命，在这些国家的每一个国家中，共产主义革命发展得较快或较慢，要看这个国家是否有较

---

① 马克思恩格斯选集：第 1 卷 [M]. 北京：人民出版社，2012：306.
② 马克思恩格斯选集：第 1 卷 [M]. 北京：人民出版社，2012：306.
③ 马克思恩格斯选集：第 1 卷 [M]. 北京：人民出版社，2012：299.

发达的工业，较多的财富和比较大量的生产力。"① 将这两段论述结合来看，我们认为，"革命不能单独在一个国家发生"并不意味着同一时间发生。恩格斯充分认识到各国资本主义和无产阶级发展情况的差异，把革命看作主客观条件发展的必然结果，因此，"革命不能单独在一个国家发生"不等于"革命在所有文明国家同时发生"。

恩格斯的"同时发生"指在一定历史时期，各国革命进程的同步发展。"同时"不是指具体时间上的完全同步，而是从一定历史时期看，它们将形成一个革命的连锁反应。对于"发生"一词，郑异凡教授从翻译的角度指出，"发生"实际上指的是革命的整个进程："同时发生"一语中的"发生"德文为"gehen"，意为"进行"，表达的是一个过程，而不是某一时刻的一次性行动。俄文译作 произойти，中文大概是按俄文译成"发生"的。"发生"在语感上是一次性行动，而缺乏过程感。② 故而，一个国家可以先开始革命，其他国家可以后开始革命，这是一个完全不以无产阶级和共产党的意愿为转移的历史进程。1926 年 12 月 8 日，季诺维也夫（Grigori Zinoviev）在共产国际第七次扩大全会上说："恩格斯说到英国、美国、法国和德国同时进行社会主义革命时，他指的绝不是无产阶级夺取政权本身一定要这四个国家在同一个时刻进行。恩格斯决不认为，其中的一个国家不能'开始'。……恩格斯是想说，只有社会主义在四个当时最先进的国家中得到巩固，社会主义制度才会取得对资本主义的胜利，从历史远景来说，这将在同一历史时期发生。"③

革命具体指废除私有制，包含无产阶级夺取政权和逐步改造私有制两个步骤，其本身就是一个过程。如果我们把"第十六个问题：能不能用和平的办法废除私有制？""第十七个问题：能不能一下子就把私有制废除？""第十八个问题：这个革命的发展过程将是怎样的？"和"第十九个问题：这种革命能不能单独在一个国家发生？"看作一个整体，就不难看出，革命既指无产阶级建立共产主义国家政权，又指对私有制的和平改造。如果说无产阶级政治革命的形势是客观造就的，不可能同时发生，那么对私有制改造的各个措施的践行，就更不可能是完全同步的。

4. 未来共产主义社会的"理念"规定

随着私有制的废除，与之相伴的与大工业管理制度相联系的一切有害后果

① 马克思恩格斯选集：第 1 卷 [M]. 北京：人民出版社，2012：306.
② 郑异凡. 恩格斯"同时胜利论"质疑 [J]. 国际政治研究，2003（4）：90.
③ 郑异凡. "一国社会主义"问题争论资料 [M]. 北京：东方出版社，1986：200.

都将消除。危机不复存在，生产过剩不但不会产生贫困，而且会满足人的需要并促进新的进步。大工业的发展规模将远远超出现在的状况，可以提供更多的产品，通过适当的组织分配方式满足全体成员的需要。整个社会共同地、有计划地经营生产和分配活动，将产生对全面发展的人的需要。不仅如此，教育将使青年人摆脱由分工引起的片面性。因此，分工成为多余，阶级也随之消失，城市和农村之间的对立也将消失。总之，"由社会全体成员组成的共同联合体来共同地和有计划地利用生产力；把生产发展到能够满足所有人的需要的规模；结束牺牲一些人的利益来满足另一些人的需要的状况；彻底消灭阶级和阶级对立；通过消除旧的分工，通过产业教育、变换工种、所有人共同享受大家创造出来的福利，通过城乡的融合，使社会全体成员的才能得到全面发展——这就是废除私有制的主要结果"①。

（三）马克思恩格斯共产主义理论形成的标志——《共产党宣言》

《共产党宣言》（以下简称《宣言》）自问世以来，被翻译成上百种语言，是马克思恩格斯著作中传播范围最广、影响最大的一部著作。它标志着马克思恩格斯共产主义理论的形成，吹响了以科学共产主义为指导的、有组织的工人运动的第一声战斗号角，并对世界历史进程产生了深远的影响。

1. 基本思想与主要内容

恩格斯在《宣言》1883年德文版序言中写道，贯穿《宣言》的基本思想就是："每一历史时代的经济生产以及必然由此产生的社会结构，是该时代政治的和精神的历史的基础；因此（从原始土地公有制解体以来）全部历史都是阶级斗争的历史，即社会发展各个阶段上被剥削阶级和剥削阶级之间、被统治阶级和统治阶级之间斗争的历史；而这个斗争现在已经达到这样一个阶段，即被剥削被压迫的阶级（无产阶级），如果不同时使整个社会永远摆脱剥削、压迫和阶级斗争，就不再能使自己从剥削它压迫它的那个阶级（资产阶级）下解放出来。"② 简单地说，马克思、恩格斯以唯物主义历史观为指导，通过对资本主义形成发展的历史和阶级斗争的历史的考察，得出了"两个必然"的结论。全文分为四个部分：

第一部分首先阐述了阶级斗争的理论。马克思、恩格斯分析了资产阶级产生和发展的历史，第一次明确指出了资产阶级在历史上曾起过革命的作用，继而论述了无产阶级的产生、发展和资产阶级之间对立的历史必然性，阐明了资

---

① 马克思恩格斯选集：第1卷 [M]. 北京：人民出版社，2012：308-309.
② 马克思恩格斯选集：第1卷 [M]. 北京：人民出版社，2012：380.

产阶级和无产阶级斗争的根源、特点和历史趋势，并最终得出了"资产阶级的灭亡和无产阶级的胜利是同样不可避免的"结论。

在第二部分，马克思、恩格斯通过驳斥资产阶级对共产主义在私有财产、自由、家庭、婚姻、教育和民族方面的责难，表明共产党的目的和思想理论以及未来共产主义的根本特征。共产党人的最终目的是要消灭私有制。共产主义不是消灭一般意义上的所有制，也"不剥夺任何人占有社会产品的权力，它只剥夺利用这种占有去奴役他人劳动的权力"①。《宣言》继承了《原理》中关于共产主义革命步骤的主张，阐发了无产阶级专政的必要性和历史性，并对未来共产主义社会做出了最经典的概括："代替那存在着阶级和阶级对立的资产阶级旧社会的，将是这样一个联合体，在那里，每个人的自由发展是一切人的自由发展的条件。"②

作为国际工人运动第一个纲领，马克思、恩格斯有必要厘清科学共产主义同其他形形色色的社会主义和共产主义的关系。《宣言》第三部分指出并批判了各种社会主义和共产主义思想的缺陷和反动性，从侧面表明了《宣言》主张的共产主义思想是无产阶级自我解放的思想，是工人阶级通过革命的途径废除资产阶级生产关系的思想，是以现实的资产阶级社会以及相应的物质生活条件和与之相当的政治制度为前提的未来社会的思想。

《宣言》在第四部分表明共产党的任务、历史使命以及在不同国家不同的斗争内容与策略。马克思、恩格斯强调共产党时刻肩负着教育工人阶级的责任，表明共产党人的国际主义精神，并公开宣布共产党人只有用暴力推翻全部现存的社会制度才能实现自己的目的和意图。

《宣言》以唯物史观为根本指导思想，以资本主义生产状况和无产阶级运动为现实依据，集中概括了马克思、恩格斯关于未来社会的全部理论成果，系统地制定了科学社会主义的基本原理。《宣言》的完成不仅标志着马克思恩格斯未来社会理论的最终形成，也标志着马克思主义理论体系的诞生。

2.《宣言》的根本方法：历史唯物主义与辩证法的结合

《宣言》发表170多年来，它的一些重要预测并没有实现，一些主要结论也已经过时，因此《宣言》遭遇了种种责难。诚然，历史的发展没有按照马克思、恩格斯预想的那样进行，这一点两位作者在1872年已经有所阐述。但是，如果我们仅仅因此否认《宣言》的当代价值乃至它的历史意义，那不仅是对《宣

① 马克思恩格斯选集：第1卷［M］．北京：人民出版社，2012：416.
② 马克思恩格斯选集：第1卷［M］．北京：人民出版社，2012：422.

言》的不公，而且是极其荒谬与可笑的。正如有学者指出的："如果不是仅仅抓住《宣言》的一些过时结论不放，而是把眼光放在它的根本方法上，则《宣言》至今仍是具有极大启发性的伟大文献。"①

马克思、恩格斯以唯物史观为根本方法，将共产主义建立在现实生产力发展的客观需要之上，而不是某种道德的诉求之上，从而使他们的共产主义同各种社会主义和共产主义有了本质的区别。所以，恩格斯将唯物史观作为科学社会主义的理论基石之一，并认为把这一伟大发现同达尔文在生物学上完成的变革等量齐观是毫不过分的。在《宣言》中，马克思、恩格斯运用唯物史观对人类历史特别是资本主义以来的历史做出了最凝练的概括，对资产阶级和无产阶级的对立做出了最精辟的叙述，对各种社会主义共产主义思想做出了最简洁有力的批判，对共产党的历史任务做出了最明确的表达。可以说，没有唯物史观，就没有《宣言》；《宣言》所有的分析与结论是运用唯物史观可以得出的必然结论。对于《宣言》发表以来，资本主义社会的一切发展变化和世界社会主义运动与实践的实际，也应当运用唯物史观的方法去观察、分析和判断。资本主义通过不断调节生产关系，使其至今仍可容纳生产力的发展，它的灭亡仍然是一个趋势；东方落后国家的社会主义革命与建设所遭遇的各种理论尴尬和现实困境恰恰是由于缺少了资本主义大生产的物质前提。对于资本主义的新变化和社会主义的改革，我们应当从具体的社会经济、政治和文化，从工人阶级的生活状况和阶级意识，从全球化背景下各个国家的相互联系中，去寻找答案，而不应在一百多年前连作者都认为过时了的一些结论上纠缠不清。

马克思恩格斯的历史唯物主义将唯物主义贯彻到人类社会生产领域，并用发展辩证的眼光审视资本主义和资产阶级在人类社会发展史中的地位与作用，从而使马克思、恩格斯对社会历史的认识更加深刻而全面。《宣言》公正地评价了资本主义在瓦解封建主义、促进生产力发展、开拓世界市场等方面起到的进步作用。脱胎于封建社会的、由资产阶级进行经济统治和政治统治的新社会又在酝酿着摧毁自身的因素——"资产阶级用来推翻封建制度的武器，现在却对准资产阶级自己了"，不仅如此，资产阶级"还产生了将要运用这种武器的人——现代的工人，即无产者"②。马克思、恩格斯将资本主义社会制度和资产阶级的历史作用放在人类社会历史发展的大背景下，动态地而非静止地，因时因地地做出了公允的评价。不仅如此，马克思、恩格斯还将辩证法运用到对自身

① 张光明，罗传芳. 马克思传 [M]. 北京：人民日报出版社，2010：89.
② 马克思恩格斯选集：第1卷 [M]. 北京：人民出版社，2012：406.

理论的反思上。在后来的多份序言中，恩格斯不断提到《宣言》的一些结论已经过时，主张从工人运动和社会主义运动的新发展中不断修正已有的理论，"随时随地都要以当时的历史条件为转移"①。在任何时候、任何地点，我们都应以变化了的事实作为理论探索和理论总结的出发点和落脚点，共产主义作为现实的运动永远没有现成的答案。

3. 未来社会理论的全景呈现与理论亮点

弗兰茨·梅林在他的《马克思传》中说，《宣言》所包含的思想在以往的著作中都有论述。事实确实如此，但是《宣言》作为共产党的第一个行动纲领，它第一次以精简浓缩的语言将马克思、恩格斯的世界观、历史观和政治主张完整地展现出来。正是这样的一种风格更有利于《宣言》的传播，更有利于表明共产党与其他社会主义政党的根本不同，从而简洁有力地向全世界无产者发出了革命的号召。

如果我们把马克思、恩格斯对未来社会理论的构建比作建造一栋房屋，以前著作只是展示了这栋房屋的某个侧面和局部的模样，那么《宣言》则将这栋房屋做出了全景呈现。每一个结构、每一个理论都是这个整体的有机的一部分，都应当将它们放到它们产生的那个基础上去欣赏和品鉴。

（四）正确认识《宣言》的当代价值

结合时代发展、理论热点和马克思恩格斯未来社会理论发展的连续性（对于与《原理》基本相同的观点，在此不再赘述），本书试图从三个方面阐释《宣言》的当代意蕴：

1. 关于人类解放的理论

人的解放理论在马克思恩格斯未来社会理论中居于核心位置。未来共产主义社会的宗旨和价值目标就是要实现每个人的自由全面的发展。马克思、恩格斯的这一理论始终贯穿于马克思主义整个理论体系中，并得到了马克思、恩格斯一贯的阐发与重视。诚然，马克思恩格斯人类解放理论的形成也不是一蹴而就的。从人与自然、人与社会、人与自身全面和谐的社会到人的自由全面发展的社会，再到《宣言》中每个人的自由发展是一切人的自由发展条件的联合体，马克思、恩格斯最终完成了人类解放理论的整体构建与体系论证。从文本主题角度讲，正如有学者指出的，《宣言》的核心理论是共产主义理论，共产主义理论的核心理论就是人的解放理论②，共产主义运动的过程和共产主义社会的实

---

① 马克思恩格斯选集：第1卷［M］. 北京：人民出版社，2012：376.

② 谭培文. 科学发展观视域的人的解放理论探究［J］. 江海学刊，2009（1）：71.

现也就是人类解放的过程和人的自由全面发展的实现，它遵循了"生产力高度发展—阶级斗争—消灭私有制—人的解放"的基本理论逻辑和实践逻辑。

未来共产主义社会不是禁欲的社会主义也不是绝对的平均主义，它必须建立在生产力高度发达、物质财富大量积累的经济基础上。随着资本的不断扩张和世界市场的开拓，无产阶级将通过不断的理论教育和各种实际斗争，最终成为一股世界联合的力量，并通过革命的形式建立无产阶级的政治统治，最终彻底消灭私有制，进而消灭由此产生的一切劳动的异化、分工和阶级的对立，实现自由人的联合体社会。因此，未来共产主义社会的实现是一个不断运动的过程，在不同的发展阶段，无产阶级运动的任务和内容是不同的，完成任务的手段途径和实际进程也是不可能完全相同的。其中具体的过渡措施虽然被马克思、恩格斯认为属于已经过时的理论范畴，但是，由此内含的未来社会没有统一模式，人们应当根据自己所处的时代去寻找解决问题的具体方案的思想，成为《宣言》留给我们的宝贵遗产。

在现实社会主义建设实践中，因为手段和目的关系的本末倒置，误将共产主义运动过程中的手段当作共产主义社会本身，过分强调了未来社会实现的阶级基础，把消灭私有制这个途径看成目标，而忽略了必要的物质前提，给我们的社会主义制度建设带来了巨大灾难。改革开放后，邓小平十分重视生产力的发展，提出社会主义的本质就是解放生产力，发展生产力，消灭剥削，消灭两极分化，最终达到共同富裕。社会主义市场经济体制的提出与建立打破了长期以来计划经济的束缚，大大激活了人民的生产热情和物质生产的潜力，为我们的社会主义制度建设注入了强大的活力。在社会主义初级阶段，解放生产力和发展生产力不仅是必需的，而且是必要的，但是人们逐渐形成了"唯生产力和经济发展是从"的观念，社会主义的特质性逐渐淡化，这也让我们的社会主义建设付出了巨大代价。

回顾改革开放以来的中国特色社会主义制度建设的历史，我们可以清楚地看到，不能把社会主义建设的手段当作目的，手段是灵活的、与时俱进的，没有统一模式可循，改革开放的第一步就是要打破手段的束缚。

2. 关于阶级斗争的理论

2014 年一篇关于阶段斗争的文章在学界和意识形态领域引发了一场大争论。争论围绕是否要讲阶级斗争、现阶段我国是否还存在阶段斗争展开。鉴于阶级斗争理论在马克思主义理论体系中的重要地位，是否承认阶级斗争、坚持斗争理论已经成为是否坚持社会主义、马克思主义和党的领导的重大理论问题和政治问题。因此，有必要结合《宣言》中马克思、恩格斯的相关论述做出文本的解读。

《宣言》在第一部分开宗明义地写道:"至今一切社会的历史都是阶级斗争的历史。自由民和奴隶、贵族和平民、领主和农奴、行会师傅和帮工,一句话,压迫者和被压迫者,始终处于相互对立的地位,进行不断的、有时隐蔽有时公开的斗争,而每一次斗争的结局都是整个社会受到革命改造或者斗争的各阶级同归于尽。"① 在未来的共产主义社会中,随着分工的消失,阶级也将不复存在。但是这并不意味着向未来共产主义社会过渡的社会制度中没有阶级和阶级斗争。

首先,阶级斗争从一般的阶级对立到普遍的阶级冲突需要经过四个阶段——同生产工具做斗争的阶段、同敌人的敌人做斗争的阶段、地方联合性斗争的阶段和普遍联合斗争的阶段。如同《宣言》中所说,"日益发达的交通工具把各地的工人彼此联系起来。只要有了这种联系,就能把许多性质相同的地方性的斗争汇合成全国性的斗争,汇合成阶级斗争"②,这首先是同阶级发展的程度相关联的。在资产阶级尚未获得政治权力前,它还能联合无产阶级,在这个阶段上,无产者不是同自己的敌人做斗争,而是同自己的敌人的敌人做斗争。因此,阶级斗争指被压迫阶级有组织地以消灭压迫阶级所代表的生产关系、所有制形式和上层建筑进而消灭压迫阶级本身的革命活动。在资本主义制度下,这一阶级斗争表现为工人阶级通过全国性联合和世界联合达到消灭私有制的共产主义运动,这也是阶级斗争的最高表现形式。

其次,那种你死我活带有决战性质的阶级斗争不是伴随阶级的产生而产生,它是阶级矛盾不可调和的产物,它何时发生、如何发生,是一个阶级发展成熟度的问题,是一个生产力的问题,是一个文化传统的问题。总之,阶级斗争有狭义广义之分,只有当这个阶级认识到了自己作为一个阶级的存在,它的阶级意识和政治觉悟完全觉醒时,它的斗争才可以说具有了阶级斗争的性质。

最后,阶级斗争是马克思未来社会理论中颇受争议的一个概念,这不仅因为毛泽东时期"以阶级斗争为纲"给社会主义建设带来了负面影响,而且一些学者从根本上认为阶级斗争并不是阶级社会的常态。第一种说法完全与马克思、恩格斯无关。首先,讲阶级斗争不等于以阶级斗争为纲;其次,存在阶级也不意味着阶级关系时刻处于紧张对立的状态;再次,阶级决战是阶级矛盾发展的历史产物,它的发生与消灭不以人的意志为转移;最后,任何社会应当避免那

---

① 马克思恩格斯选集:第1卷 [M]. 北京:人民出版社,2012:400.
② 马克思恩格斯选集:第1卷 [M]. 北京:人民出版社,2012:409.

种你死我活的阶级斗争，同时赋予每个阶级维护自身利益和权利的合法性。只有彻底消灭了阶级存在的物质基础，才能消灭阶级对立，最终消灭一切阶级。对于后一种观点，本书认为从历史上来看，阶级斗争本身就有一个发展的过程。各种所谓的阶级和谐不过是在多种因素共同作用下的阶级关系的动态平衡，即便是在工人阶级运动改良主义盛行的英国，还没有哪一种权利不是无产阶级自己争取来的。在当代社会，阶级斗争的具体方式、具体内容和目标具有了新的表现形式，由于多种所有制经济的存在，劳动与资本的对立在一定范围内继续存在，但是远未达到两大阶级进行决战的程度。我国的生产力、公有制经济以及整个社会主义制度的发展成熟程度远未达到未来共产主义社会的要求，中国特色社会主义还处在社会主义的入口处，阶级斗争将以新的形式在一定范围内继续存在，至于阶级的完全消失将是一个更加漫长的历史过程。

3. 关于世界历史观

《宣言》进一步深化了世界市场的观点，提出"不断扩大产品销路的需要，驱使资产阶级奔走于全球各地。它必须到处落户，到处开发，到处建立联系"①。这种世界性既体现为生产和消费的世界性，也体现为精神生产的世界性，"一句话，它按照自己的面貌为自己创造出一个世界"②。这个世界市场从农村屈服城市、东方从属西方开始，亦即从本国的原始资本积累和对外的殖民掠夺开始。马克思、恩格斯从历史观的角度看到伴随世界市场而生的世界历史的进步性，并指出资产阶级在这一过程中发挥的进步作用，"资产阶级在它的不到一百年的阶级统治中所创造的生产力，比过去一切世代创造的全部生产力还要多，还要大"③。因此，马克思、恩格斯对世界历史的阐述始终是同资产阶级、无产阶级和世界共产主义运动紧密连在一起的。但是世界历史构成共产主义革命成功的历史前提在《宣言》中没有被过多地提到，马克思、恩格斯写道，"如果不就内容而就形式来说，无产阶级反对资产阶级的斗争首先是一国范围内的斗争。每一个国家的无产阶级当然首先应该打倒本国的资产阶级"，这可以看作对《原理》中"共产主义革命能否单独在一个国家发生？"问题的补充回答。

现在来看，世界历史观的意义不在于它在某种程度上看到了全球化时代的到来，而在于它所蕴含的关于共产主义世界革命的问题在 21 世纪——变成了现实，并向现实共产主义运动和社会主义制度建设提出了新的要求。

---

① 马克思恩格斯选集：第 1 卷 [M]. 北京：人民出版社，2012：404.
② 马克思恩格斯选集：第 1 卷 [M]. 北京：人民出版社，2012：404.
③ 马克思恩格斯选集：第 1 卷 [M]. 北京：人民出版社，2012：405.

一个国家首先发生革命，然后引起其他另一些国家革命，这种连锁反应的革命进程，将不可避免地引起一个社会主义国家独立于资本主义世界的情境。两种社会制度同时并立，如何处理与资本主义世界的关系？如何与其他国家的无产阶级政党交往？如果世界革命形势不会马上到来，一国社会主义政权是否会受到来自资本主义世界的镇压？世界无产阶级在东西方发展不平衡的基础上如何实现联合、如何开展革命？马克思、恩格斯当时不可能去考虑这些问题，但这些问题实实在在地存在着，并在 19 世纪末 20 世纪初造成了世界社会主义运动的分裂，最终使社会主义运动遭受重大曲折。

在 23 年后撰写国际工人协会章程时，马克思已经看到世界范围内的联合在当时背景下的幻想性对工人阶级解放运动产生的不利影响，"为达到这个伟大目标（工人阶级的经济解放，笔者加）所做的一切努力之所以至今没有收到效果，是由于每个国家里各个不同劳动部门的工人彼此间不够团结，由于各国工人阶级彼此间缺乏亲密的联合；劳动的解放既不是一个地方的问题，也不是一个国家的问题，而是涉及存在现代社会的一切国家的社会问题，它的解决有赖于最先进的国家在实践上和理论上的合作"①。

时至今日，中国共产党在处理中国特色社会主义制度与资本主义制度关系、党际关系、融入世界经济发展等一系列问题上做出了有益尝试，实现了理论上的创新突破。认真总结其中的经验教训对于在全球化进程中进一步推进中国特色社会主义制度建设大有裨益。

《宣言》作为第一个世界无产阶级政党的党纲，首次向全世界公开说明了共产党人的目的与意图，标志着马克思恩格斯未来社会理论的形成。同时《宣言》不是预言书，它也受到那个时代局限性的束缚，一些理论过时是不可避免的，这些在后来的序言中，恩格斯已经做出了说明。但是正如恩格斯所说，"《宣言》是一个历史文件，我们已没有权利来加以修改"②。事实就是如此，对于 1848 年，《宣言》没有任何地方可以使两位作者蒙羞。

第二节　发展与成熟阶段：从《资本论》到东方社会理论

以 1848 年欧洲革命为背景，马克思、恩格斯的未来社会理论逐渐发展成熟

---

① 马克思恩格斯选集：第 3 卷 [M]. 北京：人民出版社，2012：171.
② 马克思恩格斯选集：第 1 卷 [M]. 北京：人民出版社，2012：377.

起来。《资本论》为历史唯物主义奠定了微观基础，使马克思、恩格斯的未来社会理论最终上升为科学原理，标志着科学社会主义的诞生。国际工人协会和巴黎公社的实践经验极大地推动了马克思主义的发展，未来社会理论的一系列重大原理在《法兰西内战》《哥达纲领批判》《社会主义从空想到科学的发展》和东方社会理论中得到充分的展开。

一、1848 年欧洲革命的洗礼

1848 年欧洲革命以 1 月意大利西西里岛的巴勒摩人民起义和 2 月法国巴黎人民起义为起点，到 1849 年 9 月革命最终被完全扑灭，前后波及以法国为中心的十八个国家，历时一年八个月。马克思、恩格斯以各种方式参与这场轰轰烈烈的革命斗争，革命结束后，他们及时总结革命的历史经验，撰写了大量论著总结欧洲 1848 年革命的历史经验，如《1848 年至 1850 年的法兰西阶级斗争》《德国的革命和反革命》和《路易·波拿巴的雾月十八日》等，他们的未来社会理论因为得到了革命的洗礼而向前推进了一大步。

（一）《1848 年至 1850 年的法兰西阶级斗争》

《新莱茵报》停刊后，马克思辗转巴黎，后暂时定居在伦敦，筹办《新莱茵报·政治经济评论》。因为革命失败和反动势力的镇压，报纸筹资异常困难。几经周折后，报纸最终在 1850 年 3 月 6 日出版了，但只勉强维持了八个月的时间，总共出版 6 期。恩格斯将马克思写的关于法国革命的一组评论文章以《1848 年至 1850 年的法兰西阶级斗争》（以下简称《法兰西阶级斗争》）命名于 1895 年发行了单行本。《法兰西阶级斗争》是马克思用唯物史观基本原理分析具体历史事件的第一次出色的尝试。

《法兰西阶级斗争》包括四组评论文章：

第一章《1848 年的六月失败》阐述了巴黎二月革命至六月起义之间的这段历史。马克思从当时经济的条件出发，分析了二月革命和六月起义爆发和失败的原因、性质和意义，评析了临时政府的政策，并提出了"推翻资产阶级！工人阶级专政！"的口号。

第二章《1849 年 6 月 13 日》主要阐述六月起义失败至 1849 年 6 月小资产者失败这一时期的历史，描写了起义失败后法国各阶级之间的斗争，同时也表明法国革命正沿着下降路线进行。由此，马克思得出这样的结论，无产阶级、农民、小资产者和中等阶层将因为反对资产阶级而结成普遍的联合，无产阶级在革命联盟中将处于领导地位。

第三章《1849年六月十三日事件的后果》阐述了立法议会时期的历史。内容主要包括6月13日事件的始末，秩序党的独裁统治及其与波拿巴之间的斗争、山岳党和秩序党面对群众反抗为了共同利益再度勾结，以及它们如何通过废除普选权报复新山岳党的选举胜利等。在这章中，马克思提出了不断革命的口号："这种社会主义就是宣布不断革命，就是无产阶级的阶级专政，这种专政是达到消灭一切阶级差别，达到消灭这些差别所产生的一切生产关系，……达到改变由这些生产关系产生出来的一切观念的必然的过渡阶段。"①

第四章《1850年普选权的废除》，主要说明了法国资产阶级反动势力获胜的经济原因以及经济发展状况同革命形势之间的反向关系，最后该章指出大资产阶级的反动统治必将导致普选权的废除，路易·波拿巴政变是其反动统治的必然结果。

在这里，本书仅就与未来社会理论密切相关的"不断革命论"展开论述。

"不断革命论"不仅是《法兰西阶级斗争》，而且也是马克思主义理论中比较受争议的一个问题。纵观20世纪80年代以来的研究成果，除去一些政治因素，问题的争论主要集中在以下几个问题②：不断革命论是马克思、恩格斯一贯坚持的理论原则吗，抑或说不断革命论在马克思主义理论体系中处于什么样的位置；不断革命论是什么时候产生的；不断革命论仅仅适用于德国，还是具有更加普遍的意义等。回答这些问题的首要任务是在澄清"不断革命"产生、发展过程的基础上进一步明确"不断革命"的实质含义。仅从这个术语的使用而言，《法兰西阶级斗争》既不是第一部也不是唯一一部提到"不断革命"的著作。

在《马克思和〈新莱茵报〉》一文中，恩格斯揭示了左派对代议制的迷信，指出："当我后来读到布日尔论马拉的一本书时，我便发觉，我们在许多方面都不知不觉地仿效了真正的（不是保皇党人伪造的）《人民之友》的伟大榜样；各种疯狂的叫嚣之所以出现，各种使人们将近一百年来只知道一个被歪曲得面目全非的马拉的伪造历史的行径之所以产生，其原因只有一个，那就是马拉无情地扯下了显赫一时的偶像——拉斐德、巴伊等人的假面具，揭露了他们已经成了十足的革命叛徒的面目，而且他也像我们一样，要求不宣布革命已经结束，而宣布革命是不断的革命。"③

---

① 马克思恩格斯选集：第1卷［M］. 北京：人民出版社，2012：532.

② 参见：匡翠坚. 马克思和"不断革命论"：一点质疑［J］. 上饶师专学报（社会科学版），1981（1）：1.

③ 马克思恩格斯选集：第4卷［M］. 北京：人民出版社，2012：7-8.

　　恩格斯在谈到匈牙利的资产阶级革命时，对科苏特领导的革命给予了高度的评价，"群众性的起义，全国都来制造武器，发行纸币，迅速镇压一切阻碍革命运动的人，不断革命——总而言之，在被科苏特所武装、组织和鼓舞的匈牙利，我们重新看到了光荣的 1793 年的一切基本特征"①。

　　1850 年 3 月，马克思、恩格斯在《共产主义者同盟中央委员会告同盟书》中，指出无产阶级政党不同于小资产阶级民主派满足于革命的有限的目的，"我们的利益和我们的任务却是要不断革命，直到把一切大大小小的有产阶级的统治全都消灭，直到无产阶级夺得国家政权，直到无产者的联合不仅在一个国家内，而且在世界一切举足轻重的国家内都发展到使这些国家的无产者之间的竞争停止，至少是发展到使那些有决定意义的生产力集中到了无产者手中。对我们说来，问题不在于改变私有制，而只在于消灭私有制，不在于掩盖阶级对立，而在于消灭阶级，不在于改良现存社会，而在于建立新社会"，最后，马克思、恩格斯提出无产阶级的"战斗口号应该是：不断革命"②。

　　随后不久（1850 年 4 月中旬）马克思、恩格斯参与起草了《世界革命共产主义者协会》章程。第一条开宗明义地提出："协会的宗旨是推翻一切特权阶级，使这些阶级受无产阶级专政的统治，为此采取的方法是支持不断的革命，直到人类社会制度的最后形式——共产主义得到实现为止。"③ 在不久后的《1849 年六月十三日事件的后果》一文中，马克思再次十分明确地提出了不断革命的口号。

　　可见，在革命进行中，不断革命根本算不上什么理论，它更多地指一种彻底的革命精神和革命策略。只有到了 50 年代马克思、恩格斯开始对革命进行理论反思和总结时，不断革命开始同未来共产主义社会的建立联系起来，这一概念指从现存社会制度到未来共产主义社会制度建立所必须经历的过程。从这个概念出发，不断革命的思想早在《论犹太人问题》中就初露端倪。马克思从政治解放和人类解放的相互关系的角度论述了犹太人的解放，进而指出了人类摆脱压迫走向完全解放的路径。在民主革命完成后，无产阶级还要发挥不断革命的精神进行无产阶级夺取政权的斗争，使自己上升为统治阶级，利用政治统治，通过过渡性措施，彻底废除私有制，完成共产主义的经济革命，这些思想在《共产主义原理》和《共产党宣言》中都有过明确的论述。

---

①　马克思恩格斯全集：第 6 卷 [M]. 北京：人民出版社，1961：193-194.

②　马克思恩格斯选集：第 4 卷 [M]. 北京：人民出版社，2012：557-558，564.

③　马克思恩格斯全集：第 7 卷 [M]. 北京：人民出版社，1959：605.

总的来说，不断革命既不是仅仅局限于民主革命到无产阶级革命这段时期，也不单指"建立和实现无产阶级专政的过程"。因此，也不存在德国的不断革命或是法国的不断革命，至于作为起始阶段的民主革命的阶级性质究竟在何种程度上决定这一进程，则完全视发生革命的国家的具体情况而定。

从理论上讲，50 年代的不断革命论没有太多的新意，因为从现存社会向未来共产主义社会过渡的理论在此之前已经有过论述。与以往不同的是，革命将理论设想变成现实需要，促使马克思、恩格斯从细节考虑未来共产主义社会的实际起点和过程问题。同时，面对资产阶级的背叛和小资产者与中产阶层的软弱和妥协，大概没有比"不断革命"可以更好地成为号召无产阶级将革命进行到底的现成的口号了。①

然而，不断革命毕竟还是革命的产物，对它的理解既不能脱离之前的思想联系，更不能脱离马克思、恩格斯当时对革命形势过于乐观的估计。德国三月革命失败后，马克思把希望寄托在这样的想法之上，即法国工人阶级的胜利将引发全欧的战争，进而促成各国的革命。但是，事实表明法、德两国的工人阶级远未成熟到能够发动革命和建立"社会共和国"的程度。1850 年，马克思开始着手重新组建同盟，以便迎接即将到来的革命风暴。这种乐观的情绪表现在《共产主义者同盟中央委员会告同盟书》中："革命已经迫近，而这次革命不管是由法国无产阶级的独立起义引起的，还是由神圣同盟对革命的巴比伦的侵犯引起的，都会加速这种发展。"②

这种乐观是《法兰西阶级斗争》和《共产主义者同盟中央委员会告同盟书》固有的相同的弱点。当然，马克思、恩格斯都意识到了他们对革命形势的错误估计，并从实际分析中纠正了自己的错误。恩格斯在《法兰西阶级斗争》单行本发行之际，承认他和马克思在当时的想法是不对的，因为历史已经表明，欧洲大陆的经济发展状况还远远没有达到可以铲除资本主义生产方式的程度。

马克思、恩格斯对革命所抱有的乐观情绪并没有冲昏他们的头脑，马克思、恩格斯从来不主张不讲条件为革命而革命的一味地蛮干。恰恰相反，没有比马克思、恩格斯更理性地看待革命时机问题的无产阶级革命家了。他们甚至预言，如果在客观条件不具备的条件下，无产阶级政党侥幸夺得了政权，那结果恐怕没有想象中那样美好。到那时，激进领袖将"不可避免地陷入一种无法摆脱的

---

① 不断革命在欧洲是一个比较流行的口号。正因为如此，革命期间的不断革命还不能同其他的小资产者和社会主义者的口号区分开，在以资产阶级民主革命为主要目标的前提下，这种区分的重要性还没有完全凸显出来。

② 马克思恩格斯选集：第 1 卷 ［M］. 北京：人民出版社，2012：555.

进退维谷的境地：他所能做的事，是和他一向的整个主张、他的原则、他的党的直接利益不相容的；他所应做的事，则是无法实行的"①。

总之，不断革命指不满足于有限的革命目标将革命深入下去的革命精神和革命策略，它还意味着未来共产主义社会不会主动到来。在这层意义上，革命也将从充满硝烟的以阶级斗争为主导的政治斗争上升到没有硝烟的经济革命和社会革命，最终实现共产主义的理想社会。

正如前文所述，不断革命在革命期间是一个广为使用的口号，在马克思和恩格斯那里没有特殊意义。但是在革命结束后，不断革命显然已经成为马克思主义的一个基本原理，使马克思、恩格斯的共产主义同其他各种假社会主义划清了界限。之所以如此，是因为不断革命同未来共产主义社会的命运联系在一起，同无产阶级专政联系在一起。"这种社会主义就是宣布不断革命，就是无产阶级的阶级专政，这种专政是达到消灭一切阶级差别，达到消灭这些差别所产生的一切生产关系，……达到改变由这些生产关系产生出来的一切观念的必然的过渡阶段。"② 在这里马克思把建立无产阶级专政看成实现共产主义的必由之路。它蕴含在不断革命的过程之中，是其中的一个发展时期，是不断革命的重要内容。无产阶级专政就是要通过经济革命来消灭阶级进而消灭自己本身。因此，它不是不断革命的最终目的，而是无产阶级在夺取政权后向未来共产主义社会过渡的必经阶段。无产阶级专政后的不断革命则指彻底消灭资本主义生产关系的经济革命和消灭资本主义观念的思想革命，这是一个由量变走向质变的过程，因为阶级已经走向消亡，不断革命不再是一个阶级代替另一个阶级的斗争，无产阶级专政也将自行消亡。但是这个过程不是一蹴而就的，而是一个持久的革命过程，即"Die Revolution in permanena"，中文译作"不断革命"的过程③。

（二）《路易·波拿巴的雾月十八日》

《路易·波拿巴的雾月十八日》（以下简称《雾月十八日》）是马克思又一部杰出的历史著作。列宁在评价这篇著作时指出："马克思的学说在这里也像其他任何时候一样，是用深刻的哲学世界观和丰富的历史知识阐明的经验总结。"④ 在这部著作中，马克思运用阶级分析的方法，从历史唯物主义观点出

① 马克思恩格斯全集：第 7 卷 [M]. 北京：人民出版社，1959：469.

② 马克思恩格斯选集：第 1 卷 [M]. 北京：人民出版社，2012：532.

③ 周呈芳. 马克思恩格斯不断革命理论的形成和基本内容：纪念恩格斯逝世 100 周年 [J]. 内蒙古工业大学学报（社会科学版），1995（2）：36.

④ 列宁选集：第 3 卷 [M]. 北京：人民出版社，2012：134.

发，对波拿巴的政变做了精彩绝伦的分析，从而得出了科学的结论。与同时期普鲁东的《从十二月二日政变看社会革命》把政变描述成历史发展的结果而不自觉地成为波拿巴的历史辩护不同，马克思指出波拿巴这个野心家之所以能够上台，主要是法国阶级力量发展不平衡造成的，是法国阶级斗争局势和条件发展的必然结果。尽管马克思在《雾月十八日》中重点分析的是大革命之中和之后的经济斗争情况，但是其指向之一是无产阶级社会革命的前景与策略。正如有学者指出的"本书写政变又不局限于政变，作者真正关心的是无产阶级的历史命运，他始终注意的是无产阶级获得解放所需要的情势、关系和条件"①。这部著作至少在以下两方面大大推进了马克思未来社会理论：它进一步阐明了马克思主义国家学说，丰富了无产阶级专政的理论，第一次提出无产阶级革命必须打碎资产阶级国家机器的结论；同时，它依据以往的理论和革命的经验，论述了农民在无产阶级革命中的地位和作用，进一步强调了工农联盟的重大意义以及无产阶级在同盟中的领导地位。

1. 国家学说

国家理论是马克思主义政治学的主要内容，也是马克思未来社会学说的重要组成部分。在《雾月十八日》中，马克思分析和描述了法国国家机器的一些特征。

首先，政变的直接后果是"波拿巴对议会的胜利，行政权对立法权的胜利"②。在议会中，统治阶级将自己的法律上升为国民的普遍意志；在行政权面前，国民完全服从个人的意志和权威，服从一个人的专制。行政权力的凸显是法国错综复杂的阶级派别斗争的结果。它拥有庞大的国家机器，拥有五十万人的官吏队伍和五十万人的军队，"经常和绝对控制着大量的利益和生存；在这里，国家管制、控制、指挥、监视和监护着市民社会——从其最广泛的生活表现到最微不足道的行动，从其最一般的生存形式到个人的私生活"③。国家已经完全站到社会的对立面上了。当资产阶级掌握国家政权时，他们就会利用国家行政权力来控制社会大众，消除民主派的力量，镇压社会的一切运动，最后连他们自己的运动也遭到了国家权力的镇压。国家似乎成了完全独立的东西。"和市民社会相比，国家机器已经大大地巩固了自己的地位。"④

其次，小农阶级是波拿巴统治的阶级基础。马克思指出，波拿巴代表了法

① 周勇胜.《雾月十八日》与历史唯物主义 [M]. 太原：山西人民出版社，1987：20.
② 马克思恩格斯选集：第1卷 [M]. 北京：人民出版社，2012：759.
③ 马克思恩格斯选集：第1卷 [M]. 北京：人民出版社，2012：708.
④ 马克思恩格斯选集：第1卷 [M]. 北京：人民出版社，2012：761.

国社会中人数最多的那个阶级——小农。诚如马克思所指出的："强有力的政府和繁重的赋税是一回事。小块土地所有制按其本性来说是无数全能的官僚立足的基础。"① 这种生产方式使小农不是彼此互相交往而是相互隔离；他们自给自足，而不与社会交往；他们的联系仅限于地域之间，而非任何共同的联系。因此，他们不能代表自己，而一定要别人来代表他们。与此同时，"历史传统在法国农民中间造成了一种迷信，以为一个名叫拿破仑的人将会把一切美好的东西送还他们"②。就这样，路易·波拿巴利用这种传统迷信夺取了政权。

最后，无论是专制君主制还是议会共和制，资产阶级国家的实质终究是统治阶级的工具。马克思不断揭露资产阶级国家的实质，指出波拿巴主义不过是法国阶级斗争尖锐化，资产阶级反革命统治的一种专政形式。这种具体的国家形式并没有改变专制统治的本质和资本对劳动的奴役。这个专政通过镇压、利诱、威胁、讨好和欺骗等手段来维持。路易·波拿巴利用各种卑劣的手段企图维持反动政权的利益平衡，试图"扮演一切阶级的家长似的恩人"③。正因为如此，这个政权充满着矛盾。最终，"随着小块土地所有制日益加剧的解体，建立在它上面的国家建筑物将倒塌下来"④。马克思说，一旦农民觉悟提高，波拿巴的统治就要垮台，这个预言不久就得到了证实。

马克思指出，雾月以前的革命使议会日臻完备，然后再推翻它；现在，革命使行政权臻于完备，使之成为唯一和自己对立的对象，以便集中力量一举破坏它。这样，"随着历史的发展而形成起来的、不断扩大膨胀的官僚主义国家终将成为过时的东西而被革命废除"⑤。1871 年 4 月 12 日，马克思在给路德维希·库格曼的信中指出："如果你查阅一下我的《雾月十八日》的最后一章，你就会看到，我认为法国革命的下一次尝试不应该再像以前那样把官僚军事机器从一些人的手里转到另一些人的手里，而应该把它打碎"⑥。列宁认为与《共产党宣言》相比，在《雾月十八日》中，"问题提得具体了，并且做出了非常准确、明确、实际而具体的结论：过去一切革命都是使国家机器更加完备，而这个机器是必须打碎，必须摧毁的。这个结论是马克思主义国家学说中主要的基

---

① 马克思恩格斯选集：第 1 卷［M］. 北京：人民出版社，2012：766.
② 马克思恩格斯选集：第 1 卷［M］. 北京：人民出版社，2012：763.
③ 马克思恩格斯选集：第 1 卷［M］. 北京：人民出版社，2012：772.
④ 马克思恩格斯选集：第 1 卷［M］. 北京：人民出版社，2012：769.
⑤ 张光明，罗传芳. 马克思传［M］. 北京：人民日报出版社，2010：145.
⑥ 马克思恩格斯选集：第 4 卷［M］. 北京：人民出版社，2012：493.

本的东西"①。

2. 关于社会变革主体的能动性

列宁曾经指出:"马克思主义和其他一切社会主义理论的不同之处在于,它出色地把以下两方面结合起来:既以完全科学的冷静态度去分析客观形势和演进的客观进程,又非常坚决地承认群众(当然,还有善于摸索到并建立起同某些阶级的联系的个人、团体、组织、政党)的革命毅力、革命创造性、革命首创精神的意义。"②

首先,社会变革的属性是社会的而非个人的。这不仅对无产阶级组织提出了行动要求,也表明对广大人民群众进行宣传教育的必要性。马克思批评了无产阶级组织中不切实际搞运动的想法和做法。"无产阶级中有一部分人醉心于教条的实验,醉心于成立交换银行和工人团体,换句话说,醉心于这样一种运动,即不去利用旧世界自身所具有的一切强大手段来推翻旧世界,却企图躲在社会背后,用私人的办法,在自身的有限的生存条件的范围内实现自身的解救,因此必然是要失败的。"③ 因此,无产阶级应当把变革社会的要求与行动同广大人民群众的利益与要求联系起来,向群众宣传先进的符合实际的理论,并使之成为一种社会常识,从而将人民群众转变为社会变革的积极的行动主体。

其次,既要保持无产阶级政党的独立性,又要看到阶级联盟在革命中的重要性。马克思一贯主张"工人阶级的解放应当是工人阶级自己的事情",同时,在《雾月十八日》中,马克思也意识到阶级联盟在社会变革中的作用。由于农民同资产阶级利益的鲜明对立,使得它必须"把负有推翻资产阶级制度使命的城市无产阶级看作自己的天然同盟者和领导者"④;无产阶级要教育联合农民,否则,"在一切农民国度中的独唱是不免要变成孤鸿哀鸣的"。这里马克思继承了之前他和恩格斯关于工农联合的思想⑤。如在《1845年至1850年的法兰西阶级斗争》中,马克思写道:"在革命进程把站在无产阶级与资产阶级之间的国民

---

① 列宁选集:第3卷 [M]. 北京:人民出版社,2012:133-134.

② 列宁选集:第1卷 [M]. 北京:人民出版社,2012:747.

③ 马克思恩格斯选集:第1卷 [M]. 北京:人民出版社,2012:676.

④ 马克思恩格斯选集:第1卷 [M]. 北京:人民出版社,2012:766.

⑤ 有学者撰文指出,马克思在1869年的版本中,对1852年版的《路易·波拿巴的雾月十八日》中一段关于农民问题的论述进行过修改。这个修改反映了,由于国际无产阶级斗争的变化发展和欧洲各国的具体情况不同,马克思和恩格斯对农民在无产阶级革命斗争中所起的作用的认识也发生了变化。详见:何丽野. 马克思在农民问题上的思想变化及其意义:从《路易·波拿巴的雾月十八日》中的一段删节说起 [J]. 马克思主义研究,2010(1).

大众即农民和小资产者发动起来反对资产阶级制度，反对资本统治以前，在革命进程迫使他们承认无产阶级是自己的先锋队而靠拢它以前，法国的工人们是不能前进一步，不能丝毫触动资产阶级制度的。"① 恩格斯在《法德农民问题》中写道："农民至今在多数场合下只是通过他们那种根源于农村生活闭塞状况的冷漠态度而证明自己是一个政治力量的因素。人口的主体的这种冷漠态度，不仅是巴黎和罗马议会贪污腐化的最强大的支柱，而且是俄国专制制度的最强大的支柱。然而这种冷漠态度绝不是不可克服的。"② 不仅如此，马克思还提出联盟应当以完全的互助和平等的关系为基础，否则就违反了民主原则。当然，工农联盟的建立必须以农民承认并接受无产阶级在联盟中的领导地位为前提。被压迫被剥削的广大农民虽然是革命的阶级，但是不能够成为革命的领导力量。

最后，社会变革主体能动性的发挥是有边界的。马克思高度评价人民群众在历史发展中的主体能动性作用，但是这种能动性的发挥不是随心所欲的。它不仅依赖于对先进理论掌握运用的实际情况以及对局势的正确判断，更受到既定的社会经济状况的限制。"人们自己创造自己的历史，但是他们并不是随心所欲地创造，并不是在他们自己选定的条件下创造，而是在直接碰到的、既定的、从过去承继下来的条件下创造。"③ 这条边界将马克思主义同空想社会主义区分开来。在现实生产条件下充分发挥无产阶级的能动性、调动广大人民群众的积极性也使马克思同机械的宿命论者区别开来。

二、科学社会主义理论的形成

众所周知，《资本论》在马克思主义理论体系中处于核心地位。它集历史唯物主义、马克思政治经济学和科学社会主义于一体，是马克思思想学说的成熟之作。在《资本论》中，马克思叙述了他的经济学观点，并以此奠定了历史唯物主义的微观基础，使马克思的未来社会学说最终从一种理论假说上升为科学原理，标志着科学社会主义理论的形成。

（一）对资本主义生产的揭露和批判

马克思站在英国古典政治经济学的最高历史功绩之上，极大地推动了劳动价值论和剩余价值论的实质性发展，揭示了资本主义生产的秘密，对未来社会学说的形成具有决定性意义。因此，恩格斯说："科学社会主义就是以这个问题

① 马克思恩格斯选集：第1卷 [M]．北京：人民出版社，2012：455．
② 马克思恩格斯选集：第4卷 [M]．北京：人民出版社，2012：355．
③ 马克思恩格斯选集：第1卷 [M]．北京：人民出版社，2012：669．

的解决为起点，并以此为中心的。"① 列宁也认为："资本主义社会必然要转变为社会主义社会这个结论，马克思完全是从现代社会的经济的运动规律得出的。"②

在《资本论》中，马克思第一次确定了价值和劳动的关系。所谓商品劳动的二重性指作为生产商品的劳动具有两重属性：一方面是具体劳动生产特定的使用价值；另一方面是抽去一切差别的决定商品价值的抽象劳动。具体劳动和抽象劳动的对立统一决定了商品是使用价值和价值的矛盾统一体。马克思根据劳动二重性，揭示了资本主义生产也具有二重性，即劳动的生产过程和价值的增值过程。一方面，工人用具体劳动创造使用价值，即劳动过程；另一方面，工人的抽象劳动形成了自身的价值和超出其自身价值的价值，即价值增值过程。最后得出了资本主义生产过程既是劳动过程也是价值增值过程的科学论断。剩余价值就是那个超过劳动力价值而形成的价值，就是雇佣工人创造的被资本家无偿占有的超过劳动力价值的价值。因此，资本主义生产的实质就是剩余价值的生产。而在资本主义生产条件下，剩余价值被资本家无偿占有，成为资本家剥削工人的秘密。

剩余价值不是资本主义特有的产物，在未来社会中，剩余价值的生产仍将存在。但是，在生产资料归社会所有、实行按劳分配的条件下，剩余价值生产越丰富，社会的物质财富越丰富；劳动者剩余劳动即自由劳动时间越长，他可分配的消费品就越多。因此，剩余价值生产的资本来源、劳动来源的情况以及剩余价值的分配情况将从根本上将未来社会同资本主义区分开来。

以此为基础，马克思展开了对资本主义的全面批判，这种批判不是基于道德和正义，而是从历史经济运动必然性的角度，指出资本主义社会是一个违反人性的社会。

一方面，马克思从工厂制度的发展出发，揭示了资本主义社会反人性的本质。他认为工场手工业将工人固定在同一局部的工作上，压抑工人多种多样的生产志趣和愿望，不过是"一个以人为器官的生产机构"③。随着现代工厂制度的发展，这种分工引起的人的片面化发展也蕴含着全面发展的条件，"自动工厂中分工的特点，是劳动在这里已完全丧失专业的性质。但是，当一切专门发展一旦停止，个人对普遍性的要求以及全面发展的趋势就开始显露出来。自动工

① 马克思恩格斯选集：第 3 卷［M］. 北京：人民出版社，2012：584.
② 列宁选集：第 2 卷［M］. 北京：人民出版社，2012：439.
③ 马克思恩格斯全集：第 44 卷［M］. 北京：人民出版社，2001：392.

厂消除着专业和职业的痴呆"①。这是现代工厂"唯一革命的一面"。

另一方面，资本越是增长，生产力水平越是提高，工人阶级的生活就越没有保障。"不管工人的报酬高低如何，工人的状况必然随着资本主义的积累而恶化。最后，使相对过剩人口或产业后备军同积累的规模和能力始终保持平衡的规律把工人钉在资本上，……这一规律制约同资本积累相适应的贫困积累。因此，在一极是财富的积累，同时在另一极，即在把自己的产品作为资本来生产的阶级方面，是贫困、劳动折磨、受奴役、无知、粗野和道德堕落的积累。"②

因此，马克思极力支持工人争取缩短工时和提高工资的斗争，并指出工作日的缩短是自由王国实现的根本条件。只有工作时间的缩短，人们才能有更多的空余时间实现自由的职业选择，才能成为把不同社会职能当作互相交替的活动方式的全方面发展的个人。

2. 未来社会学说的科学证明

通过对资本主义生产方式和经济运动规律的深刻剖析与批判，马克思发现了未来共产主义制度代替资本主义制度的历史必然性，找到了变革社会的现实途径及其所依靠的社会力量。正是基于这一科学成果，马克思、恩格斯的未来社会学说才能够成为科学的理论。

（1）未来共产主义社会代替资本主义社会的历史必然性

《资本论》围绕剩余价值理论，揭示了资本主义经济的运行规律，具体阐明了资本主义的生产关系对社会生产力的推动作用，以及生产关系如何随着生产力的发展走向了生产力的反面，成为生产力的桎梏与障碍。马克思既肯定了资本主义促进生产力发展、为新社会制度创造历史前提的生产条件的积极方面，又指出生产的不断积累和集中构成了危机的内在基础，因而必然走向灭亡的命运。诚如马克思所说："规模不断扩大的劳动过程的协作形式日益发展，科学日益被自觉地应用于技术方面，土地日益被有计划地利用，劳动资料日益转化为只能共同使用的劳动资料，一切生产资料因作为结合的、社会的劳动的生产资料使用而日益节省，各国人民日益被卷入世界市场网，从而资本主义制度日益具有国际的性质"③。也就是说，随着生产社会化的不断发展和扩大，资本主义社会内部的阶级矛盾和对抗必然不断升级，从而造成一种自己不可能再存在下去的境地。不仅如此，"随着那些掠夺和垄断这一转化过程的全部利益的资本巨

---

① 马克思恩格斯选集：第1卷 [M]．北京：人民出版社，2012：249.

② 马克思恩格斯全集：第44卷 [M]．北京：人民出版社，2001：743-744.

③ 马克思恩格斯全集：第44卷 [M]．北京：人民出版社，2001：874.

头不断减少，贫困、压迫、奴役、退化和剥削程度不断加深，而日益壮大的、由资本主义生产过程本身的机制所训练、联合和组织起来的工人阶级的反抗也不断增长"。最后，"资本的垄断成了与这种垄断一起并在这种垄断之下繁盛起来的生产方式的桎梏。生产资料的集中和劳动的社会化，达到了同它们的资本主义外壳不能相容的地步。这个外壳就要炸毁了。资本主义私有制的丧钟就要响了。剥夺者就要被剥夺了"。①

资本主义私有制代替了个人的、以个体劳动为基础的私有制，同时产生了以社会生产为基础的所有制。这种所有制最终将在协作和对土地及其他生产资料的共同占有的基础上完成向社会所有制的转化。与之相适应的社会形态是一个更高级的、以每一个人的全面而自由的发展为基本原则的社会形式。它不可能是资本主义自身，更不可能是资本主义以前的任何其他形态，只能是来自资本主义又高于资本主义的全新的共产主义社会。它是对资本主义生产方式和占有方式的积极的扬弃。

总之，资本主义生产的社会性和私人占有之间的矛盾的发展必然导致资本主义的灭亡，而共产主义代替资本主义则是不以人的意志为转移的客观规律。

（2）无产阶级的历史作用

马克思、恩格斯曾经在《共产党宣言》等一系列著作中论述过无产阶级在资本主义社会、社会主义革命和建设中的地位和作用，但没有做过深入的经济学论证。《资本论》出色地完成了这项工作，从阶级对立和无产阶级历史使命两方面做出了经济学的深刻论证。

在对资本主义原始积累历史过程进行考察时，马克思指出，"所谓原始积累只不过是生产者和生产资料分离的历史过程"，首要的因素在于"大量的人突然被强制地同自己的生存资料分离，被当作不受法律保护的无产者抛向劳动市场"②。这种剥夺的历史是用血和火的文字载入人类编年史的。这不仅表明无产阶级和资产阶级天生的对立关系，而且表明这种对立是一种历史的必然性的规定。不仅如此，无产阶级和资产阶级还存在着不可调和的经济利益的根本对立。这种对立的经济基础就是剩余价值的生产。剩余价值的生产过程就是劳动同生产资料结合，生产出比劳动力价值更大价值的过程，资本家无偿地占有了这部分价值。如前文所述，剩余价值的生产是资本和劳动关系的核心内容，是资本主义物质生产中形成的一种必然的关系。只要存在剩余价值生产，无产阶级和

---

① 马克思恩格斯全集：第 44 卷［M］. 北京：人民出版社，2001：874.
② 马克思恩格斯全集：第 44 卷［M］. 北京：人民出版社，2001：822，823.

资产阶级的经济对立就会一直存在下去。无产阶级和资产阶级之间的矛盾是必然的、不可调和的。资本家总是希望尽可能多地占有剩余价值，而要产生更多的剩余价值，就必须要降低工资把一部分必要劳动时间变为剩余劳动时间，或采取延长工时、增加劳动强度等残酷的剥削手段。无论哪一种方式无不是对无产阶级的剥夺。随着剩余价值转化为资本和资本的不断增加，必然引起雇佣工人数量的增加。越来越多的无产阶级不得不卷入剩余价值生产和资本积累中来，从而使自身对资本的从属关系固化下来。无产阶级要想从贫困和受剥削的命运中摆脱出来，必须废除资本主义的生产方式，建立共产主义社会。

马克思在《资本论》第一卷 1872 年第二版跋文中明确指出，无产阶级的历史使命就是推翻资本主义的生产方式，最后消灭阶级。在资本主义社会中，生产力和生产关系的矛盾发展必然将促使两大阶级重塑阶级关系。由于矛盾的不可调和性，只有代表先进生产力的无产阶级才能承担推翻落后的生产关系的任务，剥夺一切剥夺者。马克思还将人民群众是社会历史发展动力的唯物史观点应用到资本主义社会的分析中，提出无产阶级创造了巨大财富，推动着资本主义生产向着更高的形态发展，是名副其实的资本主义发展的动力。在《机器和大工业》中，马克思指出了无产阶级斗争发展的两个阶段：一个是反对资本的物质存在形式，如卢德运动阶段，另一个是较为成熟时期的反对物质生产资料社会使用形式的阶段。而后者正是无产阶级走上正确革命道路的标志。同时，马克思认为仅仅有经济斗争是不够的，工人阶级必须开展思想斗争和政治斗争。《资本论》在内容上承继了摧毁旧的国家机器，实行无产阶级专政的思想，得出了这样的结论："暴力是每一个孕育着新社会的旧社会的助产婆。暴力本身就是一种经济力。"①

马克思运用历史考察的方法，从经济学角度论证了资本主义经济发展的规律，阐明了资本主义必然灭亡、社会主义必然胜利的历史趋势，指出了社会改造的正确道路和依靠力量，使马克思的未来共产主义学说同空想社会主义划清了界限。

3. 未来社会的概貌

（1）《宣言》以来未来社会的名称与内涵的演变

1848 年革命后，马克思开始使用社会主义来命名未来社会。据考证，这一

---

① 马克思恩格斯全集：第 44 卷［M］. 北京：人民出版社，2001：861.

名称的使用出现在《法兰西阶级斗争》中①。马克思首先批判了包括无政府主义的社会主义、资产阶级的社会主义、小资产阶级的社会主义、空想的社会主义在内的各种社会主义流派，提出了"革命的社会主义"，并将之作为自己的理论名称。在几乎同时期的《致〈新德意志报〉编辑的声明》一文中，社会主义成为共产主义的同义语，两者没有本质的区别，这种状况大致延续到70年代。1894年，恩格斯在回复考茨基（Karl Kautsky）关于出版一本论社会主义史的丛书，用"共产主义史"这个书名是否更好些时写道："'共产主义'一词我认为当前不宜普遍使用，最好留到必须更确切的表达时才用它。即使到那时也需要加以注释，因为实际上它已三十年不曾使用了。"② 事实上，马克思在《哥达纲领批判》中还在使用共产主义的称谓。其中原因，有学者指出这主要是因为各种社会主义思潮在广大工人群众中的影响越来越大，只有把二者作为同义语才有利于开展工作，争取广大群众。③

在《资本论》中，马克思更多地使用了具有实质内容的"联合体"的概念代替了共产主义和社会主义的名称。在《1844年经济学哲学手稿》中，马克思曾使用"积极的共同体"的概念。他指出粗陋的共产主义，不过是私有财产的卑鄙性的一种表现形式，这种私有财产力图把自己设定为积极的共同体。④ 在《共产党宣言》中，马克思提出了"联合体"的称谓，并规定了它的基本内容。在《资本论》这部经济学著作中，马克思继续沿用了类似的说法，如"自由人联合体"和"联合起来的生产者"等具有实质内容指向的称谓，而较少地使用"共产主义"的说法了。

从具体内容看，《资本论》在人与人的关系和人与自然的关系的双向维度上奠定了未来社会的经济学基础。

早在《1844年经济学哲学手稿》中，马克思就已经将人类本性同未来社会联系起来。"只有在社会中，自然界才是人自己的人的存在的基础，才是人的现实的生活要素。只有在社会中，人的自然的存在对他来说才是他的人的存在，而自然界对他来说才成为人。因此，社会是人同自然界完成了的本质的统一，

---

① 赵家祥. 马克思主义经典著作中未来社会名称的演变［J］. 贵州社会科学，2009（3）：7.

② 马克思恩格斯全集：第39卷：上［M］. 北京：人民出版社，1974：203.

③ 高放. 也谈马克思主义经典著作中未来社会名称的历史演变［J］. 理论视野，1999（6）：49.

④ 马克思. 1844年经济学哲学手稿［M］. 北京：人民出版社，2000：80-81.

是自然界的真正复活，是人的实现了的自然主义和自然界的实现了的人道主义。"① 这一点从《共产党宣言》《1857—1858 年经济学手稿》一直沿用到《资本论》。马克思从人与人的关系和人与自然的关系的双向维度上对未来社会进行了概括："社会化的人，联合起来的生产者，将合理地调节他们和自然之间的物质变换，把它置于他们的共同控制之下，而不让它作为一种盲目的力量来统治自己；靠消耗最小的力量，在最无愧于和最适合于他们的人类本性的条件下来进行这种物质变换。"② 同时，马克思指出了这种共同体实现的条件。"只有当实际日常生活的关系，在人们面前表现为人与人之间和人与自然之间极明白而合理的关系的时候……只有当社会生活过程即物质生产过程的形态，作为自由联合的人的产物，处于人的有意识有计划的控制之下的时候，它才会把自己的神秘的纱幕揭掉。但是，这需要有一定的社会物质基础或一系列物质生存条件，而这些条件本身又是长期的、痛苦的发展史的自然产物。"③

马克思将自由作为人性的基本内容，未来社会每个人的自由发展就是人性理想状态的实现，因此未来社会将是最合乎人性的社会。同时，在未来社会中，人们能够合理调节和自然之间的物质交换，从而真正实现人、社会和自然的高度和谐统一。

（2）未来社会的所有制特征

马克思在《资本论》第一卷第一章末尾论述了未来社会的生产资料所有制性质、劳动的性质和产品分配方式。马克思"设想有一个自由人联合体，他们用公共的生产资料进行劳动，并且自觉地把他们许多个人劳动力当作一个社会劳动力来使用。在那里，鲁滨孙的劳动的一切规定又重演了，不过不是在个人身上，而是在社会范围内重演。……这个联合体的总产品是一个社会产品。这个产品的一部分重新用作生产资料。这一部分依旧是社会的。而另一部分则作为生活资料由联合体成员消费。因此，这一部分要在他们之间进行分配。这种分配的方式会随着社会生产机体本身的特殊方式和随着生产者的相应的历史发展程度而改变。仅仅为了同商品生产进行对比，我们假定，每个生产者在生活资料中得到的份额是由他的劳动时间决定的"④。

在对未来社会所有制经济的设想中，空想社会主义者和一些资产阶级启蒙

① 马克思恩格斯全集：第 44 卷 [M]. 北京：人民出版社，2001：122.
② 马克思恩格斯全集：第 46 卷 [M]. 北京：人民出版社，2001：928-929.
③ 马克思恩格斯全集：第 44 卷 [M]. 北京：人民出版社，2001：97.
④ 马克思恩格斯全集：第 44 卷 [M]. 北京：人民出版社，2001：96.

思想家都提出了公有制的思想。特别是德萨米在《公有法典》等书中全面论述了公有制是人类社会的理想目标。在马克思构建的未来社会中，同样也实行生产资料的社会公共所有制。这一点在马克思的众多著作中都有所涉及，如早期的《共产主义原理》和《共产党宣言》，后来的《法兰西内战》和《论土地国有化》等。因为有了唯物主义历史观和对资本主义经济生产的科学论证，马克思的所有制主张突破了空想的局限，成为真正的科学。

马克思在第一卷中指出："从资本主义生产方式产生的资本主义占有方式，从而资本主义的私有制，是对个人的、以自己劳动为基础的私有制的第一个否定。但资本主义生产由于自然过程的必然性，造成了对自身的否定。这是否定的否定。这种否定不是重新建立私有制，而是在资本主义时代的成就的基础上，也就是说，在协作和对土地及靠劳动本身生产的生产资料的共同占有的基础上，重新建立个人所有制。"① 其中，第一个否定已经在马克思生活的年代成为现实；第二个否定提出了生产资料公有制的历史前提。随资本主义发展起来的社会化的生产力及其各种矛盾冲突的激化将最终促使公有制代替资本主义私有制，这个过程同第一个否定的实现一样，是一个自然历史过程。

与资本主义生产条件下的异化劳动不同，未来社会的劳动是"自由的劳动"，它将实现劳动社会性和个人性的高度统一。在未来社会中，劳动者放弃了那种仅为了满足自我需要而生产使用价值的局限。此外，未来社会的劳动还具有普遍化的特征。每个人的劳动时间都大大缩短，之所以能做到这一点，首先是因为人人都保证一定时间的劳动。这是因为"在劳动强度和劳动生产力已定的情况下，劳动在一切有劳动能力的社会成员之间分配得越平均，一个社会阶层把劳动的自然必然性从自身上解脱下来并转嫁给另一个社会阶层的可能性越小，社会工作日中必须用于物质生产的部分就越小，从而个人从事自由活动、脑力活动和社会活动的时间部分就越大。从这一方面来说，工作日的缩短的绝对界限就是劳动的普遍化"② 。这里充分体现了每个人的自由发展是一切人自由发展的前提的理念。同时，马克思提出要合理分配个人的劳动时间问题。"正像单个人必须正确地分配自己的时间，才能以适当的比例获得知识或满足对他的活动所提出的各种要求，社会必须合理地分配自己的时间，才能实现符合社会全部需要的生产。因此，时间的节约，以及劳动时间在不同的生产部门之间有

① 马克思恩格斯全集：第44卷［M］．北京：人民出版社，2001：874.
② 马克思恩格斯全集：第23卷［M］．北京：人民出版社，1972：579.

计划的分配，在共同生产的基础上仍然是首要的经济规律"①。

最后，必要劳动将扩大其范围，自由支配的时间成为社会财富的尺度。②未来社会"在其他条件不变的情况下，必要劳动将会扩大自己的范围。一方面，是因为工人的生活条件日益丰富，他们的生活需求日益增长。另一方面，是因为现在的剩余劳动的一部分将会列入必要劳动，即形成社会准备基金和社会积累基金所必要的劳动"③。由于剩余劳动的成果完全由社会公共占有，这样"社会的个人的需要将成为必要劳动时间的尺度，另一方面，社会生产力的发展将如此迅速，以致尽管生产将以所有的人富裕为目的，所有的人可以自由支配的时间还是会增加。因为真正的财富就是所有个人的发达的生产力。那时，财富的尺度决不再是劳动时间，而是可以自由支配的时间"④。

（3）正确理解重建个人所有制

在谈到未来社会所有制问题时，马克思提到了"重建个人所有制"的命题。如何理解这一命题，成为改革开放以来我国理论界的焦点问题之一，至今仍未达成共识，以致其成为政治经济学的"哥德巴赫猜想"。现有的研究几乎穷尽了所有可能的理解，但多数都是在经济领域的探讨。本书试图将该问题置于未来社会学说、经济学说和哲学观点三个内容背景下展开论述。

个人所有是未来社会的经济所有制形式，对它的考察必须将其引入马克思恩格斯未来社会学说的领域。

马克思在早期的《1844年经济学哲学手稿》中提出共产主义是私有制的积极扬弃。马克思将未来社会分为即将到来的共产主义阶段和实现人的解放的社会阶段。在第一阶段，未来社会以私有财产的扬弃作为中介，在第二阶段，这个中介也被扬弃了，社会主义完全成为人的积极的自我意识的实践。因此，我们可以认为在资本主义之后的那个时期，无论冠以什么样的名称，私有财产是真实存在的。而所谓"私有财产的积极扬弃"是指，在继承私有财产和人的自我异化过程中取得的一切积极成果和全部财富，抛弃异化的劳动和由此产生的社会关系，而非劳动和财富本身。这一过程将是"极其艰难而漫长的"。由此可见，"重建个人所有制"是一个过程，这个过程以个人依然占有私有财产开始。但是由于劳动和资本的对立不复存在，谁的私有财产多一点，谁的少一点，谁

---

① 马克思恩格斯全集：第46卷：上［M］. 北京：人民出版社，1979：120.

② 参考：周治平.《资本论》关于未来社会所有制的论述：纪念马克思逝世一百周年［J］. 暨南学报（哲学社会科学），1983（1）：51.

③ 马克思恩格斯全集：第23卷［M］. 北京：人民出版社，1972：578.

④ 马克思恩格斯全集：第46卷：下［M］. 北京：人民出版社，1979：222.

占有财产，谁不占有财产，将成为一种"无关紧要的对立"。我们可以称之为财产的私人占有阶段。

在《在爱北斐特的演说》和《德意志意识形态》等著作中，马克思、恩格斯关于未来社会的构想日渐清晰。未来社会将通过"联合"的方式将个别的劳动结合成社会的劳动，联合起来的个人实行自愿自由的分工，由于对理性和强迫性分工的废除，财产的私人占有最终被联合起来的个人代替。特别值得注意的是，在承认劳动差别、智力差别的基础上，马克思将自由和平等的理念引入未来社会。每个人从联合共同体中获得最大限度的自由和平等。同时，按需分配则保证个体差别不会引起在占有和消费方面的任何不平等和任何特权。

在《共产主义原理》中，恩格斯提出"逐步改造，废除私有制"的主张，特别是他提出利用和平的经济手段把全部资本、全部生产和全部交换都掌握在国家手里的时候，私有制将自行灭亡。由于各国资本主义发展程度不同，采取的改造措施也不尽相同，因此，联合起来的个人所有制不仅要经过一个漫长的历史过程，还要经历一个形态各异的发展时期。在《共产党宣言》中，马克思、恩格斯指出"共产主义革命就是同传统的所有制关系实行最彻底的决裂"，但它不剥夺任何人占有任何产品的权力，它只剥夺利用这种占有奴役他人劳动的权力。因此，马克思、恩格斯反击了资产阶级对其主张的攻击和污蔑。在这里，联合起来的个人占有的财产已上升为公共财产，财产的社会属性已经发生了彻底改变。

马克思在《资本论》中强调未来社会中要重新建立个人所有制，"就是要在深厚的理论工作和系统分析的基础上，进一步表明共产主义者的立场、观点和行动目标，以回击各类反动势力的不实之词"①。

如果说，马克思恩格斯未来社会学说阐明了"重建个人所有制"的前提与简略的发展阶段，那么经济学的考察将有助于我们理解个人所有制的实质内容。正是在这一点上，中外理论界争议颇多。在改革开放前，人们曾普遍认为，"重建个人所有制"就是指"重建生活资料的个人所有制"，其主要依据来自恩格斯在《反杜林论》中和马克思在《哥达纲领批判》中的相关解释。改革开放后，应如何解释这个命题，众说纷纭，大致可以归纳为以下几种②："重建生产资料的个人所有制""重建人人有份的私有制""重建劳动者的个人财产权"和"重

---

① 周宇，程恩富. 马克思"重建个人所有制"的思想探析［J］. 马克思主义研究，2012（1）：69.

② 严小龙. 近年来关于马克思"重新建立个人所有制"研究综述［J］. 当代世界与社会主义，2011（3）：190-191.

建人人有份的公有制或社会所有制"等。针对这种状态，有学者指出，马克思、恩格斯对未来社会的所有制形态已经表述得非常清楚，而后人出现很多误解的原因主要在于马克思、恩格斯这里使用的否定之否定的表达方式引起的误解和猜测。① 下面本书将就《资本论》《反杜林论》和《哥达纲领批判》中马克思、恩格斯的直接论述来说明，所谓重建个人所有制指的是消费产品的个人所有制。

马克思在《资本论》中写道："从资本主义生产方式产生的资本主义占有方式，从而资本主义的私有制，是对个人的、以自己劳动为基础的私有制的第一个否定。但资本主义生产由于自然过程的必然性，造成了对自身的否定。这是否定的否定。这种否定不是重新建立私有制，而是在资本主义时代的成就的基础上，也就是说，在协作和对土地及靠劳动本身生产的生产资料的共同占有的基础上，重新建立个人所有制。"② 在这部著作的另一处，马克思对个人所有制做了重要补充："自由人联合体，他们用公共的生产资料进行劳动，并且自觉地把他们许多个人劳动力当作一个社会劳动力来使用……这个联合体的总产品是社会的产品。这些产品的一部分重新用作生产资料。这一部分依旧是社会的。而另一部分则作为生活资料由联合体成员消费，因此，这一部分要在他们之间进行分配。"③ 这里表明，用作生产资料的那部分社会产品依旧归社会所有，只有作为生活资料的社会产品可以在联合体的个人之间进行分配，并归其个人所有。

后来，杜林攻击马克思"重建个人所有制"的思想，认为马克思描述了一个"既是个人的又是公有的所有制"的"混沌世界"。显然，杜林的攻击不是断章取义就是恶意诬陷。为了反驳杜林，恩格斯在《反杜林论》中专门解释了这段话，恩格斯这样写道："靠剥夺剥夺者而建立起来的状态，被称为以土地和靠劳动本身生产的生产资料的公有制为基础的个人所有制的恢复。对任何一个懂德语的人来说，这就是，公有制包括土地和其他生产资料，个人所有制包括产品即消费品。"其重复了马克思在《资本论》中的那段重要补充："这个联合体的总产品是社会的产品。这些产品的一部分重新用作生产资料。这一部分依旧是社会的。而另一部分则作为生活资料由联合体成员消费，因此，这一部分要在他们之间进行分配。"马克思在《哥达纲领批判》中也再次明确指出："在改变了的情况下，除了自己的劳动，谁都不能提供其他任何东西，另一方面，

---

① 周宇，程恩富. 马克思"重建个人所有制"的思想探析 [J]. 马克思主义研究，2012
（1）.

② 马克思恩格斯全集：第44卷 [M]. 北京：人民出版社，2001：874.

③ 马克思恩格斯全集：第44卷 [M]. 北京：人民出版社，2001：96.

除了个人的消费资料，没有任何东西可以转为个人的财产。"①

总之，在马克思的总体经济思想中，重新建立个人所有制只限于个人的消费资料。这一点既不混沌，也不隐晦。

在搞清了个人所有制在未来社会学说中的基本情况和在经济学中的实际内容后，很有必要从哲学角度探讨"重建"的否定之否定含义和"个人"的具体内涵。

否定之否定的规律指事物通过自身的辩证否定实现自身的发展。任何事物都是肯定方面和否定方面的辩证统一。当否定方面战胜肯定方面成为矛盾主导时，事物就发生变化。第一阶段就转化为新阶段，完成发展过程中第一个否定。这个新阶段重复前一阶段的内部矛盾，最终被更高阶段所否定，完成对最初阶段的否定之否定。否定的内涵不是对前一个阶段的简单抛弃，而是在更高层次上变革和完善它，从而实现质的飞跃。这就是马克思所说的"重建"的全部内容。

以资本主义生产方式和占有方式为基础的资本主义私有制赋予了孤立的、单个人的所有制以生产社会化的物质基础。当这种社会化大生产不断突破生产资料的私人占有时，后者将以一切生产资料的共同占有完成对自身的否定。未来社会将在这一成就的基础上，建立起劳动者对劳动产品中消费资料的个人所有制。在未来社会内部，这是新的个人所有制建立的第一个否定，第二个否定是对两种私有制下"个人"的否定。

未来社会中的"个人"是处于"自由联合体"中的个人。它抛弃了个人生产的落后性和资本主义生产条件下人的异化性，是自由而全面发展的个人。在那里，个人享有一切权利，个人的一切需要将得到满足，即便体力和智力上的差异也丝毫不影响。由于生产资料的公有，即劳动和资本对立的消除，人与人之间将完全处于一种彼此协作、彼此互为前提的和谐状态。

因此，我们看到从纯粹哲学意义上讲，无论是生产资料的个人所有还是消费资料的个人所有，或人人皆有、人人有份的私有制，都无法准确地概括"重建个人所有制"的全部内容。或许正是因为这一点造就了这个"哥德巴赫猜想"。

三、国际工人协会与无产阶级的任务

国际工人协会是第一个具有政党性质的无产阶级国际组织。它于1864年9月28日在英国伦敦圣马丁堂成立，马克思为它起草了《国际工人协会成立宣

---

① 马克思恩格斯选集：第3卷［M］.北京：人民出版社，2012：363.

言》（以下简称《成立宣言》）。在协会存在的十二年里，马克思一边忙于《资本论》的写作和出版，一边对协会的工作投入了相当多的精力与热情。虽然马克思谦逊地认为协会的成就完全是所处的环境造就的，但是马克思作为协会的灵魂对协会的贡献是不容忽视的。

（一）马克思对国际工人协会的贡献

1. 奠定协会的思想纲领和"无产阶级运动的基本路线"

协会成立之初，英国工联领导人占据了协会委员会的多数，还有一些是有影响力的外国工人运动活动家，马克思也位列其中。为了把流行于各国工人运动中种种不良思潮的影响和各种空谈排除出协会，团结各国工人阶级，马克思起草了著名的《成立宣言》，确定了协会无产阶级的性质和奋斗目标，从而成为协会的思想纲领。《成立宣言》是《共产党宣言》在新的历史条件下的具体运用，充分体现了原则的坚定性和策略的灵活性。

在这份"实质上坚决，形式上温和"的宣言中，马克思通过总结近二十五年来资本主义发展、工人阶级的状况和国际工人运动的成就，阐述了无产阶级解放的根本原理，并得出"夺取政权已成为工人阶级的伟大使命"的革命结论。马克思同时指出团结对工人阶级的重要性，工人阶级已经具备了成功的一个因素——"众多"，但是"只有当工人通过组织而联合起来并获得知识的指导时，人数才能起举足轻重的作用"①。马克思还起草了协会的《临时章程》。在章程中，马克思更加明确地表明工人阶级解放斗争的目的是要争取消灭任何阶级统治。为了实现工人阶级的经济解放，必然要求各国工人阶级开展密切的合作。因为"劳动的解放既不是一个地方的问题，也不是一个国家的问题，而是涉及存在现代社会的一切国家的社会问题，它的解决有赖于最先进的国家在实践上和理论上的合作"②。

马克思在协会成立之初，用《成立宣言》和《临时章程》奠定了协会的思想基调，从这个意义上说，马克思可以称得上是协会的创始人。

2. 建立巩固协会的组织基础

马克思一贯重视协会的组织建设，并为此投入了大量的时间和精力，从事繁重而复杂的各项领导组织工作。

马克思亲自主持国际章程条例的起草、修订和出版工作。《临时章程》简明地阐述了协会的目的、任务和组织等原则问题，初步奠定了协会的组织基础。

---

① 马克思恩格斯选集：第3卷［M］. 北京：人民出版社，2012：10.
② 马克思恩格斯选集：第3卷［M］. 北京：人民出版社，2012：171.

随后，马克思又先后起草修订了《国际工人协会章程和条例》（1866 年 9 月日内瓦代表大会通过）、《国际工人协会共同章程和组织条例》（1871 年 10 月根据第二次伦敦代表会议决议起草）、《1872 年夏总委员会批准的国际工人协会共同章程和组织条例草案》等重要组织法文件。恩格斯说："每届总委员会的灵魂都是马克思，国际总委员会所发表的一切文件，从 1864 年的《成立宣言》直到1871 年的《法兰西内战》的宣言，几乎都是由他起草的。叙述马克思在国际中的活动，就等于撰写欧洲工人还记忆犹新的这个协会本身的历史。"[①]

马克思一方面主张加强总委员会的权力，另一方面又通过具体的组织措施保证协会的纯洁性和统一性。马克思利用加聘权，增强中央委员会中无产阶级的力量，同时采取限制性措施来减少资产阶级代表人物对委员会的影响。如"协会的任何成员，如果不能出席会议和参加它的工作，都不能被选为中央委员会委员""中央委员会成员无故四次不出席会议，即被从委员会除名""任何人都不能成为名誉会员"等[②]。这些措施有效禁止了资产阶级分子进入委员会，并迫使已经进入委员会的资产阶级分子退出委员会，确保了那些忠于无产阶级解放事业的委员领导协会，支持和执行无产阶级革命路线和政策。

3. 组织领导协会的国际革命活动

马克思领导国际开展支持各国工人阶级的经济斗争和政治斗争。根据马克思的提议，日内瓦代表大会通过了《关于劳动反对资本斗争中的国际互助》的决议。按照这一决议，马克思领导总委员会动员和组织各国支部，成功进行了声援德国、英国、法国、比利时和瑞士等国的工人罢工运动。在马克思的领导下，协会还积极支持了各国的民主运动，特别是 1865—1867 年间兴起的英国第二次选举法改革运动。通过一系列的措施和策略，改革运动在初期获得了很大成功，极大提高了协会在英国工人群众中的威望，震撼了英国统治阶级。

马克思领导协会支持被压迫民族的解放斗争。马克思站在国际主义的立场，多次领导委员会讨论波兰问题。总委员会从 1865 年起连续三年举办了三次声援波兰起义的周年纪念大会。马克思年年参加筹备工作，出席大会，发表支持波兰人民的演说，提出了支持波兰民族独立的议案。同时，协会坚决支持爱尔兰民族反对英国殖民统治的斗争，在美国南北战争中大力支持北方共和党人反对南方奴隶主的战争。最后，协会还大力支持了法国巴黎公社革命，并以协会宣

① 马克思恩格斯全集：第 25 卷 [M]. 北京：人民出版社，2001：133.

② 张汉清. 马克思在第一国际中的地位和作用 [J]. 北京大学学报（哲学社会科学版），1983（1）：33.

言的名义发表了《法兰西内战》，这一点将在"巴黎公社和未来社会组织形式"中做详细探讨。

协会在各种工人运动和斗争中不断发展壮大，为自己赢得了"第七强国的地位"，马克思、恩格斯的共产主义理论也得到了广泛的传播。

（二）国际工人协会内部的思想斗争与组织斗争

如果说马克思通过组织建设保证了协会内部工人阶级队伍的纯粹性，那么工人阶级内部的思想差异就不是用组织问题可以解决的了。协会内部的派别众多，有反政治的合作社会主义代表、改良主义者、工团主义者、革命派、无政府主义者和空想社会主义者，还有普鲁东主义者、傅立叶主义者、卡贝主义者、布朗基主义者和巴枯宁主义者。一方面，我们可以想象马克思在起草宣言、拟定协议时，要如何谨慎地推敲每一个用词，如何既要坚持无产阶级斗争的目标，又要维护协会内工人阶级的团结；另一方面，虽然马克思的科学理论越来越得到各国工人阶级的支持与响应，但是，具体到各自运动的实际利益，以及协会对各国工人运动并没有强制性束缚，协会的团结很难维持长久。

比如，巴枯宁派利用一切机会在协会中引发争端，马克思因此花费了许多心思和精力对付巴枯宁分子。巴黎公社失败后，巴枯宁派把公社的经验宣布为无政府主义，甚至企图夺取协会的组织权力。在1871年9月召开的伦敦代表会议上，协会彻底揭穿了"涅恰也夫的阴谋"，反对革命的密谋，维护了国际声誉。伦敦会议后，巴枯宁继续对协会以各种恶言攻击。马克思、恩格斯专门写作了《所谓国际内部的分裂》，历数巴枯宁派的宗派主义行径，并宣布无产阶级宗派主义的时代已经过去。即便如此，马克思、恩格斯出于团结的考虑，依然将巴枯宁派留在协会。但当他们得知巴枯宁的"国际社会主义民主同盟"依然存在时，便毅然决然地将巴枯宁派清除出协会。

英国工联领袖首先开始了脱离协会的活动。英国工联领袖奥哲尔和鲁克拉夫特借口不同意《法兰西内战》的观点，宣布退出协会总委员会。马克思在总委员会中严厉驳斥了这两个人的行为，并宣布跟他们决裂。奥哲尔和鲁克拉夫特的退出表明英国工联对协会采取的实用主义态度。当协会能够为他们感兴趣的合法斗争，如议会改革、提高工资、缩短工时等提供支持和帮助时，他们就支持协会的主张，当他们已经达到了预期目标，获得了实际利益后，他们就不再愿意和主张革命的协会并肩作战了。特别是1871年春，英国政府宣布工会合法后，为了不失去已经获得的合法地位，工联领袖们在巴黎公社问题上退缩了，并急于同协会划清界限，唯恐失去在资产阶级那里的"体面"。

1869 年，马克思在为国际总委员会起草的文件中指出："由于每个国家工人阶级的各种队伍和不同国家的工人阶级所处的发展条件极不相同，它们目前所达到的发展阶段也不一样，因此它们反映实际运动的理论观点也必然各不相同。""但是，国际工人协会所确定的行动一致，由各个全国性支部的机关报刊所促进的思想交流，以及在全协会代表大会上进行的直接的讨论，应当逐步导致一个共同的理论纲领的形成。"① 由此可见，马克思希望通过各国工人的联络、合作和共同的斗争，达到思想和行动的统一，促进国际工人运动向前发展，而非停留在现有的水平上。但是，协会内部的各种分歧和斗争说明，在各国资本主义发展不平衡、工人阶级成长情况不相同的情况下，通过联合形式的民主组织，很难在思想和行动上维持长期的统一。这个问题在以后的国际工人组织中长期存在，甚至走向了灾难性的反面。

（三）无产阶级组织的民主实践

在《黑格尔法哲学批判》的手稿中，马克思指出民主制的根本原则是人民的利益，而未来社会的理想就是要实现以这种民主制为基础的新社会。因为"马克思所阐发的共产主义不是别的，实际上正是民主主义的彻底发挥和最高发展"②。马克思的这种民主实践首先是在各种无产阶级组织中开始的。

在对正义者同盟进行改造时，马克思、恩格斯非常重视无产阶级民主精神与原则的运用。恩格斯指出，任何共产主义民主以外的民主，"都只能存在于那些跟实际毫无联系、认为原则不是靠人和环境发展起来而是靠它本身发展起来的、好空谈的梦幻家的头脑中。民主已经成了无产阶级的原则，群众的原则"③。共产主义者同盟的民主实践主要包括推行无产阶级政党代表大会年会制。共产主义者同盟继承了正义者同盟和英国全国宪章派协会实行的代表大会年会制的传统，一大章程规定每年 8 月召开代表大会。另外，在权力架构方面，共产主义者同盟也吸取了正义者同盟的经验，设立了支部、区部、总区部、中央委员会和代表大会等机构。全盟代表大会是全盟的立法机关，中央委员会是全盟的权力执行机关，向代表大会报告工作。代表大会代表、中央委员会委员以及各区部、支部的领导人均由民主选举产生，可连选连任，可被选举人随时撤换。

---

① 马克思恩格斯全集：第 16 卷 [M]. 北京：人民出版社，1964：393.

② 张光明. 社会主义由西方到东方的演进：从马克思到邓小平的社会主义思想史考察 [M]. 昆明：云南人民出版社，2004：41.

③ 马克思恩格斯全集：第 2 卷 [M]. 北京：人民出版社，1957：664.

1885 年，恩格斯在《共产主义者同盟的历史》中这样评价了同盟的民主制度，共产主义者同盟"组织本身是完全民主的，它的各委员会由选举产生并随时可以罢免，仅这一点就已堵塞了任何要求独裁的密谋狂的道路，……这个新章程曾交付——现在一切都按这样的民主制度进行——各支部讨论，然后又由第二次代表大会再次审查并于 1847 年 12 月 8 日最后通过"①。

随着各国工人运动的发展壮大和联系的加强，国际工人协会的民主实践内容更加丰富。

组织方面。协会的《临时章程》规定了协会的目标、名称和组织系统。章程第三至七条规定了协会的组织系统：全协会工人代表大会每年举行一次，大会宣布工人阶级的共同要求，采取使国际协会能够顺利进行活动的措施，并任命协会的总委员会。总委员会由参加国际协会的各国工人代表组成，总委员会设总书记、财务委员和各国通讯书记等职。总委员会是在协会各成员国全国性组织和地方性组织之间进行联络的国家机关。总委员会定期发表报告，并向每年举行的全协会工人代表大会报告工作，且需要每年重新改选。章程第八至十一条规定入会会员条件和基层组织职权。章程最后两条规定章程不尽完善之处，每次代表大会上经三分之二代表认同可以修改，或由每次代表大会上审定的专项条款加以补充。总的来说，这些规章都体现了马克思、恩格斯的共产主义民主原则。

领袖方面②。第一国际的众多代表和委员在艰苦的条件下，为工人阶级的解放事业默默无私地奉献着。曾任总书记的左尔格不仅没有领取分文补贴，还倒贴自己的教学收入。代表和委员都是利用自己职业的业余时间参加会议。马克思为第一国际起草了几十万字的文稿，分文不取。总书记没有任何特权，在委员会上与其他委员一样只有平等的一票，而且还要负责会议的书面记录。在协会每周的例会中，每位发言人以公民相称，人人都以公民身份平等参与各种公共事务活动。马克思、恩格斯在会议上与别人一样以委员身份发言，时常都有辩论和争论，马克思也常有收回己见之举。问题无论巨细最后都是每个委员平等一票，记录上都有几票对几票的表决结果。没有任何委员在会上具有个人权威，不崇拜任何人。这可以说是工人阶级党内民主和集体领导体制的典范和示范。马克思的亲身感受是：在总委员会里任何独裁都将完结。

---

① 马克思恩格斯选集：第 4 卷 [M]. 北京：人民出版社，2012：207.
② 林一岚. 第一国际在世界社会主义运动史上的贡献：访中国国际共运史学会原副会长高放教授 [J]. 上海党史与党建，2014（11）：4.

思想工作方面。前文已经谈到，由于协会内部各种思想观点林立，每次提交代表大会讨论的问题各不相同，即便是同一个问题，观点也常常相左，争论异常激烈。每每遇到这种情况，马克思都试图通过工人代表自由、平等的讨论，逐步达到思想的统一和一致的协议。马克思从来没有利用自己的理论权威和实际声望强行灌输任何科学的真理，而是极富热情和耐心地说服代表，这对于时间极其宝贵的马克思来说，是多么难能可贵的民主作风。不仅如此，马克思还要在这种情况下，传播科学共产主义的原理，其工作难度之大可以想象。比如，在确定土地所有制问题上，为了使大会通过土地公有制的决议，马克思同普鲁东主义者进行了激烈的争论。最后，马克思不得不用外交方式解决了这个事情，如通过总委员会的报告、取得工联主义者的协助等。最终，1868年9月召开的布鲁塞尔大会通过了关于实行土地和生产资料公有制的决议。许多普鲁东分子并不甘心，马克思不得不反复从理论上论证土地公有的必然性。在1869年9月巴塞尔大会上，绝大多数代表都表示拥护布鲁塞尔大会关于土地公有制的决议。这一事实表明，民主、平等、说服的方式是解决工人阶级组织内部思想分歧的正确途径。

20世纪80年代以来，在对国际工人协会组织原则的研究中，一些学者对协会是否采用民主集中制展开了讨论。较多学者认为第一国际实行的是民主集中制；而一些学者认为第一国际实行的是民主制，不是集中制，第一国际是各国工人团体进行"联络和合作的中心"，它十分尊重各国的自主权和独立性，而不是一个领导中心；还有学者认为要历史地研究第一国际的组织原则，1868年巴塞尔大会之前其内部较多地体现民主制原则，以后则更多地强调集中。① 那么，协会的组织原则是否可以看作民主集中制呢？马克思、恩格斯从没有使用过这样的字眼。民主集中制是苏维埃政党的组织原则和活动原则，根据《联共（布）党史简明教程》，民主集中制指："（一）党的各级领导机关从上到下按选举产生；（二）党的各级领导机关定期向自己的党组织报告工作；（三）严格遵守党的纪律，少数服从多数；（四）上级机关的决议，下级机关和全体党员必须绝对执行。"从第四条，我们可以认为，马克思、恩格斯并没有这种集中的思想②。在共产主义者同盟和国际工人协会的章程中，我们可以看到少数服从多数，却没有看到所谓下级必须服从上级，我们可以看到所有盟员一律平等，以公民相

---

① 童建挺. 新中国成立以来的第一国际研究 [J]. 当代世界与社会主义, 2011 (1): 67-68.

② 参考: 高放. 第一个政党性的国际工人组织: 第一国际光芒四射 [J]. 中国延安干部学院学报, 2004 (1).

称，却没有看到全体党员必须执行上级机关的决议。结合后来巴黎公社的经验教训，马克思、恩格斯强调无产阶级专政和中央的权威，但是这绝不是集中制。因为，任何与人民自治相违背的主张，都无异于共产主义的倒退。

四、巴黎公社和未来社会组织形式

巴黎公社是"新社会的光辉先驱"，《法兰西内战》则对巴黎公社做出了最及时、最出色的分析。马克思高度赞扬了公社工人阶级无产阶级专政的性质，并提出公社是"终于发现的可以使劳动在经济上获得解放的政治形式"。

（一）巴黎公社始末

普法战争失败后，法国第二帝国垮台，法国宣告成立共和国，组成了国防政府。马克思得知这个消息后，立刻看到新政府标榜的永不投降的虚伪性，指出新政府恐怕是把防范工人阶级看得比防范普鲁士军队更重要。在战争期间，巴黎组织起了一支三十万人数的国民自卫军，其中绝大多数是工人。如马克思所料，1871 年 1 月 28 日，国防政府向普鲁士投降，梯也尔成为执政首脑，组成了一个保皇派政府，并开始策划解除国民自卫军的武装。3 月 18 日，梯也尔企图夺取位于蒙马特尔高地等处国民自卫军的大炮，巴黎人民同梯也尔政府之间的战斗在这里拉开序幕。仅仅一天时间，国民自卫军便控制了巴黎。3 月 28 日，公社宣告成立，巴黎人民开始自己管理自己。

4 月 3 日，梯也尔集结了从普鲁士获释的数万战俘，向巴黎发起进攻。凡尔赛军队在麦克马洪统领下也向巴黎发起猛攻。由于国民自卫军缺少正规训练，寡不敌众，根本无法与之抗衡。这样的进攻在整个 4 月就没有停过，公社连连失利，处境不断恶化。公社委员们没有采纳马克思的建议，居然想请普鲁士军队在巴黎和凡尔赛之间调停。4 月下旬，十一万装备精良、训练有素的凡尔赛士兵同两万名公社战士展开激战，妇女和儿童也参加了战斗。尽管公社战士表现英勇，但败局已定。5 月 28 日，经过一周的血战，巴黎全部沦陷。

从巴黎人民起义那天起，马克思就以极大的热情关注着巴黎方面的动向。他尽一切可能从封锁的巴黎得到更多的消息。但是，革命胜利带来的喜悦与鼓舞没有妨碍马克思对公社发展形势的判断。在 4 月 12 日写给库格曼的信中，马克思写道："如果他们将来战败了，那只能归咎于他们的'仁慈'。当维努亚和随后巴黎国民自卫军中的反动部队逃出巴黎的时候，本来是应该立刻向凡尔赛进军的。由于讲良心而把时机放过了。他们不愿意开始内战，好像那邪恶的侏儒梯也尔在企图解除巴黎武装时还没有开始内战似的！第二个错误是中央委员会过早地放弃了自己的权力，而把它交给了公社。这又是出于过分'诚实'的考虑！"①

5月13日，马克思致电公社委员弗兰克尔（Leo Frankl）和瓦尔兰（Louis Eugene Varlin），在紧急关头提出重要建议：1. 把那些能使凡尔赛的恶棍们声名狼藉的卷案放到安全的地方去。2. 要当心普军让路给凡尔赛分子，使他们从背后进攻巴黎。但是公社没有采取马克思的建议。5月23日，马克思在总委员会的会议上说：即使公社被搞垮了，斗争也只是延期而已。公社的原则是永存的，是消灭不了的。

通过马克思对公社命运的简要分析，我们可以对公社失陷的原因管窥一二。除去公社成员的善良老实、毫无斗争经验，国民军中央委员会过早地交出了权力之外，公社委员会内部各种学说思想混杂也是重要原因之一。

60年代以来，法国工人阶级中普鲁东主义盛行。到1864年年底，国际在法国的第一个组织巴黎支部成立之时，国际思想开始在法国工人中传播开来，促使国际组织中普鲁东分子出现分化。1866年起，以瓦尔兰为代表的左派普鲁东主义者开始接受国际的社会主义思想。即便如此，"在国际工人协会的历次代表大会上，马克思和他的支持者们都不得不同法国人进行争论。马克思为了使国际大会否决法国人提出的那些普鲁东式的提案而费了不少精力"②。

公社成立后，公社委员们主要分成布朗基派和普鲁东派两派。前者鼓吹密谋，后者过分迷恋自治。普鲁东派中虽然也包括瓦尔兰、弗兰克尔和塞拉叶等信奉马克思科学共产主义的国际委员，但是，在普鲁东分子占多数的情况下，公社错失了反击凡尔赛的最好时机。派别之见和思想认识上的分歧降低了委员会的威信，严重削弱了公社的力量。特别是在关键时刻，决策不力，给对敌斗争产生了严重的不良影响，是造成公社失陷重要的思想原因和组织原因。

马克思、恩格斯将这场伟大的革命判断为工人阶级的革命，是"我们党从巴黎六月起义以来最光荣的业绩"。这里的"党"指各国反对资产阶级统治的社会主义者，主要是指国际工人协会，以致马克思说"公社无疑是第一国际精神的产儿"③。但是，我们也应当看到这种影响的局限性。公社委员弗兰克尔曾几次写信给马克思，请马克思给他们"出出主意"，因为他感到单枪匹马在公共部门推行改革困难重重。马克思对公社内部的争执很担心，并对公社的政治、财

---

① 马克思恩格斯全集：第33卷［M］. 北京：人民出版社，1973：207.

② 张光明：社会主义由西方到东方的演进：从马克思到邓小平的社会主义思想史考察［M］. 昆明：云南人民出版社，2004：263.

③ 刘昫献. 试论巴黎公社是第一国际的精神产儿［J］. 史学月刊，1985（3）：100.

政和军事措施提出看法与建议。然而，这些建议并未得到公社的采纳。显然，仅仅有少数的先进的思想武装的头脑是远远不够的。在经济社会发展和阶级条件还不成熟的情况下，如何保证先进的头脑发挥应有的作用是已经取得革命胜利的无产阶级政权应当首要解决的问题。此外，在无产阶级内部，如何处理不同的意见，既不损害团结，又能保证决策的正确和效能，是所有社会主义政党必须面对和解决的理论问题和现实问题。我们可以在《法兰西内战》中看到马克思对这些问题的探索，近一个半世纪过去了，在浩瀚的巴黎公社的文献中，恐怕仍然没有哪一部能够超过马克思的《法兰西内战》。

（二）《法兰西内战》的主要内容

《法兰西内战》在巴黎失陷后三天，以国际工人协会宣言的形式在伦敦出版，迅速引起轰动，第一版的 1000 册很快销售一空。后来不断再版，各种文字的版本不断问世，《法兰西内战》畅销欧洲。

这本 35 页的小册子由四部分组成。第一部分，马克思揭露了国防政府和它的主要成员，如巴黎总督特罗胥、外交部长茹尔·法夫尔、财政部长厄内斯特·皮埃尔和首相梯也尔等的可耻历史、叛国行为及其残酷镇压巴黎人民的罪恶行径。马克思通过一些公开的信件和报告指出，国防政府如何欺骗巴黎人民永不投降，永不出让我们的一寸领土，结果背地里向欧洲各国乞求调解。

在第二部分，马克思叙述了为对付国民自卫军和巴黎人民，梯也尔政府故意制造事端，挑起冲突，引发内战。但是，"中央委员会却不肯把这场内战打下去，因而犯了一个致命的错误，即没有立刻向当时毫无防御能力的凡尔赛进军，一举粉碎梯也尔和他的那帮乡绅议员们的阴谋"①。虽然在 4 月 7 日，公社宣布采取报复措施，声明公社有责任保护巴黎不受凡尔赛匪帮的野蛮虐杀，要以眼还眼、以牙还牙，但是梯也尔很快就发现公社的法令不过是"空洞的威胁"，立刻开始了枪杀、焚烧和刺杀。

从理论上讲，第三部分是《法兰西内战》的核心。在这部分，马克思简明而深刻地分析了法国近代以来的阶级斗争史，证明巴黎公社如何成为旧的阶级统治的对立物，并对巴黎公社的经验和未来共产主义社会做出了较为详尽的总结和描述。在最后一部分，马克思控诉了梯也尔屠杀巴黎人民的罪恶行径以及公社成员们英勇无畏和自我牺牲的精神，揭露了资产阶级报刊的冷漠无情等。

（三）无产阶级专政的实质和条件

早在《共产党宣言》中，马克思、恩格斯就指出："工人革命的第一步就是

---

① 马克思恩格斯选集：第 3 卷 ［M］. 北京：人民出版社，2012：92.

使无产阶级上升为统治阶级。"但是，与马克思对未来社会认识尚处于哲学阶段相一致，无产阶级政权问题还停留在抽象的概念上。在《法兰西内战》中，马克思总结法国阶级斗争的历史经验和巴黎公社的实际经验，继承了《雾月十八日》中无产阶级专政的思想，从无产阶级专政的性质、前提条件和职能的角度全面阐发了无产阶级专政的思想，大大丰富了马克思的国家学说，无产阶级专政作为未来社会的第一个组织形态得以确立起来。

我们很难将由马克思、恩格斯设想，由巴黎公社实践的无产阶级专政的创举，归为国家形式的范畴。因为在马克思、恩格斯看来，国家不过是一个阶级镇压另一个阶级的机器，"国家再好也不过是在争取阶级统治的斗争中获胜的无产阶级所继承下来的一个祸害；胜利了的无产阶级也将同公社一样，不得不立即尽量除去这个祸害的最坏方面，直到在新的自由的社会条件下成长起来的一代有能力把这国家废物全部抛掉"①。因此，我们毋宁说无产阶级专政与国家消亡相联系，是未来社会过渡时期必须经历的组织形式。

在《法兰西内战》中，马克思指明并高度赞扬了公社无产阶级专政的性质，无产阶级专政使公社同过去一切阶级的统治区分开来。马克思指出："公社的真正秘密就在于：它实质上是工人阶级的政府，是生产者阶级同占有者阶级斗争的产物，是终于发现的可以使劳动在经济上获得解放的政治形式。"② 这里，马克思不仅指出无产阶级专政来源于经济对立的两个阶级的阶级斗争和它的阶级属性，并指出它所肩负的人类解放的历史责任。当然，这样一种全新的政治形式的建立，正如马克思所说，作为上升为统治阶级的无产阶级不能简单地掌握现成的国家机器，而应当把它作为阶级统治的工具加以摧毁、打碎，"这正是大陆上任何一次真正的人民革命的先决条件。这也正是我们英勇的巴黎党内同志们的尝试"③。这种尝试首先从无产阶级武装制度化开始。

巴黎公社摧毁了资产阶级国家的常备军及其军事机构，使无产阶级获得政治上的初步解放。马克思写道："巴黎所以能够反抗，只是由于被围困使它摆脱了军队并用主要由工人组成的国民自卫军来代替它。现在必须使这一事实成为制度，所以，公社的第一个法令就是废除常备军而代之以武装的人民。"④ 正是这样一支无产阶级的大军使工人阶级获得了在战场上赢得自身解放的权利。

由于一切旧有的国家形式都不能适应无产阶级的目的，因此，工人阶级不

---

①　马克思恩格斯选集：第 3 卷［M］. 北京：人民出版社，2012：55.
②　马克思恩格斯选集：第 3 卷［M］. 北京：人民出版社，2012：102.
③　马克思恩格斯选集：第 4 卷［M］. 北京：人民出版社，2012：493.
④　马克思恩格斯选集：第 3 卷［M］. 北京：人民出版社，2012：98.

能简单地掌握现成的国家机器，而必须把它打碎，这是建立无产阶级专政的第二个条件。所谓"打碎"，并不是由无产阶级建立新的官僚机构去替代旧的官僚机构。因为无产阶级专政的一个首要目标就是要消亡作为阶级镇压工具的国家，而且巴黎公社已经找到完成国家转型的政治组织形式——人民自治。只有这样作为资本主义国家向未来社会过渡的第一个组织形式，才能最终实现"自由人的联合体"。

另一方面，马克思分析了巴黎公社为落实人民自我管理和民主管理，采取了一系列具体措施，如：

实行普选制，公社委员会由直接选举产生，只领取相当于工人工资的薪金，可以随时撤换；

宣布教会与国家分离，一切学校对人民免费开放，不受教会和国家的干涉；

法官由选举产生，对选民负责，并且可以撤换；

一些初步的经济的和财政的措施，它们"只能显示出走向属于人民、由人民掌权的政府的趋势"①。

…………

马克思非常高兴地看到，巴黎公社打碎了警察局、官僚机构、教会以及传统的法官和检察官制度等国家机器。这些措施，毫无疑问，成为无产阶级革命胜利后应当立即实行的民主政权建设的措施。

（四）无产阶级专政的职能

无产阶级专政从建立那天起，就肩负着消灭阶级对立，进而消灭阶级、消灭国家，最终向未来社会过渡的历史任务。与马克思、恩格斯的哲学和经济学论证不同，巴黎公社在具体问题上首创了许多重要措施，为全面实现人的解放做出了许多积极有益的尝试。

1. 建立真正的民主制度，从而实现人的政治解放

马克思认为无产阶级夺取政权的首要任务就是要争取民主，建立起真正的民主制度。公社人民实现自我管理的性质本身就意味着超越资本主义的更高的民主形式。为了落实真正的人民的民主，公社设立了具体的程序措施：

首先，选举程序民主，即人民公仆和国家机构的产生程序是民主的。马克思在总结巴黎公社关于全国政权组织的历史经验时指出："公社必须由各区全民投票选出的市政委员组成，这些市政委员对选民负责，随时可以罢免。其中大

① 马克思恩格斯选集：第3卷［M］. 北京：人民出版社，2012：107.

多数自然会是工人，或者是公认的工人阶级代表。"①

其次，实行民主监督。公社最大限度地向人民公开一切政务，接受人民的广泛意见和监督，只有在广泛征求大家意见之后，才做出决定。一切公职人员都处于公社切实的监督之下，公社作为一个对选民负责而且可以随时撤换的机构，是在公民不断的监督下工作的。人民公仆经由人民选举后，一旦不被群众信任，可以随时罢免撤换。正是因为这些公职人员总是在公众监督之下进行工作，一种真正的责任制才建立起来。

再次，建立廉价政府体制。"从公社委员起，自上至下一切公职人员，都只能领取相当于工人工资的报酬。从前国家的高官显宦所享有的一切特权以及公务津贴，都随着这些人物本身的消失而消失了。"② 恩格斯在为国际委员会的宣言《法兰西内战》写的1891年单行本导言中指出："为了防止国家和国家机关由社会公仆变为社会主人——这种现象在至今所有的国家中都是不可避免的——公社采取了两个可靠的办法。第一，它把行政、司法和国民教育方面的一切职位交给由普选选出的人担任，而且规定选举者可以随时撤换被选举者。第二，它对所有公职人员，不论职位高低，都只付给跟其他工人同样的工资。……这样，即使公社没有另外给代表机构的代表签发限权委托书，也能可靠地防止人们去追求升官发财了。"③ 廉价政府同民主选举与民主监督配合，公社完全成为一个具有广泛代表性的政治形式。

最后，实行多派合作，共同执掌政权。前文曾经提过，在法国无产阶级内部存在着普鲁东派和布朗基派。无产阶级夺取政权后，两派首先实现了联合执政，其中，在政治上以布朗基派为主，经济上以普鲁东派为主。同时，他们还吸收了小资产阶级民主派——新雅各宾派，实行三派合作，共同执政。三派在共同执政过程中，民主协商、平等争论，遵循少数服从多数的原则进行表决。这本是优越于资产阶级政党制度的政党体制，却由于缺乏思想的统一认识，在集中问题上无法形成有效合议，最终导致派别分裂，成为巴黎公社失败的一个惨痛的教训。这一点也提醒我们，在经济基础和相应的阶级条件尚不具备的情况下，必要的集中和真正的民主一样重要。在实行多派联合执政的同时，公社联合了一切可以联合的力量，避免孤军作战。公社联合了小资产阶级，甚至资产阶级的共和派，还试图联合中产阶级和小资产阶级的各种团体，如共济会、

① 马克思恩格斯选集：第3卷 [M]. 北京：人民出版社，2012：167.
② 马克思恩格斯选集：第3卷 [M]. 北京：人民出版社，2012：98-99.
③ 马克思恩格斯选集：第3卷 [M]. 北京：人民出版社，2012：55.

中央共和主义联盟、各省协会联合会等。特别是公社采取了有利于小资产阶级和保护有利于国计民生的私人资本主义和爱国资本家的具体措施，这一点同恩格斯设想的过渡时期的和平改造政策有异曲同工之处。

在着力建设民主体制的同时，公社还贯彻了真正的公平原则，如公社的每个成员都享有平等的选举权和被选举权，彻底清除国家等级制，反对各种形式的特权。正因为如此，公社的民主建设才真正脱离了纯粹的资产阶级形式，是对资产阶级民主的扬弃。

2. 建立个人所有制，从而实现人的经济解放

马克思在论述公社性质时说，公社是终于发现的可以使劳动在经济上获得解放的政治形式，同时又指出，这个经济上的解放是公社体制实现的前提。因为"生产者的政治统治不能与他们永久不变的社会奴隶地位并存。所以，公社要成为铲除阶级赖以存在、因而也是阶级统治赖以存在的经济基础的杠杆。劳动一解放，每个人都变成工人，于是生产劳动就不再是一种阶级属性了"①。所谓"劳动解放"，指"劳动从垄断着劳动者自己所创造的或是自然所赐予的劳动资料的那批人僭取的权力（奴役）下解放出来"②。在这里我们已经看到，公社如何验证了马克思、恩格斯关于未来社会经济改造的设想，看到了无产阶级将如何利用已经掌握的政权去推动个人所有制的建立，以及政治组织形式与不发达的生产力之间如何互为条件相互转化。

劳动解放的思想是马克思未来社会学说中的重要内容。在《1844 年经济学哲学手稿》中，马克思分析了人因为劳动的异化而走向了他的对立面。在后来的《德意志意识形态》和《1857—1859 年经济学手稿》中，马克思反复谈到劳动解放与未来社会关系问题。随着马克思未来学说经济基础的构建完成，劳动解放更是成为未来社会建设的必要的途径。与这些著作不同，在《资本论》和《法兰西内战》中，马克思将劳动解放的理论同未来社会的经济所有制联系起来，从而深化并丰富了马克思的劳动解放理论。

劳动解放是马克思人类解放理论的重要内容。马克思进而指出：劳动解放就是"要消灭那种将多数人的劳动变为少数人的财富的阶级所有制。它是想要剥夺剥夺者。它是想要把现在主要用作奴役和剥削劳动的手段的生产资料，即土地和资本完全变成自由的和联合的劳动的工具，从而使个人所有制成为现

---

① 马克思恩格斯选集：第 3 卷 [M]．北京：人民出版社，2012：102.
② 马克思恩格斯选集：第 3 卷 [M]．北京：人民出版社，2012：143.

实"①。在这里，马克思再次提到了《资本论》中的个人所有制。前面，本书已经分析过个人所有制的具体含义。在这里，我们不妨结合巴黎公社的实际，补充探讨个人所有制与劳动解放或工人解放②之间的关系。

在既定的生产力基础上，巴黎公社首先通过政权的力量，废除生产关系对劳动的异化和对人的束缚。与此相适应的是个人所有制发展的第一阶段，财产的私人占有阶段。这时的劳动解放还只是劳动从资本的对立中和资本家对工人的剥削中解放出来。只有当个人劳动联合成社会的劳动，实行自由自愿分工，即真正的劳动解放到来时，个人所有制才上升为联合的个人所有制形式。正如文中所说，个人所有制不是要剥夺个人的权利。恰恰相反，只有劳动获得真正的解放，个人的权利才能获得最大的保证。当然，所有这些设想必须建立在生产力高度发达、物质产品极大丰富的基础上。离开了这个基础，一味地拔高生产关系，忽视财产私人占有阶段所有制的建设，不仅不符合马克思的未来社会学说，而且已经经由社会主义的实践证明，是极其有害的。

3. 建立生产者的自治，从而实现人的社会解放

在《〈法兰西内战〉初稿》中，马克思明确提出，"公社公开宣布'社会解放'是共和国的伟大目标，从而以公社的组织来保证这种社会改造"③，并指出了社会解放的实际内容是"把靠社会供养而又阻碍社会自由发展的国家这个寄生赘瘤迄今所夺去的一切力量，归还给社会机体"④。为此，公社做了大量的社会工作并颁布了具体措施："不让面包工人做夜工；用严惩的办法禁止雇主们以各种借口对工人罚款以减低工资——雇主们在这样做的时候集立法者、审判官和法警于一身，而且以罚款饱私囊。另一个此类的措施是把一切已关闭的作坊或工厂——不论是资本家逃跑了还是自动停了工——都交给工人协作社，同时给企业主保留获得补偿的权利。"⑤

这些措施显示出走向属于人民、由人民掌权的政府的趋势。但是很明显，公社仍然是阶级统治，它本身还只是人民群众获得社会解放的政治形式。因此，公社必须以建立生产者的自治，即自由人联合体为目标，最终实现人的社会解放。自由人联合体的经济内容就是指，"联合起来的社会个人的所有制"代替资本主义的私人所有制，用公共的生产资料进行劳动的社会组织形式。它与劳动

① 马克思恩格斯选集：第3卷［M］. 北京：人民出版社，2012：102-103.
② "劳动解放"一词在1891年版本中为"工人解放"。
③ 马克思恩格斯选集：第3卷［M］. 北京：人民出版社，2012：150.
④ 马克思恩格斯选集：第3卷［M］. 北京：人民出版社，2012：101.
⑤ 马克思恩格斯选集：第3卷［M］. 北京：人民出版社，2012：107.

的解放和个人所有制的建立是一个同步实现的过程。真正民主制度的建立为生产者的自由联合做好了体制上的准备。人民实现自我管理的第一步就是要打碎旧的国家官僚机构，建立起真正的工人阶级的政府，亦即无产阶级专政的阶段。巴黎公社采取了工人直接民主的政治形式是目前发现的、唯一适宜的改造手段，因为这种形式一开始就具有消亡国家的性质。

在建立自治政府方面，巴黎公社成为全国的典范。只要公社制度在巴黎和各中心城市建立起来，外省旧的集权政府也会让位给生产者的自治政府，公社将成为最小村落的政治形式。具体自治措施包括："每一个地区的农村公社，通过设在中心城镇的代表会议来处理它们的共同事务；这些地区的各个代表会议又向设在巴黎的国民代表会议派出代表，每一个代表都可以随时罢免，并受到选民给予他的限权委托书（正式指令）的约束。"① 而且，马克思认为这个过程将会是自然产生的过程。这样，人民的自我管理逐步取代了国家机器，自由联合体将最终使人获得真正的社会解放。

除此之外，随着旧的生产关系的破除和民主制度的建立，旧的精神也将随之发生改变。当巴黎公社把革命领导权掌握在自己手中时，普通工人第一次敢于"侵犯"那些有产者的特权；他们在极其艰难的条件下虚心而有效地开展工作，而拿到的报酬却微乎其微；他们采取各种实际的措施，如解决债权和债务问题，免去农民的赋税等吸引并改造中等阶级和农民。这些举措对提高人民政治觉悟和思想道德，对消除阶级都将产生重要的影响。不仅如此，公社的自治组织将实现人民的自我管理，使人的精神从经济、政治和旧有的社会关系中解放出来，最终实现每个人的自由发展将是一切人自由发展的条件。

这种变化一方面由自然产生，另一方面还需要上层建筑的推动。公社从两方面展开了这项工作：通过教会与国家分离、剥夺一切教会财产的方式摧毁作为压迫工具的精神力量，即"僧侣势力"；一切学校向人民免费开放，完全不受教会和国家的干涉，这样，不但人人都能受教育，而且科学也摆脱了阶级偏见和政府权力的桎梏。通过推翻旧精神产生的现实的社会关系，人们将摆脱统治、奴役人的各种精神枷锁。这种精神上的自由将随着公社各项措施的完善逐步得以实现。

满怀着实现共产主义的坚定信念，巴黎的工人阶级清醒地认识到公社并不是通过一纸法令去实现乌托邦的理想。"他们知道，为了谋求自己的解放，并同时创造出现代社会在本身经济因素作用下不可遏止地向其趋归的那种更高形式，

---

① 马克思恩格斯选集：第 3 卷 [M]. 北京：人民出版社，2012：99.

他们必须经过长期的斗争，必须经过一系列将把环境和人都加以改造的历史过程。工人阶级不是要实现什么理想，而只是要解放那些由旧的正在崩溃的资产阶级社会本身孕育着的新社会因素。"① 即便如此，在今天看来，巴黎公社的一些措施仍然被认为是空想的，但是问题的实质不在于公社所采取的具体措施，而在于它在保证劳动者参与国家管理中的自由意志。

五、未来社会形态理论与《哥达纲领批判》

进入 19 世纪后半期，原来落后的德国开始迅速发展，工人运动也蓬勃开展起来，一些工人阶级的政党先后成立起来。针对德国社会民主工党与拉萨尔派的合并纲领，马克思写作了《哥达纲领批判》。《哥达纲领批判》对拉萨尔主义进行了全面清算，并从发展阶段和分配正义两方面完成了未来社会形态理论的构建。

（一）写作背景与基本内容

1848 年欧洲革命失败后，各国工人运动陷入低潮，资本主义进入了相对和平的发展时期。此时，在原来落后的德国，资本主义发展迅速，工人阶级队伍也随之成长壮大起来。在这个过程中，拉萨尔（Ferdinand Lassalle）对德国工人阶级产生了较大的影响。1863 年 5 月，拉萨尔筹建并创办了全德工人联合会，并当选为第一任主席。联合会推行拉萨尔的机会主义路线，反对阶级斗争，其活动仅仅局限于争取普选权和合法的议会活动，主张走和平合法的改良道路。1864 年，拉萨尔去世后，联合会发生分化，形成了拉萨尔派和以李卜克内西（Karl Liebknecht）、倍倍尔（August Bebel）为领导的德国工人联合协会两派并立的局面。1869 年 8 月，德国工人联合协会在爱森纳赫召开代表大会，宣布成立德国社会民主工党（也常被称作"爱森纳赫派"），并宣布加入国际工人协会。

马克思、恩格斯对社会民主工党给予厚望，当拉萨尔派想要实现两派联合时，两位导师表现出了各种顾虑。为了壮大工人的力量，联合更有利于开展工人阶级的斗争，马克思、恩格斯都承认这一点，可问题在于怎么联合。恩格斯在 1873 年 6 月 20 日写给倍倍尔的信中说："无论如何，我相信，拉萨尔派中的优秀分子将来会自己来投靠你们，所以，在果实成熟以前，就像团结派所希望的那样把它摘下来，那是不明智的。"② 但是，党的领导人没有听从马克思、恩

---

① 马克思恩格斯选集：第 3 卷 [M]. 北京：人民出版社，2012：103.
② 马克思恩格斯全集：第 33 卷 [M]. 北京：人民出版社，1973：594.

格斯的建议，于 12 月中旬宣布两派正式合并。当马克思、恩格斯从党的机关报上读到两派合并消息时，默然接受了它；然而，当他们读到合并纲领时，便再也无法保持沉默了。马克思、恩格斯认为这个纲领是对拉萨尔派的全面投降；不久，马克思对纲领的理论批判完成，对拉萨尔主义进行全面清算，这就是后来的《哥达纲领批判》。但是，马克思、恩格斯担心的后果并没有出现——"工人、资产者和小资产者在其中领会出它本来应该有但现在却没有的东西，任何一方面的任何一个人都没有想到去公开分析这些奇怪的命题中任何一个命题的真实内容。这就使我们可以对这个纲领保持沉默。"①

《哥达纲领批判》是马克思晚期最重要的著作之一，它以纲领草案批判的形式，从正面阐发了一些未来社会学说极为重大的理论原理。因此，它具有了科学共产主义普遍和长久的理论意义。全文由一封写给白拉克的信和四章正文组成。在信中，马克思表明了他和恩格斯对合并纲领的态度："我们同上述原则性纲领毫不相干，同它没有任何关系。"② 在主体部分，马克思通过批驳拉萨尔的劳动解放理论、铁的工资规律、国家建立生产合作社和自由国家等，阐述了未来社会发展阶段、分配理论、革命的必要性以及无产阶级专政的国家理论等。

（二）未来社会发展阶段理论的完结

马克思、恩格斯在未来社会理论创立初期，曾谈到未来共产主义社会的发展阶段问题。在《1844 年经济学哲学手稿》中，马克思已经将未来社会划分为两个发展阶段：第一个阶段是以私有财产的初步扬弃为中介的"最近将来"的共产主义阶段；第二个阶段是扬弃私有财产的中介，在自身基础上达到人的解放的社会主义阶段。这种阶段划分以个人是否占有财产为主要标准，在表述上还明显地带有黑格尔的痕迹。在《共产主义原理》中，恩格斯认为在工人阶级夺取政权后，必然会经历一个利用民主和经济手段，逐步改造整个社会的过渡时期。恩格斯在这里第一次完整地而且比较少见地给我们呈现了共产主义过渡时期的社会图景——在政治上实行无产阶级民主，在经济上通过不断发展生产力和调节生产关系等一系列和平改造措施，消灭私有制，建立公有制。在《哥达纲领批判》中，马克思第一次明确而科学地论证了未来共产主义社会发展阶段的原理。

按照马克思的预见，未来共产主义社会要经历两个阶段，即第一阶段和高级阶段。"共产主义社会的第一阶段"是指："它不是在它自身基础上已经发展

---

① 马克思恩格斯全集：第 34 卷 [M]. 北京：人民出版社，1972：148.

② 马克思恩格斯选集：第 3 卷 [M]. 北京：人民出版社，2012：354.

了的，恰好相反，是刚刚从资本主义社会中产生出来的，因此它在各方面，在经济、道德和精神方面都还带着它脱胎出来的那个旧社会的痕迹。"① 在"共产主义社会高级阶段"，马克思指出："在迫使个人奴隶般地服从分工的情形已经消失，从而脑力劳动和体力劳动的对立也随之消失之后；在劳动已经不仅仅是谋生的手段，而且本身成了生活的第一需要之后；在随着个人的全面发展，他们的生产力也增长起来，而集体财富的一切源泉都充分涌流之后——只有在那个时候，才能完全超出资产阶级权利的狭隘眼界，社会才能在自己的旗帜上写上：各尽所能，按需分配！"② 此外，"在资本主义社会和共产主义社会之间，有一个从前者变为后者的革命转变时期。同这个时期相适应的也有一个政治上的过渡时期，这个时期的国家只能是无产阶级的革命专政"③。

据此，从资本主义到未来共产主义要经历三个发展阶段：过渡时期，即逐步消灭私有制，建立生产资料公有制，从政治国家到非政治国家的发展阶段；共产主义社会的第一阶段，即在公有制基础上，加速生产力发展，劳动分工依然存在，为从按劳分配到按需分配过渡，为人的全面发展创造条件的阶段；共产主义社会的高级阶段，在生产力高度发达、按需分配和自由劳动的基础上实现每个人全面自由发展的阶段。

对这三阶段的划分，有学者提出不同的意见。比如，有学者认为过渡时期应当指共产主义社会的第一阶段，还有人提出过渡时期包括资本主义后共产主义更高阶段之前的整个时期。特别是当这种阶段划分同我国社会主义初级阶段理论联系在一起时，这个问题似乎更难说清了。但无论如何，我们只能从而且必须从马克思主义本身寻找答案。结合马克思主义的基本原理以及在《哥达纲领批判》中的具体表述，本书认为这两种观点都是站不住脚的。

按照马克思主义的基本原理，判断社会性质的标准应当只有一个，即生产资料的所有制形式。在过渡时期，私有制依然存在，而且彻底废除它将是一个漫长而艰难的过程。因此，过渡时期不能包括在共产主义社会中，而是由资本主义向共产主义社会的过渡，为了避免私有制所产生的一切弊病，过渡时期必须采用无产阶级专政的政治形式。那种将马克思所说的"刚刚"从资本主义社会中产生出来的社会同推翻资本主义制度后立即出现的社会混淆起来的观点，显然没有看到无产阶级政权的建立并不等同于生产资料公有制的实现，更不等同于社会主义制度的建立。回到《哥达纲领批判》文本看，"马克思并不是从时

---

① 马克思恩格斯选集：第3卷 [M].北京：人民出版社，2012：363.
② 马克思恩格斯选集：第3卷 [M].北京：人民出版社，2012：364-365.
③ 马克思恩格斯选集：第3卷 [M].北京：人民出版社，2012：373.

间上为处于低级阶段的共产主义社会下定义，而是论述共产主义社会的低级阶段为什么会具有旧社会的痕迹；在那里，马克思是运用发展论来说明共产主义社会两个阶段的差别，即低级阶段是在资本主义社会的基础上产生出来的，而高级阶段是在共产主义社会自身基础上产生出来的。这里说的不是'时间'，而是它们各自依以出发的'基础'"①。

那么，共产主义社会的这两个阶段又是什么关系呢？首先，它们是同一社会形态不同的发展阶段。它们在公有制的发展成熟程度、分配方式、劳动分工和人的精神面貌等各方面仍存在较大差异。其次，后者是前者的发展目标，前者是后者的必经阶段。第一阶段的历史任务就在于克服资本主义的弊端和创造共产主义更高阶段的前提。最后，共产主义社会的第一阶段和最高阶段的根本区别在于分配方式的不同。第一阶段实行按劳分配的原则，虽然这是一种历史的进步，但毕竟还只是保存下来的资产阶级的权利，意味着事实上的不平等。因为每个人的智力条件和身体条件是不同的，所以在按劳分配下，他们从社会那里领来的消费品的多少必然会有所不同，如果再考虑到各自家庭的具体情况，这种平等权利背后必将造成事实上的不平等。然而，"这些弊病，在经过长久阵痛刚刚从资本主义社会产生出来的共产主义社会第一阶段，是不可避免的。权利决不能超出社会的经济结构以及由经济结构制约的社会的文化发展"②。只有到了高级阶段，当强迫分工消失，劳动成为需要，集体财富极大丰富，按需分配这种代表着真正平等的分配方式才能够最终实现。

（三）分配问题与正义观

《德国工人党纲领》写道："劳动的解放要求把劳动资料提高为社会的公共财产，要求集体调节总劳动并公平分配劳动所得。"③ 这里倒是不折不扣地体现了拉萨尔机会主义的重要特征——在不触动资产阶级统治的前提下，通过分配而达到共产主义的目标。在《哥达纲领批判》第一部分，马克思批判了拉萨尔如何掩盖资本主义社会根本矛盾，避开生产资料所有制问题，空谈劳动和公平分配劳动所得的抽象原则，阐明了社会主义总产品分配原理和按劳分配原理。

1. 不是劳动资料"提高"为社会的公共财产，而是"变为"

"提高"而不是"改变"劳动资料的所有制性质表明了拉萨尔派对待资本主义的态度。前者表明要在资本主义体系内，即在不触动资产阶级统治的情况

---

① 汤在新．马克思、恩格斯对未来社会经济关系的科学预测［M］．武汉：武汉大学出版社，1983：57.

② 马克思恩格斯选集：第3卷［M］．北京：人民出版社，2012：364.

③ 马克思恩格斯选集：第3卷［M］．北京：人民出版社，2012：360.

下，通过和平改良的方式，实现生产资料的公共占有。这里实际上贯彻了拉萨尔派的在资产阶级国家帮助下，把私有制提高为公有制的主张。但是，这不是幻想资产阶级情愿放弃自己的财产，交给社会，交给工人，然后进行公平的分配吗？而"变为"则表明只有通过革命手段，建立无产阶级专政，剥夺剥夺者，最终变生产资料私有制为社会主义公有制。这才是马克思主义的革命道路。两个字的差别，意味着两条完全不同的发展路线。

马克思主张消灭阶级差别，进而逐渐消灭阶级和进行阶级统治的国家。拉萨尔的主张不仅依然保留着资产阶级和工人阶级的至少是政治上的对立，并因此使阶级的统治更加巩固，成为他所谓公平分配的政治基础。难道资产阶级真会自己撼动自己统治的物质基础？难道在失去了物质的统治后，资产阶级还要假借着公平分配劳动所得的正义原则继续对工人阶级进行正义的统治吗？难道分配与正义的原则是脱离了物质生产而可以任意施舍的吗？

2. 生产决定分配，而不是分配决定生产

在马克思看来，分配是整个经济运行过程中的一个环节。在整个生产过程之中，生产、分配、交换和消费是辩证统一和相互作用的，是同一个整体的各个环节。但是各个环节在经济运行中的作用是不同的，其中生产是出发点，并最终决定着到底采用何种分配形式。因此，分配方式不是拉萨尔主义中孤立存在的抽象原则，一定的分配方式总是由一定历史时期的生产方式决定的，因此马克思说："什么是'公平的'分配呢？难道资产者不是断言今天的分配是'公平的'吗？难道它事实上不是在现今的生产方式基础上唯一'公平的'分配吗？难道经济关系是由法的概念来调节，而不是相反，从经济关系中产生出法的关系吗？"①

故而，那种希望不改变生产方式，单纯依靠分配形式的改变实现社会公平正义，只能是空想。正如日本学者田中孝一指出的："马克思之所以如此重视生产的一个原因是，他批判持乐观态度的资产阶级经济学，因为其否定生产方式的历史可变性，在把生产看作不变的自然性的前提下，认为只要改善分配就可以解决问题。马克思认为只要不改变生产状态就不可能真正解决分配问题。资本主义不进行变革，就无法实现分配的正义。"②

3. 公平分配是相对的权利，而不是绝对的

在过渡时期和共产主义社会第一阶段，生产力水平还不够高，生产关系和各项社会基本制度还不够完善，与此相适应的人的精神道德的发展使劳动仍然

---

① 马克思恩格斯选集：第3卷［M］. 北京：人民出版社，2012：361.

② 田中孝一. 马克思的分配正义论［J］. 黄贺，译. 国外理论动态，2008（1）：52.

是谋生的手段，强迫劳动、分工仍将广泛存在。为了充分调动劳动的积极性，需要将劳动同个人的收入利益挂钩。因此，按劳分配是过渡时期和第一阶段必然要采取的分配方式。尽管这种分配方式会造成个人财产的多寡和贫富差距，但是相对于资本主义社会中按资分配依然是一大历史进步。因为，它取消了一切阶级的剥削与对立，"因为在改变了的情况下，除了自己的劳动，谁都不能提供其他任何东西，另一方面，除了个人的消费资料，没有任何东西可以转为个人的财产。至于消费资料在各个生产者中间的分配，那么这里通行的是商品等价物的交换中通行的同一原则，即一种形式的一定量劳动同另一种形式的同量劳动相交换"①。

但是，这种平等仅仅局限于以同一个尺度——劳动——来计量，而劳动，只要当作尺度，就必须按照它的时间或强度来确定。这种权利"不承认任何阶级差别，因为每个人都像其他人一样只是劳动者；但是它默认，劳动者的不同等的个人天赋，从而不同等的工作能力，是天然特权。所以就它的内容来讲，它像一切权利一样是一种不平等的权利"②。最后马克思得出结论，要避免所有按劳分配带来的弊病，权利不应是平等的，而应该是不平等的。

因此，在实行按劳分配的同时，必须采取一些补充的方式，来弥补按劳分配所产生的事实上的不平等。而事实上，在按劳分配之前，对社会总产品首先要进行第一次分配。这是共产主义社会第一阶段实行按劳分配原则不容忽视的前提，下一部分将详细展开论述。

4. "各尽所能，按需分配"是人类社会最理想的分配制度

在社会发展的不同阶段会产生与之相适应的分配方式。在资本主义社会迈向未来理想社会的三个阶段中将有分别对应的三种分配方式。

在过渡时期，由于私有制在一定范围内依然存在，对剥夺者的剥夺将经历一个和平改造的过程，分配方式上将会实行按资分配和按劳分配相结合，以按劳分配为主的分配方式。只有在完成了私有制改造后，按资分配的方式才被完全抛弃，即在共产主义的第一阶段，"每一个生产者，在做了各项扣除以后，从社会领回的，正好是他给予社会的。他给予社会的，就是他个人的劳动量。……他从社会领得一张凭证，证明他提供了多少劳动（扣除他为公共基金而进行的劳动），他根据这张凭证从社会储存中领得一份耗费同等劳动量的消费资料"③。在这里，马克思同时指出了分配的具体形式，如取消货币、消灭商品交

---

① 马克思恩格斯选集：第 3 卷［M］. 北京：人民出版社，2012：363.
② 马克思恩格斯选集：第 3 卷［M］. 北京：人民出版社，2012：364.
③ 马克思恩格斯选集：第 3 卷［M］. 北京：人民出版社，2012：363.

换和发放劳动券等。

在这一阶段上，由于刚刚从资本主义私有制中产生出来，劳动和资本的对立完全消失，阶级逐渐消失，国家也随之消亡，每一个具有劳动能力的人都参加劳动，也只是被当作劳动者。在分配到应得的那份社会产品时，劳动者的不同需要被忽略了。这样的分配方式，必然将造成贫富的差别，但这种差别已经没有了任何特殊的意义。在单一的生产资料公有制已经完全建立起来的共产主义社会第一阶段，"各尽所能，按劳分配"就是正义的基本原则。

在更高的阶段上，即在共产主义社会自身发展的基础上，随着财富的不断增加和生产力的高度发展，以及由此产生的一系列变化，将最终促成"各尽所能，按需分配"的正义原则。这与《哥达纲领批判》所主张的按照平等的权利进行的不折不扣的公平分配是根本不同的。在共产主义社会的高级阶段，劳动者的个体性特征不会消失，每个人的天赋、工作能力和兴趣爱好等"天然特权"决定了他们对生活资料的种类数量的要求是不同的。因此，按需分配将保证满足每个人的实际需要，从而实现真正的公平分配。

但是，分配问题本身并不能从根本上解决平等正义问题，马克思从来不主张围绕分配方式来解决公平正义的问题。马克思指出，"在所谓分配问题上大做文章并把重点放在它上面，是根本错误的"。那种认为马克思试图"寻求缩小这种不公平的符合正义的财富分配"① 来解决资本主义社会的不平等现象的观点是完全错误的。"实际上，马克思从来不去寻求什么'符合正义的财富分配'方式，而是要彻底地改造社会的生产方式。"②

六、马克思主义理论体系核心的确立

《反杜林论》最初是以论文的形式，在 1877 年 1 月至 1878 年 7 月的《前进报》上发表的。在 1878 年全部连载完成后，合成单行本出版，书名为《欧根·杜林先生在科学中实行的变革》。由于文章的论战性质，恩格斯不得不跟着杜林到处跑，却在无意之中著成了这本马克思主义知识的"百科全书"。《反杜林论》从理论上彻底铲除了杜林的唯心主义先验论体系，肃清了杜林在德国工人阶级和政党中的影响，促进了马克思主义在世界范围内的传播。同时，该书第一次阐述了马克思主义的三大组成部分哲学、政治经济学和科学社会主义，以及它们之间内在的逻辑联系。

---

① 田中孝一. 马克思的分配正义论 [J]. 黄贺，译. 国外理论动态，2008（1）：53.
② 王广. 对分配正义的批判与反思：基于《哥达纲领批判》的视角 [J]. 哲学研究，2009（10）：24.

（一）《反杜林论》的结构与基本主张

《反杜林论》包括"引论"、第一编"哲学"、第二编"政治经济学"和第三编"社会主义"。

在"引论"中，恩格斯概述了现代社会主义和科学社会主义产生的历史条件，第一次明确提出马克思的两个伟大发现——唯物史观和剩余价值理论，使科学社会主义最终超越空想社会主义。

在"哲学"编中，恩格斯总结了 19 世纪的自然科学成就，系统分析了人类认识发展的历史，彻底批判了杜林的唯心主义和形而上学的世界观，全面阐述了马克思主义哲学。

在"政治经济学"编中，恩格斯深入批判了杜林的庸俗经济学思想，论述了政治经济学关于生产、交换和分配的关系与发展过程，科学阐明了马克思的经济理论，特别是价值和剩余价值理论。在第二章至第四章的"暴力论"中，恩格斯阐明了经济决定政治、生产在社会历史发展中具有决定作用等历史唯物主义原理，批判了杜林的唯心主义暴力论。

在"社会主义"编中，恩格斯批判了杜林的小资产阶级社会主义和冒牌的社会主义，科学评价了三大空想社会主义者的理论贡献和历史局限性，说明了科学社会主义的理论来源、阶级基础和基本特征，论证了资本主义必然灭亡、社会主义必然胜利的历史规律。恩格斯揭示了资本主义的基本矛盾，即生产的社会性和资本主义私人占有形式之间的矛盾，科学论证了社会主义取代资本主义的历史必然性。恩格斯根据对资本主义危机的特点、经济发展规律和基本矛盾趋势的深刻分析，预言了未来社会主义制度的一些基本特征，如：无产阶级将取得国家政权，并且首先将生产资料变为国家财产，阶级差别将消失，国家将消亡；社会生产内部的无政府状态由有计划的、自觉的组织代替；旧式分工将消失，生产劳动将从一种负担变成一种快乐；脑力劳动和体力劳动之间、城乡之间的差别与对立将消灭，对人的统治将变为对物的管理和对生产过程的领导，教育将与生产劳动相结合，宗教将消失；等等。最后，恩格斯指出，只有到了共产主义社会，人们才能成为自然界和社会的自觉的和真正的主人，才能完全自觉地自己创造自己的历史，人类才能实现从必然王国进入自由王国的飞跃。这将是现代无产阶级的历史使命。

（二）科学社会主义的核心地位

科学社会主义在马克思主义思想体系中处于"核心"地位，它是马克思和恩格斯运用辩证唯物主义和历史唯物主义研究资本主义生产方式和经济关系而得出的科学结论。

1. 马克思主义哲学是科学社会主义的理论基础和方法论指导

每一种社会主义学说都有一定的哲学基础。19 世纪空想社会主义学说主要以法国唯物主义为思想武器；杜林假冒的社会主义以唯心主义和形而上学为基础；科学社会主义学说则以唯物史观和唯物辩证法为指导。不同的理论基础最终表现为不同的社会主义学说。科学社会主义以马克思主义哲学的核心唯物史观为理论基础，马克思主义哲学又以科学社会主义为理论归宿。因此，恩格斯说："现代的唯物主义，它和过去相比，是以科学社会主义为其理论终结的……"①

马克思、恩格斯根据唯物史观提供的社会系统结构的概念和范畴以及对社会结构和社会发展所持的基本观点，具体分析了资本主义社会的生产力、生产方式、生产关系、交换关系、经济基础和上层建筑，并通过分析资本主义社会及其发展趋势，指出了资本主义社会必然要被社会主义取代的基本原理。在资本主义生产条件下，生产关系的变化总是围绕着资本增值这个中心展开。因此无论生产关系怎样变化，都不会逾越生产资料和产品的私人占有。根据生产力决定生产关系的原理，当生产力的社会属性发展到一定程度，私人占有的生产关系成为生产力发展的桎梏时，生产关系必将发生变革，成为与社会生产力相适应的生产资料的社会占有，即社会主义必然代替资本主义是人类社会发展的历史规律。这样，运用唯物史观，马克思、恩格斯创立了科学社会主义学说。

恩格斯在批判了杜林的形而上学后，论述了辩证法的基本原理，并首次给唯物辩证法做出了科学的定义："辩证法不过是关于自然、人类社会和思维的运动和发展的普遍规律的科学。"② 那种永恒真理、永恒道德、永恒正义的社会主义是根本不存在的。因此，"唯物主义历史观及其在现代的无产阶级和资产阶级之间的阶级斗争上的特别应用，只有借助于辩证法才有可能"③。

历史表明，没有唯物辩证法和唯物史观，就没有科学社会主义。不仅在科学社会主义初创时如此，即使在科学社会主义创立后，甚至上升为实践后，也必须坚持唯物辩证法和唯物史观，而不致重新退回到空想社会主义的认识水平上。特别是在社会主义实践过程中，更是要始终坚持唯物辩证法和唯物史观，把它们当作科学的方法，指导社会始终在科学的轨道上顺利前行。正如有学者指出的："与方法相比，体系是暂时的，方法则有长久的意义。此话也适用于马

---

① 马克思恩格斯全集：第 20 卷 [M]. 北京，人民出版社，1971：673.
② 马克思恩格斯选集：第 3 卷 [M]. 北京：人民出版社，2012：520.
③ 马克思恩格斯选集：第 3 卷 [M]. 北京：人民出版社，2012：746-747.

克思学说。"①

2. 剩余价值学说和科学社会主义的关系

恩格斯指出:"为了使社会主义变为科学,就必须首先把它置于现实的基础之上。"② 所谓现实,指"不应当在有关的时代的哲学中去寻找,而应当到有关的时代的经济学中去寻找","应从生产力和生产关系的矛盾运动中"去寻找"人类社会的变化和发展"的"奥秘"。科学社会主义的根源深藏在资本主义经济的事实中,恩格斯从这个基本观点出发,深入解剖资本主义经济,分析资本主义的基本矛盾及其表现。

马克思借助辩证法和历史唯物主义构建了以剩余价值论和劳动价值论为核心的马克思主义政治经济学。恩格斯认为,正是因为马克思科学地阐述了剩余价值的产生过程以及以此为基础的资本主义基本经济规律,所以他揭示了整个现代社会制度的核心。

剩余价值论指出,在资本主义条件下,一方面是工人自由得一无所有,另一方面是生产资料被资本家占有。劳动者为了生存,只有把劳动力出卖给资本家。当雇佣劳动者被资本家无偿剥夺了超出必要劳动所产生的那部分剩余价值时,资本主义生产就再也没有什么秘密可言了。为了占有更多的剩余价值,除了扩大生产外,资本家不断加强对工人阶级的剥削。这不仅加重了工人的贫困,还不可避免地造成了生产过剩的危机。在危机中生产和资本不断集中,生产的社会化和生产资料私人占有之间的矛盾不断深化,直到资本主义的外壳被冲破。这样,马克思、恩格斯通过剩余价值论将社会主义的历史必然性置于了资本主义经济现实基础上,从根本上摆脱了社会主义的空想。

不仅如此,剩余价值论还为未来社会主义的到来找到了革命的力量——现代无产阶级。在资本主义生产条件下,工人阶级要摆脱贫穷困苦、受奴役、受剥削的命运,就要消灭雇佣制度,即消灭私有制,进行无产阶级革命。而以推翻私有制、推翻资产阶级统治的无产阶级革命将加速资本主义向社会主义的转变。

以上两方面内容说明,剩余价值学说是马克思恩格斯未来社会学说得以展开的一个生长点,是科学社会主义的理论基础。

3. 科学社会主义是马克思主义学说的核心

马克思主义哲学、马克思主义政治经济学和科学社会主义共同构成了马克

---

① 张光明. 社会主义由西方到东方的演进:从马克思到邓小平的社会主义思想史考察 [M]. 昆明:云南人民出版社, 2004:382.

② 马克思恩格斯选集:第3卷 [M]. 北京:人民出版社, 2012:789.

思主义理论体系。在这个严整的体系内部，三个组成部分的内容、作用和地位各不相同，但它们之间彼此联系，形成了不可分割的整体。其中，马克思主义哲学，特别是唯物辩证法和历史唯物主义是马克思主义全部学说的理论基础和方法指导；以剩余价值论为基石的政治经济学为马克思主义哲学和科学社会主义提供了现实依据；唯物史观和剩余价值论的发现使马克思、恩格斯的未来社会学说成为科学，体现了马克思主义理论的全部目的和人类社会的发展规律与未来趋向。

科学社会主义是现代唯物主义的理论归宿，因为没有科学社会主义，马克思主义哲学在认识世界、改造世界中形成的世界观和方法论，就无从落实与发挥。同样，政治经济学也是以科学社会主义作为理论终结的。因为，没有科学社会主义，马克思主义政治经济学所揭示的社会主义必然代替资本主义的科学结论就永远无法实现。因此，我们可以说马克思、恩格斯的全部理论活动的根本出发点和落脚点就是要构建未来社会主义的理论学说。

科学社会主义之所以成为马克思主义学说的核心，归根结底是由马克思主义学说的本质规定的。科学社会主义是无产阶级解放的学说，它的实质在于阐明资本主义社会的基本矛盾，揭示资本主义必然灭亡、社会主义必然胜利的客观规律，为无产阶级指明它的历史使命和实现这一使命的道路。前面已经提到马克思主义的哲学和政治经济学的最终目的都是为消灭私有制，推翻资本主义，最终实现未来社会主义社会提供方法论指导、理论基础和科学论证的。但是，马克思主义是行动的科学，要把理论变为现实，就必须找到变革社会的力量和途径，制定构建未来社会主义社会的步骤和战略，而这些就是科学社会主义的主要内容。马克思主义的哲学和政治经济学就是围绕这个核心任务展开理论论证的。

总之，马克思主义学说的三个组成部分是有机联系的整体，是"一块不可分割的整钢"。我们应当全面准确地把握马克思主义的思想体系，"决不可去掉任何一个基本前提，任何一个重要组成部分"①。

（三）未来社会主义社会的基本特征

由于《反杜林论》中的三章"引论"的第一章和第三编的一、二两章后来由恩格斯独立编撰，独立成册以《社会主义从空想到科学的发展》的名称出版发行，里面涉及的空想社会主义的相关内容将着重在《社会主义从空想到科学的发展》部分进行讨论。在这里，仅就《反杜林论》中提到的未来社会主义社

---

① 列宁选集：第 2 卷 [M]. 北京：人民出版社，2012：221.

会的基本特征归纳如下：

1. 社会占有生产资料与计划、自觉的生产

恩格斯深刻分析了资本主义社会的基本矛盾，同时指出了未来社会主义生产资料的社会占有性质，这是社会主义与资本主义的根本区别，也是社会主义制度与资本主义制度相比最大的优越性。

恩格斯指出，在资本主义生产条件下，生产力归国家所有并不能改变生产力的资本属性。资本主义基本矛盾的解决，"只能是在事实上承认现代生产力的社会本性，因而也就是使生产、占有和交换的方式同生产资料的社会性质相适应"①。而当我们能深刻认识并把握生产力作为社会力量的本质时，"社会的生产无政府状态就让位于按照社会总体和每个成员的需要对生产进行的社会的有计划的调节"，随着资本主义占有方式的废除，以现代生产资料的本性为基础的产品占有方式将最终确立起来："一方面由社会直接占有，作为维持和扩大生产的资料；另一方面由个人直接占有，作为生活资料和享受资料。"②

"一旦社会占有了生产资料，商品生产就将被消除，而产品对生产者的统治也将随之消除。社会生产内部的无政府状态将为有计划的自觉的组织所代替。个体生存斗争停止了。"③ 那时，人从生产资料对自己的奴役中摆脱出来，代替那个旧的生产方式和旧的分工的将是这样一个生产组织："在这样的组织中，一方面，任何个人都不能把自己在生产劳动这个人类生存的必要条件中所应承担的部分推给别人；另一方面，生产劳动给每一个人提供全面发展和表现自己的全部能力即体能和智能的机会，这样，生产劳动就不再是奴役人的手段，而成了解放人的手段。"④ 只有这样，才能实现真正的自由而全面的发展，获得真正的解放，因为，"只是从这时起，人们才完全自觉地自己创造自己的历史；只是从这时起，由人们使之起作用的社会原因才大部分并且越来越多地达到他们所预期的结果。这是人类从必然王国进入自由王国的飞跃"⑤。

在《反杜林论》中，恩格斯坚持了马克思在《资本论》中提出的"重建个人所有制的思想"。马克思、恩格斯所说的公有制，是全体社会成员对一切生产资料的全部占有，而不是间接的、以国家作为整个社会全体成员的代表来占有。因为，到那时，国家已经自行消亡，而生产资料公有制也只是在与资本主义私

---

① 马克思恩格斯选集：第 3 卷 ［M］. 北京：人民出版社，2012：666.
② 马克思恩格斯选集：第 3 卷 ［M］. 北京：人民出版社，2012：667.
③ 马克思恩格斯选集：第 3 卷 ［M］. 北京：人民出版社，2012：671.
④ 马克思恩格斯选集：第 3 卷 ［M］. 北京：人民出版社，2012：681.
⑤ 马克思恩格斯选集：第 3 卷 ［M］. 北京：人民出版社，2012：671.

有制相区别时才具有其本身的意义。

2. 国家自行消亡

当时，流行的国家观包括无政府主义的国家观和机会主义的国家观。前者希望一天就可以废除国家，后者崇拜资本主义国家形式，妄图建立人民的自由国家。针对这种情况，恩格斯明确提出了科学社会主义的国家观。

恩格斯指出："无产阶级将取得国家政权，并且首先把生产资料变为国家财产。但是这样一来，它就消灭了作为无产阶级的自身，消灭了一切阶级差别和阶级对立，也消灭了作为国家的国家。"① 这个作为国家的国家是指，在阶级对立中，代表剥削阶级执行镇压职能的组织。但是，"当国家终于真正成为整个社会的代表时，它就使自己成为多余的了。当不再有需要加以镇压的社会阶级的时候，当阶级统治和根源于至今的生产无政府状态的个体生存斗争已被消除，而由此二者产生的冲突和极端行动也随着被消除了的时候"，"对人的统治将由对物的管理和对生产过程的领导所代替。国家不是'被废除'的，它是自行消亡的"。②

进而，恩格斯指出国家的消亡不是浮现在天才人物和整个派别的头脑中就可以实现的，只有在实现它的物质条件已经具备的时候，国家的消亡才能成为可能，才能成为历史的必然性。这里主要包括把大规模的社会化的生产资料变为国家财产和阶级的消灭。在这个过程中，无产阶级将首先通过无产阶级专政的手段，完成对资本主义私人占有制的改造，逐步实现全部生产资料归国家所有。而只有"把生产资料从私有制的桎梏下解放出来，生产力才能不断地加速发展。这也是生产无限增长的唯一先决条件"。同时，随着生产力的不断提高以及人们在体能、智能和思想精神等各方面相应地提升，分工也将消灭，阶级划分的基础不复存在。

但是，特别需要强调的是，从生产资料所有制改变到阶级的消灭不是一个简单的由一到二的过程，中间必须经过一个重要的生产高度发展的阶段。这个阶段与恩格斯所设想的资本主义生产高度发展为资产阶级统治的废除提供了物质前提一样。在过渡时期，同样要经历一个通过解放生产关系促进生产力发展的阶段，即"社会阶级的消灭是以生产高度发展的阶段为前提的"。这时，国家作为无产阶级统治的工具依然存在，国家的阶级镇压职能将越来越弱化，社会管理职能将日益突出，直到对人的统治被对物的管理和对生产过程的领导代替。

---

① 马克思恩格斯选集：第3卷 [M]. 北京：人民出版社，2012：668.
② 马克思恩格斯选集：第3卷 [M]. 北京：人民出版社，2012：668.

3. 对分配理论的补充说明

恩格斯在《反杜林论》中继承了马克思在《哥达纲领批判》中生产决定分配的原理，提出"分配就其决定性的特点而言，总是某一个社会的生产关系和交换关系以及这个社会的历史前提的必然结果，而且，只要我们知道了这些关系和前提，我们就可以确实地推断这个社会中占支配地位的分配方式"①。未来的社会主义社会本质体现在分配上的特点就是平等，对此，恩格斯说："在实行土地公有制的氏族公社或农村公社中（一切文明民族都是从这种公社或带着它的非常显著的残余进入历史的），相当平等地分配产品，完全是不言而喻的；如果成员之间在分配方面发生了比较大的不平等，那么，这就已经是公社开始解体的标志了。"②

在《哥达纲领批判》中，马克思明确提出在社会主义社会的第一阶段实行按劳分配的原则。按劳分配默认了个人天赋的差别以及由此引起的工作劳动能力的差别，但是，对于如何支付复杂劳动的工资问题，马克思并没有给出回答。在《反杜林论》中，恩格斯在批判杜林劳动即价值的谬论时，提出了自己的见解："在私人生产者的社会里，培养熟练的劳动者的费用是由私人或其家庭负担的，所以熟练的劳动力的较高的价格也首先归私人所有：熟练的奴隶卖得贵些，熟练的雇佣工人得到较高的工资。在按社会主义原则组织起来的社会里，这种费用是由社会来负担的，所以复合劳动的成果，即所创造的比较大的价值也归社会所有。工人本身没有任何额外的要求。"③ 这里，恩格斯表明按劳动分配既反对平均主义，也反对收入的过分悬殊，还具有事实上不平等的意味。但是，这种不平等建立在城乡差别和旧式分工逐渐消失、劳动与资本不再对立的基础上，相对于资本主义制度下按资分配具有事实上的重大差别。

总的来说，在实现了整个社会直接占有一切生产资料而且进行有计划的自觉的组织生产时，与生活资料分配相应的必然是一个从按劳分配向按需分配发展的过程。

最后，恩格斯论述了未来社会主义社会中宗教、家庭关系和教育等相关问题。恩格斯明确指出，"宗教可以作为人们对支配着他们的异己的自然力量和社会力量的这种关系的直接形式即感情上的形式而继续存在，只要人们还处在这种力量的支配之下。"④ 而宗教的消失不是由人们的主观愿望决定的，归根结底

---

① 马克思恩格斯全集：第 20 卷 [M]. 北京，人民出版社，1971：167.
② 马克思恩格斯全集：第 20 卷 [M]. 北京，人民出版社，1971：161.
③ 马克思恩格斯选集：第 3 卷 [M]. 北京：人民出版社，2012：582.
④ 马克思恩格斯选集：第 3 卷 [M]. 北京：人民出版社，2012：704.

要看社会经济发展在何种程度上可以扬弃私有制。未来社会的家庭究竟采取何种方式亦是如此，最终由社会生产状况决定。正如马克思在《资本论》中指出的，"由于大工业使妇女、男女少年和儿童在家庭范围以外，在社会组织起来的生产过程中起着决定性的作用，它也就为家庭和两性关系的更高级的形式创造了新的经济基础"①。在未来社会的教育问题上，恩格斯赞成马克思的观点，即"从工厂制度中萌发出了未来教育的幼芽，未来教育对所有已满一定年龄的儿童来说，就是生产劳动同智育和体育相结合，它不仅是提高社会生产的一种方法，而且是造就全面发展的人的唯一方法"②。

七、社会主义从空想到科学的发展

《社会主义从空想到科学的发展》是"科学社会主义的入门之作"，被誉为马克思主义"最成熟的、最基本的科学社会主义的理论著作"。在这本书中，恩格斯系统而全面地、通俗而又不失深刻地论述了科学社会主义的思想来源、现实基础和基本原理，是马克思恩格斯未来社会理论的集大成之作。

（一）写作背景

19世纪70年代后，欧洲资本主义开始逐渐向帝国主义过渡，工人运动逐步复苏：德国社会民主党在经历了《反社会党人法》的致命打击后，更加迅速地成长起来；在其他西欧和中欧国家中，工人运动都有了令人欣慰的发展，一些工人阶级的政党纷纷建立起来。这些成就，特别是对德国社会民主党和法国工人党来说，都应直接地或间接地归功于马克思、恩格斯。

当德国社会民主党决定在国外出版自己的机关报时，马克思、恩格斯给予了极大的关注。但是报纸交给了一个监督委员会负责引起了马克思、恩格斯的愤怒，他们认为这个委员会的成员是鼓吹阶级妥协的机会主义分子，拒绝给该报撰稿。不久，监督委员会就暴露了他们要把党置于有教养的资产阶级的领导之下的企图。马克思、恩格斯迅速写出文章，反对阶级合作的改良主义。经过德国社会民主党领导人的认真考虑，撤掉了该委员会，保证了德国社会民主党的工人阶级性质和正确的发展方向。

经历了巴黎公社失败后，工人运动在70年代后期开始活跃起来。恩格斯通过拉法格（Paul Lafargue）同法国工人运动建立起联系，并为《平等报》写稿，宣传科学共产主义，为1879年10月法国工人党的建立做好了理论上的准备。

---

① 马克思恩格斯选集：第3卷［M］.北京：人民出版社，2012：706.
② 马克思恩格斯选集：第3卷［M］.北京：人民出版社，2012：710.

1880 年年初，法国《社会主义评论》编辑贝·马隆为使法国社会主义者了解欧洲，特别是德国社会主义的思想财富，计划在该刊第一期上发表一篇"也能作为小册子出版的写得通俗易懂的关于马克思的研究文章或评论"①。这个想法最后由拉法格转告给恩格斯，恩格斯答应了拉法格的请求，将《反杜林论》中的概论和第三编中的第一章和第二章改编补充，作为一本独立的著作，以《空想社会主义和科学社会主义》为题，发表在《社会主义评论》上，同年又在法国出版了单行本。

就这样，马克思、恩格斯一方面继续自己的理论研究，一方面通过理论著作或亲自参与指导着德法等国的革命运动，帮助他们在实际斗争中走向成熟。在这样的背景下，仅在 19 世纪 90 年代初期，即恩格斯写第 4 版序言时，《社会主义从空想到科学的发展》已经被译成近十种语言，发行了数万册，为马克思主义在工人阶级中的广泛传播做出了重要贡献。《恩格斯传》的作者海因里希·格姆科夫（Heinrich Gemkow）这样评价《社会主义从空想到科学的发展》对工人的宣传作用："新一代的工人，不曾亲自与国际工人协会建立过直接的关系，也几乎没有读过协会纲领性文件。他们首先靠恩格斯的这本著作，树立了斗争中的世界观基础，懂得了社会主义发展的规律性，并加强了自己必胜的信念。"②

（二）"科学"的含义

如果说"不成熟的理论，是同不成熟的资本主义生产状况、不成熟的阶级状况相适应的。解决社会问题的办法还隐藏在不发达的经济关系中，所以只有从头脑中产生出来"③，那么在 19 世纪后期，杜林仍然要从他那至上的头脑中构想出一个新社会制度的标准体系，而完全无视资本主义已经获得较大发展的事实，这真是对伟大空想社会主义者最拙劣的模仿。那些被他称之为"社会炼金士"的空想社会主义者在当时至少是必要的，而杜林的唯一目的却是去发现——"哲学之石"。马克思、恩格斯的社会主义学说之所以能够成为"科学"，是因为他们从来没有试图构建理性的社会，而是从现实的基础出发。他们看到空想社会主义所受到的时代的局限，也看到空想社会主义者露出的天才的思想火花。马克思、恩格斯从来没有贬低资本主义社会所取得的一切优秀的文

---

① 转引自：杨玲. 社会主义从空想到科学的发展通俗著作考：兼与魏鸿彬同志商榷 [J]. 理论探讨，1992（2）：72.

② 海因里希·格姆科夫. 恩格斯传 [M]. 易廷镇，侯焕良，译. 北京：人民出版社，2000：452.

③ 马克思恩格斯选集：第 3 卷 [M]. 北京：人民出版社，2012：780-781.

明成果，反而将它们作为自己的理论基础；他们从来没有满足于已经取得的成就，而是主张不断补充修正发展和完善他们的理论。这就是"科学"的全部含义。

1. "从已有的思想材料出发"

一种新思想的形成，总是要借助以往的优秀思想文化提供的思想材料。"科学社会主义"同任何新的学说一样，它必须首先"从已有的思想材料出发"。"已有的思想材料"从广义上讲，指人类历史上一切优秀思想文化遗产，从狭义上来说，指空想社会主义特别是19世纪初期的三大空想社会主义者的学说。

空想社会主义是西欧由原始资本主义发展引起的一种现代化的思想反应。近代资本主义的发展、启蒙运动和法国大革命使乌托邦脱离了完全的道德批判和悲观情绪，从而具有了以历史乐观主义规定未来和改造世界的特点。空想社会主义者做出了在资本主义生产关系尚不成熟阶段对未来理想社会探索可以达到的最高成就，他们的理论成果成为科学社会主义直接的思想来源。科学社会主义和空想社会主义都倡导建立一种高于资本主义的新的、美好的社会制度，希望通过新制度的建立使人民摆脱贫困、剥削、愚昧从而获得平等自由、理性和全面发展。

马克思、恩格斯特别肯定19世纪三大空想社会主义者为现代社会主义做出的杰出贡献，并对空想社会主义者的"空想性"做出了客观的分析与评价。"德国理论上的社会主义永远不会忘记，它是站在圣西门、傅立叶、欧文这三个人的肩上的。虽然这三个人的学说含有十分虚幻和空想的性质，但他们终究是属于一切时代最伟大的智士之列的，他们天才地预示了我们现在已科学地证明了其正确性的无数真理。"①

同时，恩格斯又一针见血地指出了空想社会主义的局限性。在资本主义生产还很不发达的时代，"社会所表现出来的只是弊病，消除这些弊病是思维着的理性的任务……这种新的社会制度是一开始就注定要成为空想的，它越是制定得详尽周密，就越是要陷入纯粹的幻想"②。

空想社会主义者试图从生产、分配、劳动、教育和社会生活等方面构建一个不同于资本主义、超越资本主义的社会主义制度。因此，空想社会主义具有改造旧社会，建立新社会的革命的性质。但是，空想社会主义的革命性质是一种浪漫主义的革命气质。他们中的大多数人认为通过和平的、渐进的方式，借助人类的理性，而无需任何暴力的手段，就可以完成向未来社会主义社会的转

---

① 马克思恩格斯文集：第2卷 [M]. 北京：人民出版社，2009：218.
② 马克思恩格斯选集：第3卷 [M]. 北京：人民出版社，2012：781.

变。空想社会主义这种革命浪漫主义的实质，将人的意志、信念和精神力量放大到了推动社会进步、变革的最终决定力量上，从而成为与科学社会主义在方法论上最根本的区别。

马克思在《共产党宣言》中指出，"至今的一切社会都是建立在压迫阶级和被压迫阶级的对立之上的"①。在资产阶级和无产阶级的对立中，资产阶级创造了极大的生产力，在历史上起过非常革命的作用，但是随着资产阶级生产关系再也容纳不了它创造的财富时，与它一同发展起来的工人阶级开始联合起来，成为与资产阶级对立的一切阶级中真正的革命阶级。这个阶级将承担起资本主义掘墓人的角色，用暴力推翻全部现存制度。在空想社会主义看来，无产阶级只是资本主义制度下受剥削、令人同情的"客体"。他们既没有能力也没有必要，去反对资产阶级和整个资本主义制度。大多数空想社会主义者认为可以通过说服教育、道德感召和地区示范等改良主义措施，以那些天才人物的天才头脑符合理性的设计为蓝图，完成资本主义社会向未来理想社会的过渡，而不必打破旧的国家机器。马克思、恩格斯从唯物史观出发，指出了空想社会主义者错误的根源，"他们拒绝一切政治行动，特别是一切革命行动；他们想通过和平的途径达到自己的目的，并且企图通过一些小型的、当然不会成功的试验，通过示范的力量来为新的社会福音开辟道路。这种对未来社会的幻想描绘，在无产阶级还很不发展、因而对本身的地位的认识还基于幻想的时候，是同无产阶级对社会普遍改造的最初的本能的渴望相适应的"②。

2. "深扎在物质的经济的事实中"

马克思、恩格斯的社会主义学说之所以能成为"科学"，是因为马克思、恩格斯没有从人们的头脑中去寻找社会变迁和政治变革的终极原因，而是在"生产的现成物质事实"上，建立起社会主义学说的整个体系。现代社会主义就是资本主义生产力和生产方式之间的矛盾在思想上的反映和工人阶级的头脑中的观念的反映。

空想社会主义对资本主义的剥削现象、不平等现象和私有制等社会弊病展开了猛烈的批判和道德伦理的谴责，但是，他们从未解释过资本主义工业制度的本质和作用。正如恩格斯所说，"以往的社会主义固然批判了现存的资本主义生产方式及其后果，但是，它不能说明这个生产方式，因而也就不能对付这个生产方式；它只能简单地把它当做坏东西抛弃掉"，然而问题恰恰在于"一方面应当说明资本主义生产方式的历史联系和它在一定历史时期存在的必然性，从

---

① 马克思恩格斯选集：第1卷［M］. 北京：人民出版社，2012：412.
② 马克思恩格斯选集：第1卷［M］. 北京：人民出版社，2012：432.

而说明它灭亡的必然性，另一方面应当揭露这种生产方式的一直还隐蔽着的内在性质"①。马克思通过发现历史唯物主义和剩余价值，揭开了资本主义生产的秘密和资本生产的过程："无偿劳动的占有是资本主义生产方式和通过这种生产方式对工人进行的剥削的基本形式；即使资本家按照劳动力作为商品在商品市场上所具有的全部价值来购买他的工人的劳动力，他从这种劳动力榨取的价值仍然比他对这种劳动力的支付要多；这种剩余价值归根到底构成了有产阶级手中日益增加的资本量由以积累起来的价值量。"② 以此为基础，马克思、恩格斯指出，资本主义社会中社会化的生产和资本主义私人占有的矛盾，决定了资本主义私制必将为社会主义公有制所代替，社会主义的胜利和资本主义的灭亡同样是不可避免的。唯物史观和剩余价值为马克思、恩格斯的社会主义学说奠定了科学基础，实现了社会主义思想史上的第一次飞跃。

3. "密切联系工人运动"

马克思、恩格斯的学说不仅深深扎根于经济的事实中，而且与工人运动发展密切相连。他们亲自参加工人阶级的各种实际斗争，并根据工人阶级的实践不断丰富和发展自己的理论体系。在这里我们只需要简单回顾马克思、恩格斯在 1848 年欧洲革命、1871 年巴黎公社革命和国际工人协会中的实践活动就足以说明，马克思、恩格斯是如何在工人阶级运动中保持着自身理论的现实性、科学性和实践性的。

马克思、恩格斯以各种方式参与轰轰烈烈的 1848 年欧洲革命斗争：马克思创办《新莱茵报》，谴责小资产阶级的软弱和不切实际，批判大资产阶级对革命的背叛，自始至终密切关注革命的进程；马克思、恩格斯努力开展了共产主义者同盟的组织建设和各种宣传活动，并和其他盟员并肩参加武装起义。革命结束后，马克思、恩格斯撰写了大量论著来总结欧洲革命的历史经验如《1848 年至 1850 年的法兰西阶级斗争》《德国的革命和反革命》和《路易·波拿巴的雾月十八日》等。

在国际工人协会时期，马克思、恩格斯奠定了协会的思想基调和无产阶级运动的基本路线，建立并巩固了协会的组织基础，领导国际开展支持各国工人阶级的经济斗争和政治斗争等。协会在各种工人运动和斗争中，不断地发展壮大了自己，为自己赢得了"第七强国的地位"，马克思、恩格斯的理论学说也得到了广泛的传播。

从巴黎人民起义那天起，马克思就以极大的热情关注着巴黎方面的动向。

---

① 马克思恩格斯选集：第 3 卷 [M]. 北京：人民出版社，2012：796-797.
② 马克思恩格斯选集：第 3 卷 [M]. 北京：人民出版社，2012：797.

他尽一切可能从封锁的巴黎得到更多的消息；马克思还致电公社委员弗兰克尔和瓦尔兰，在紧急关头提出重要建议；马克思对公社内部的争执，表现出极大的关怀与担心，并对公社的政治、财政和军事措施提出看法与建议。巴黎失陷后的第三天，马克思的《法兰西内战》就以国际工人协会宣言的形式在伦敦出版，并迅速引起轰动。马克思简明而深刻地分析了法国近代以来的阶级斗争史，证明巴黎公社如何成为旧的阶级统治的对立物，并对巴黎公社的经验和未来共产主义社会做出了较为深刻的总结和详尽的描述。

可见，没有对工人阶级经济地位和历史任务的洞察，没有对工人阶级运动的关注与参与，就不会有那么多出色的理论著作的问世。这是马克思主义的生命力所在，也是马克思主义留给我们的宝贵财富。

（三）马克思、恩格斯研究未来社会的方法论启示

在这本伟大的著作中，恩格斯不仅为我们提供了分析研究社会主义的方法论原则，而且它本身就是运用这些方法的典范。

从现实的基础出发，而不是从抽象的原理出发，从变化的、不断发展的眼光出发，而不是从一成不变的、固定的眼光出发，是马克思恩格斯科学社会主义的根本方法。马克思、恩格斯同空想社会主义者的差别在于，他们对资本主义的认识突破了道德、情感和伦理的观念，把它的发展看成一种历史的进步和生产力发展的必然。空想社会主义者提出了许多天才的思想，还有一些资本主义学者也提出过废除私有制的主张，但是这些积极的主张仍然只能停留在猜想和预测的水平。同时，这也是马克思、恩格斯将辩证法应用到唯物史观所得出的科学的结论。恩格斯指出："要精确地描绘宇宙、宇宙的发展和人类的发展，以及这种发展在人们头脑中的反映，就只有用辩证的方法，只有不断地注意生成和消逝之间、前进的变化和后退的变化之间的普遍相互作用才能做到。"① 这一点，对于我们如何处理当代社会主义和资本主义之间的关系仍具有重要的指导意义，同时也向我们提出了对资本主义新变化的研究任务。只有立足于研究当代资本主义在政治、经济、社会和文化领域的新变化，才能将马克思主义的现代化置于真正的现实的基础之上。

马克思、恩格斯通过分析资本主义社会的基本矛盾指出了未来社会主义社会的发展趋势，但是他们并没有对未来社会做具体详细的描述。马克思、恩格斯从来都不赞成对未来社会的特征做细节的勾画，也没有为未来社会规定具体的发展模式。对于已经取得无产阶级革命胜利、建立起无产阶级专政的国家来

---

① 马克思恩格斯选集：第 3 卷 [M]. 北京：人民出版社，2012：793.

说，如何在本国的现实基础上，建立、发展和完善社会主义制度，无疑是科学社会主义理论的新命题。

中国特色社会主义道路的开辟、中国特色社会主义制度的完善和中国特色社会主义理论体系的创建是人类社会发展史上的重大实践创新和理论创新，是马克思主义在中国传播、发展的历史必然结果。这些创新不是从头脑中产生，而是立足于中国经济文化发展相对落后的基本现实；这些创新不是否定前人已有的文明成果，更不是要抛弃马克思主义的指导地位，而是在吸收国外一切优秀的文化遗产的同时，将本国的思想文化传统同马克思主义的基本原理在新时代更深入地结合起来，不断探索马克思主义中国化的新路径。中国特色社会主义制度不是凭空建立起来的，它以第一代共产党人创立起来的社会主义基本制度为根基，在改革开放理论的正确指导下，不断发展完善。从思想理论建设上看，邓小平理论、"三个代表"重要思想、科学发展观和习近平新时代中国特色社会主义思想构成了中国特色社会主义理论体系的核心内容。这些思想理论一脉相承，是马克思主义中国化的理论创新成果。

马克思、恩格斯时刻关注资本主义的发展，注重分析新现象、研究新问题，不断补充已有的理论体系，做出新概括，得出新结论。马克思主义无论从其内容上说，还是从方法论上而言，都没有过时，特别是经历了20世纪社会主义的曲折发展之后，我们更应当自觉地运用马克思主义的科学方法，立足中国改革开放的新经验和国外资本主义的新发展，不断开拓中国特色社会主义和世界社会主义发展的新局面和新前景。

八、马克思恩格斯东方社会理论

东方社会理论是马克思恩格斯未来社会学说的重要组成部分，其形成有助于唯物史观的整体构建，有助于《资本论》逻辑体系的深化，是贯穿马克思恩格斯思想始终的重大理论问题。

（一）写作背景与主要内容

自19世纪40年代以来，马克思、恩格斯就开始关注印度、中国和俄国等东方社会的历史和现状，特别是对这些国家的村社发展状况进行了详细的考察，揭示了东方社会独特的经济结构，并在此基础上提出了东方国家可能走出一条不同于西欧发达资本主义国家的发展道路。

马克思、恩格斯将目光转向东方首先是同东方国家革命兴起密切相关的。1848年欧洲革命失败后，工人运动陷入低潮，而在东方，中国和印度却展开了大规模的反侵略、反专制的革命战争。1861年俄国农奴制改革使俄国社会矛盾空前激化，俄国革命一触即发，并极有可能成为西欧无产阶级革命的导火索。另一方面，马克思、恩格斯通过总结1848年欧洲革命和1871年巴黎公社无产阶级革命失败的教训，表明无产阶级必须同农民结成稳固的革命同盟，本国的无产阶级革命要获得最后的胜利必须有世界范围内无产阶级革命运动的积极互补。在这样的实践背景下，马克思、恩格斯不断发展并丰富着东方社会村社的理论。就其文本形式而言，主要包括信件、文章、评论和手稿笔记摘录等，如《给〈祖国纪事〉杂志编辑部的信》《论俄国的社会问题》《不列颠在印度的统治》和马克思"人类学笔记"中的相关内容等；就其理论内容而言，主要围绕东方国家走向现代化的道路问题展开。

从60年代开始，马克思开始密切关注俄国土地所有制问题，并自学俄语，阅读了大量关于俄国工人阶级和俄国土地占有制的著作。在对俄国村社进行典型性研究基础上，马克思、恩格斯还研究了印度公社，欧洲马尔克、日耳曼公社和史前公社，形成了丰富的理论成果。从70年代到80年代初，马克思、恩格斯全面系统地阐述了他们关于东方村社的看法和观点，提出了"跨越卡夫丁峡谷"的科学设想，强调在世界革命背景下，以俄国为代表的东方国家可以走出一条不同于西欧国家资本主义起源的发展道路。另外，马克思在论述英国殖民统治发挥着建设和破坏的双重作用时，始终站在世界历史的高度对东方社会发展做出客观、辩证的评价，但是这种历史作用的二重性并不意味着历史评价的双重标准。马克思去世后，恩格斯结合西欧资本主义的新发展和以俄国为代表的东方国家工人运动的新情况，进一步研究了东方村社不断走向解体和灭亡的新事实。对中国和印度的持续关注使恩格斯形成了丰富的理论成果，特别是恩格斯创作完成了唯物史观的科学巨著——《家庭、私有制和国家的起源》。该书通过揭示原始社会的解体过程和阶级社会的形成过程，明确了人自身生产的理论，为东方村社理论提供了科学的理论基础。随着《资本论》整理出版工作的推进，其中蕴含的东方村社的思想也逐渐公之于众。

下面本书就"跨越卡夫丁峡谷"的争论和"历史发展悲观性的二律背反"问题的提出进行简要的分析。

（二）卡夫丁峡谷问题

20世纪80年代以来，"跨越资本主义卡夫丁峡谷问题"成为国内马克思主义理论界的一个热点问题，相继有大量文章和专著问世。暂且不论由此引起的争论的具体内容，仅仅从论证的目的就可以看出，其焦点远远超出了对马克思观点本身的探讨，而自觉或不自觉地附加了许多臆想的联系。在1890年给约·布洛赫的信中，恩格斯就曾针对一些人对唯物史观的曲解和误解，提出："我请您根据原著来研究这个理论，而不要根据第二手的材料来进行研究。"① 对于任何理论问题，都应首先从其原著出发，而不能从已经设立好的实用目的出发。因此，进行文本梳理，特别是当人们有意无意地回避了一些材料时，就显得更为必要了。

1870 年 12 月，马克思在与俄国女革命家伊·鲁·托马诺夫斯卡娅会见时，谈到了俄国公社的发展前途问题。托马诺夫斯卡娅在 1871 年 1 月 7 日给马克思的信中提到了马克思"在有关俄国公社土地所有制的命运问题上所预见的二者必择其一"②。她认为由于俄国政府正在不惜一切措施建立个体所有制，公社很有可能解体，并最终走向"小私有制"的道路。最早将马克思关于俄国公社两种前途公开的是恩格斯在《流亡者文献》中"论俄国的社会问题"部分的阐述。恩格斯明确指出，公社所有制正趋于解体，但是有可能实现不经过资产阶级小土地所有制的中间阶段向高级形式过渡。"然而这只有在下述情况下才会发生，即西欧在这种公社所有制彻底解体以前就胜利地完成无产阶级革命并给俄国农民提供实现这种过渡的必要条件，特别是提供在整个农业制度中实行必然与此相联系的变革所必需的物质条件。"③ 在这里，恩格斯已经勾画出了两人在公社思想上的基本轮廓。

1877 年 11 月，马克思在给《祖国纪事》杂志编辑部的信中，阐明了他对俄国未来发展的看法："如果俄国继续走它在 1861 年所开始走的道路，那它将会失去当时历史所能提供给一个民族的最好的机会，而遭受资本主义制度所带来的一切灾难性的波折。"④ 这里表明，马克思认为俄国此时还处在历史发展的十字路口上，它固然已经开始朝资本主义方向迈步，但毕竟还走得不远，还存在通过某种努力使它转向另一个方向的可能性。⑤ 还是在这封信中，针对一些人对《资本论》的各种曲解，马克思指出，不能将《资本论》中对西欧资本主义起源的历史概述上升为一般发展道路的历史哲学理论，并利用罗马无产者没有变成雇佣工人而成为游民的例子表明"极为相似的事变发生在不同的历史环境中就引起了完全不同的结果"⑥。

---

① 马克思恩格斯选集：第 4 卷 [M]. 北京：人民出版社，2012：606.
② 马克思，等. 马克思恩格斯与俄国政治活动家通信集 [M]. 马逸若，等译校. 北京：人民出版社，1987：69.
③ 马克思恩格斯选集：第 3 卷 [M]. 北京：人民出版社，2012：333.
④ 马克思恩格斯选集：第 3 卷 [M]. 北京：人民出版社，2012：728.
⑤ 张光明. 关于所谓"跨越资本主义卡夫丁峡谷设想"的真相 [J]. 当代世界与社会主义，2003（1）：105.
⑥ 马克思恩格斯选集：第 3 卷 [M]. 北京：人民出版社，2012：730.

1881 年 2 月 16 日，俄国女革命家维·伊·查苏利奇（Вера Ивановна Засулич）写信给马克思，希望马克思谈谈他对俄国历史发展的前景，回答"俄国农村公社可能的命运"。经过慎重的思考，1881 年 3 月 8 日马克思给查苏利奇回复了一封简短的信。在这封信中，马克思根本没有直接提到"俄国可以不通过资本主义制度的卡夫丁峡谷"的命题，倒是一再强调了唯物史观的立场，对于公社的未来，正如对待未来社会一样，马克思简明而略显模糊地回答："这种农村公社是俄国社会新生的支点；可是要使它能发挥这种作用，首先必须排除从各方面向它袭来的破坏性影响，然后保证它具备自然发展的正常条件。"① 至于那些引起人们争论的内容则存在于当时没有公开的三份初稿中。

在这几份初稿中，马克思多次提到了"不通过资本主义制度的卡夫丁峡谷"的主张。其内容没有任何含糊不清的地方，即所谓"不通过资本主义制度的卡夫丁峡谷"指的是俄国公社可以不经过资本主义制度，而直接占有由它创造的一切积极成果，这里的资本主义制度指资本主义原始积累也就是对农民的剥夺和它的生产活动方式即生产资料的私人占有。那么，怎样才能不通过资本主义的波折呢？马克思还是寄希望于"革命"。在初稿的结尾，马克思这样写道，"如果革命在适当的时刻发生，如果它能把自己的一切力量集中起来以保证农村公社的自由发展，那么，农村公社就会很快地变为俄国社会新生的因素，变为优于其他还处在资本主义制度奴役下的国家的因素"②，但是，不要忘记革命，或者说世界革命依然是设想的前提。在这个前提下，只有占有资本主义制度产生的先进成果，最终才可以完成向共产主义社会的直接过渡。可是，这个先进成果指的什么？显然不可能是物质生产力的极大丰富。本书认为所谓"先进成果"，一方面指马克思希望在西方无产阶级革命与俄国革命的互补之下，俄国将利用已有的生产资料公有制，依靠已经取得政权的西欧无产阶级专政国家给予的物质援助；另一方面"先进成果"指俄国在 1861 年改革后所取得的成就。公社利用已经取得的政权逐步完成对非农业领域的私有制改造，而由于公社已经濒于灭亡的事实，可以想见的是无产阶级专政的加强，或者还是要依靠西欧工人阶级国家给予政治上的支持。故而，无论是俄国与西欧国家工人阶级革命爆发的先后，它们必须形成互补的局势，否则仅仅是取得革命的政权，还远远达不到共产主义的条件。从工人阶级的实际力量和生产发展情况看，俄国将更多地依赖西欧工人阶级国家的建立。

马克思、恩格斯在 1882 年为《共产党宣言》做的序言中，提道："假如俄

---

① 马克思恩格斯选集：第 3 卷 [M]. 北京：人民出版社，2012：840.
② 马克思恩格斯选集：第 3 卷 [M]. 北京：人民出版社，2012：832.

国革命将成为西方无产阶级革命的信号而双方互相补充的话，那么现今的俄国土地公有制便能成为共产主义发展的起点。"① 这短短的一句话既回应了之前马克思、恩格斯在该问题上没有明言的原则，也回答了如何排除各方影响以及如何结合资本主义先进成果的问题——西方无产阶级革命和俄国革命的互补。

80年代晚期，恩格斯开始重新考虑俄国社会发展的前景。至少在1888年9月，恩格斯已经认为俄国在短期内不可能爆发革命。进入90年代，恩格斯认为俄国已经不可挽回地走上了资本主义的道路。1894年1月为《论俄国的社会问题》所写的《跋》中，恩格斯指出，没有西方无产阶级的胜利，"目前的俄国无论是在公社的基础上还是在资本主义的基础上，都不可能达到社会主义的改造"。"这不仅适用于俄国，而且适用于处在资本主义以前的阶段的一切国家"。②

通过以上对相关文本的简要梳理，我们已经可以得出以下结论：设想是马克思、恩格斯在俄国1861年农奴制改革后，针对其公社的发展现状所做出的具有特定历史背景的一个命题。在这个问题上，马克思、恩格斯始终认为，每一个国家发展道路是从其固有的历史环境出发的，无论怀有怎样的革命热情，终究抵不过经济的事实。当这个历史时机失去后，设想也只具有历史文献的价值了。最后，不容忽视的是马克思、恩格斯设想的实质不是要开辟资本主义发展前期国家通向未来社会主义的道路，而是在于西方无产阶级与俄国革命的互相补充。这是马克思、恩格斯运用唯物史观和世界革命论分析具体国家发展道路的又一个典范。

（三）"历史悲剧性的二律背反"

在五六十年代，马克思、恩格斯撰写了大量关于印度和中国的评论和文章。在这些文献中，马克思、恩格斯始终站在世界历史的高度，具体分析中国和印度在加入世界历史进程中的重大历史事件，如中国两次鸦片战争、门户开放政策、1857—1859年印度人民大起义等，涉及印度和中国的政治、经济、文化和社会等内容，特别是对英国在印度的殖民统治和印度村社问题做出了详细分析。这时，马克思的世界历史理论呈现出了这样一个突出的特征："始终强调以机器大工业为物质技术基础、以资本逻辑为核心法则的现代生产方式，在侵略、进逼、统治落后民族的殖民主义扩张中所具有的根本性的作用。"③ 对于处于殖民

---

① 马克思恩格斯选集：第1卷 [M]. 北京：人民出版社，2012：379.
② 马克思恩格斯选集：第2卷 [M]. 北京：人民出版社，2012：321，313.
③ 刘敬东，王淑娟. "破坏"与"重建"：英国之于印度的双重使命——马克思世界历史理论的印度个案 [J]. 现代哲学，2015（2）：19.

统治下的印度和中国而言，殖民统治具有深远的、世界历史性的意义："英国在印度要完成双重的使命：一个是破坏的使命，即消灭旧的亚洲式的社会；另一个是重建的使命，即在亚洲为西方式的社会奠定物质基础。"① 这种破坏与重建形成一股强大的历史与伦理的内在张力，成为推动历史进步的革命力量。面对历史与伦理这种悲剧性的冲突，马克思鲜明地站在了历史的高地上："总之，无论一个古老世界崩溃的情景对我们个人的感情来说是怎样难过，但是从历史观点来看，我们有权同歌德一起高唱：

我们何必因这痛苦而伤心，

既然它带给我们更多欢乐？

难道不是有千千万生灵，

曾经被贴木儿的统治吞没？"②

恩格斯说："由于文明时代的基础是一个阶级对另一个阶级的剥削，所以它的全部发展都是在经常的矛盾中进行的。生产的每一进步，同时也就是被压迫阶级即大多数人的生活状况的一个退步。"③ 恩格斯在这里指的是资本主义生产条件下机器的采用对手工工人的无情的剥夺，当代有学者认为在原始社会和阶级社会中，战争经常是推动历史进步的重要因素，但哀伤、感叹和反对战争带来的痛苦、牺牲，也从来都是人民的正义呼声。双方都有理由，似乎是不可解决的悲剧性的历史二律背反。但是，这是不是意味着评价历史的双重标准呢？显然，通过上面简要的分析，我们不难看出，在历史与伦理的冲突中，如果这种冲突确实存在的话，马克思、恩格斯毫不犹豫地站在了历史的一方，因为对待历史永远只能有一个标准，这不是一个由我们选择的回答。因此在这个意义上，在马克思、恩格斯那里，根本不存在历史观同伦理观的冲突。

难道马克思认为英国的殖民统治将会给印度人民建立一个新的美好世界吗？难道印度人民应当对英国殖民统治忍气吞声，吃掉这颗苦涩的进步的果实吗？这两个答案都是否定的。这里，马克思敏锐地意识到并考察了现代资产阶级的殖民统治与落后民族的民族解放之间的关系问题。马克思认为，"英国资产阶级将被迫在印度实行的一切，既不会使人民群众得到解放，也不会根本改善他们的社会状况，因为这两者不仅仅决定于生产力的发展，而且还决定于生产力是否归人民所有"④。进而，马克思又指出了印度未来社会的历史远景，"在大不

---

① 马克思恩格斯文集：第2卷 [M]．北京：人民出版社，2009：686．

② 马克思恩格斯文集：第2卷 [M]．北京：人民出版社，2009：683-684．

③ 马克思恩格斯选集：第4卷 [M]．北京：人民出版社，2012：194．

④ 马克思恩格斯文集：第2卷 [M]．北京：人民出版社，2009：689．

列颠本国现在的统治阶级还没有被工业无产阶级取代以前，或者在印度人自己还没有强大到能够完全摆脱英国的枷锁以前，印度人是不会收获到不列颠资产阶级在他们中间播下的新的社会因素所结的果实的。但是，无论如何我们都可以满怀信心地期待，在比较遥远的未来，这个巨大而诱人的国家将得到重建"①。这样，资本主义的殖民统治将最终演变为促进民族解放的力量，只有印度人民自身的独立和强大，才能使它在资本主义为其播下的"新社会因素"中不断发展壮大。这时，"资产阶级历史时期负有为新世界创造物质基础的使命"才得以完成。而"只有在伟大的社会革命支配了资产阶级时代的成果，支配了世界市场和现代生产力，并且使这一切都服从于最先进的民族的共同监督的时候，人类的进步才不会再像可怕的异教神怪那样，只有用被杀害者的头颅做酒杯才能喝下甜美的酒浆"②。至此，马克思将殖民统治、民族独立和未来社会的形成密切联系在一起。

（四）世界历史视域下未来社会的建立

"建立什么样的未来社会和怎样建立这样的社会"是一切未来社会学说形成的逻辑起点和理论归宿。与其他同时代的形形色色的社会主义、共产主义和历史上的乌托邦主义不同，马克思、恩格斯的未来共产主义社会深深地植根于此岸世界的现实。它的建立就是要以资本主义高度发达的物质生产为前提，依靠无产阶级自身的联合，通过为绝大多数人谋利益的运动，彻底消灭私有制，最终实现人的全面自由发展。因此，这个新社会必然打破历史上社会形态更替所带来的不可避免的"悲剧性的二律背反"。那么，马克思、恩格斯所设想的未来社会是如何做到这一点的呢？

首先，资产阶级将为新社会创造物质基础。一方面要造成以全人类互相依赖为基础的普遍交往，以及进行这种交往的工具；另一方面要发展人的生产力，把物质生产变成对自然力的科学支配。③ 这样，与"设想"相同，不发达社会走向社会主义的前提依然是世界历史的形成以及使其成为现实的各种物质基础的存在；与此同时，生产力大大提升将促使人类劳动由为纯粹的利益生产变为对劳动时间自由和科学的支配。人最终从物资匮乏和劳动异化中走出来。

其次，社会革命。通过社会革命，将资本主义的物质成果转移到大多数人手中，实现生产资料的社会所有，彻底废除资本主义生产资料私有制。这里的社会革命从长期来看，依然指世界范围内的社会革命，只有这样，才能充分利

---

① 马克思恩格斯文集：第2卷 [M]．北京：人民出版社，2009：690.
② 马克思恩格斯文集：第2卷 [M]．北京：人民出版社，2009：691.
③ 马克思恩格斯文集：第2卷 [M]．北京：人民出版社，2009：691.

用资本主义制度下形成的世界市场和现代化的生产力。结合马克思恩格斯同时胜利的理论，社会革命不可能同时在世界各地爆发，但它们之间必将形成互补的局势，从而在一个较长的历史时期内，最终完成世界范围内对生产力的共同支配，即世界性的计划生产。

最后，一切物质成果的支配将处于最先进的民族的共同监督之下。由于世界范围内资本主义发展状况的不平衡，以及由此造成的未来社会形成的物质前提和阶级状况的不平衡，各个民族之间的发展也必然是不平衡的，先进民族和落后民族的差别也将继续存在。共同监督思想的提出，表明在人类整体从资本主义制度向未来社会主义制度过渡时期，为了实现生产力的合理支配和物质成果的公平分配，必须要在生产力最发达的民族国家形成共同的监督机制。

由上可见，马克思、恩格斯的东方社会理论，实际上将他们的未来社会学说延伸到了世界历史范畴，由民族国家扩大到了全人类的解放，这样，马克思、恩格斯的未来社会学说才最终画上了完整的句号。

但是，我们能不能将马克思、恩格斯的东方社会理论看作解决不发达问题的理论源头恐怕还值得商榷。因为，我们都知道，马克思、恩格斯所设想的未来社会是建立在高度的物质生产力基础上的，这一点毫无疑问。马克思、恩格斯认为，社会主义只能是资本主义高度发展条件下的必然矛盾和积极成果双重作用下的产物，舍此无他。在"世界历史"范围内对社会主义革命道路的具体途径允许变通，但必须直接立足于发达资本主义的物质基础。当然，到底怎样的生产力是高度发达的生产力，我们没有办法从马克思恩格斯那里找到一个量的衡量，这里似乎也没有一个标准。而且从前面马克思、恩格斯对未来社会的论述中我们看到，每一个取得无产阶级革命胜利的政权都面临着发展生产力的任务。结合上面提到的"猜想"，我们完全有理由提出这样的问题，在俄国或殖民国家，如果某个国家具备了革命的形势，最终革命成为现实摧毁了资本主义的殖民统治时，获得民族独立的国家无论如何从感情上不可能继续资本主义的道路，那么它有没有可能走上社会主义的发展道路？又或者在物资匮乏的条件下，社会主义的道路要怎样走下去？这是马克思恩格斯东方社会理论留给我们的疑问，就是在这样一个关节点上，列宁将马克思、恩格斯的未来社会理论向前推进了一大步，并最终在东方形成了苏联社会主义和中国特色社会主义两条完全不同的发展路径和不同的发展结果。

第三节　恩格斯晚年对未来社会学说的发展

马克思去世后，恩格斯在促进国际工人阶级运动和发展马克思主义学说等方面做出了重要贡献。在资本主义经济出现新动向，国际工人运动再次联合的时代背景下，马克思恩格斯未来社会理论也有了进一步的发展。恩格斯淡化了作为"理念"的社会主义，更加突出了社会主义作为未来社会形态的"科学"性特征；在无产阶级革命策略方面，恩格斯突出了和平、合法的斗争方式，而革命始终是无产阶级的斗争原则；最后，恩格斯发展了无产阶级同盟和农业向社会主义过渡方式的理论，第一次提出未来社会妇女解放的问题。

一、资本主义发展的新趋势

19世纪70年代开始，欧美主要资本主义国家科技革命悄然兴起，恩格斯从资本主义生产方式的时代特征入手，探讨并揭示了资本主义在世纪末的新发展和新趋势。

（一）资本主义由自由向垄断的过渡

在编辑出版《资本论》第二卷和第三卷的过程中，恩格斯一面捍卫马克思主义的经济理论，坚持和丰富了马克思的劳动价值理论，一面对资本主义经济发展中出现的新现象，特别是对初露端倪的垄断趋势进行了探索分析。

恩格斯指出资本主义社会在以下几方面发生了重要变化：竞争产生了垄断，垄断即将代替竞争，从而使单个企业家的经营越来越成为例外；银行变成铁路、矿山、工厂、土地的占有者，证券交易所变成资本主义生产本身最突出的代表；有产者和无产者之间的鸿沟加深了；等等。在此应特别注意恩格斯在《1891年社会民主党纲草案批判》中的一段描述："由股份公司经营的资本主义生产，已经不再是私人生产，而是由许多人联合负责的生产。如果我们从股份公司进而来看那支配和垄断着整个工业部门的托拉斯，那么，那里不仅没有了私人生产，而且也没有了无计划性。"[①] 恩格斯抓住了资本主义经济发展的实质，指明了资本主义正在由自由向垄断过渡。同时，恩格斯强调既要看到资本主义个人生产在不同时期的具体内容，又强调无论资本主义发生什么样的变化，我们的纲领依然是把现代资本主义生产（无论是个人的还是股份公司的）转变为由全社会

---

①　马克思恩格斯选集：第4卷［M］. 北京：人民出版社，2012：290.

负责和按预先确定的计划进行的社会主义生产。

以电的发明和运用为标志的第二次科技革命使资本主义生产社会化程度大大提高，推动了社会生产力的快速发展，为实现工人阶级纲领提供了强大的杠杆。生产和运输领域的技术革命由于决定着产品的交换方式和分配方式，并必将对阶级关系、国家和政治等发展产生重大的影响。

（二）资产阶级和无产阶级的状况分析

资本主义相对稳定的发展和新科技力量的使用，使资本家意识到他们可以不再采用资本主义早期那些小的哄骗和欺诈手段，不再靠对工人进行偷窃的办法来互相竞争，不再使用那些低劣的谋取金钱的手段。他们逐渐对工人的经济斗争和政治斗争采取了较为缓和的态度，恩格斯针对英国资产阶级的这种转变评价说，"工厂主们，尤其是那些最大的工厂主，就渐渐产生了一种新的想法。他们学会了避免不必要的纷争，默认工联的存在和力量，最后甚至发现罢工——发生得适时的罢工——也是实现他们自己的目的的有效手段"，接着恩格斯指出工厂主们这样做的理由是可以使"资本加速积聚在少数人手中，并且压垮那些没有这种额外收入就活不下去的小竞争者"以及避免自己及家人成为"流行病的牺牲品"，"两个阶级之间的相互关系就逐渐改变了"。① 而此时的无产阶级已经不再是资本主义原始积累时期和工业革命初期那种赤贫的一无所有的状态。他们开始逐渐从资本主义的发展中获得一些福利和好处，包括一些有利于工人的社会立法、公共设施建设和普及教育等。总体来说，工人阶级的生活状况并没有随着资本主义的发展而日益恶化，这也是工人阶级组织与资产阶级进行长期不懈斗争的重要成果。恩格斯认为一部分原因在于"工人的组织，他们的不断增强的抵抗，会在可能范围内给贫困的增长造成某些障碍"②。同时，资本主义国家社会管理职能的增强和民主制度的发展逐渐将工人阶级斗争引向了政治领域。

（三）民主制度的发展

随着资本主义相对稳定的发展，普选制在一些国家获得了不同程度的发展，特别是在德国和法国，工人阶级政党参与普选并取得了不小的成功。

英国通过 1867 年和 1884 年的议会选举改革，在相当程度上扩大了工人阶级选举权，"这一切措施大大增加了工人阶级在选举中的力量，使工人阶级至少在

---

① 马克思恩格斯选集：第 1 卷 [M]. 北京：人民出版社，2012：66-68，72.

② 马克思恩格斯全集：第 22 卷 [M]. 北京：人民出版社，1965：270.

150个到200个选区中现在已经占选民的大多数"①。但是，社会主义政党在选举中的表现不如人意。1885年，社会民主联盟提名的候选人在一个工人阶级选区中只得到了32票，而保守党却得到了3351票，自由党为2991票。② 在1895年大选中，独立工党提出28个候选人，社会民主联盟提出5个候选人，全部落选。在德国，由于工人善于利用普选权，社会民主党取得了惊人的成就：社会民主党所得的选票1871年为102，000张，1877年为493，000张，1890年为1，427，000张。民主制的发展为工人阶级提供了新的武器，提供了无产阶级政党进行合法斗争的外部条件。此外，参加竞选有利于传播马克思主义，有利于宣传、教育、启发和训练群众，也是检验无产阶级政党的量尺。因此，恩格斯说："合法性在如此出色地为我们效劳，如果在这样的情况下，我们来破坏合法性，那我们就是傻瓜。"③ 同时，无论从现实斗争需要，还是从理论完善发展，都有必要对无产阶级斗争策略进行新的探索。

1891年，恩格斯在给倍倍尔的信中指出："你说我似乎曾经预言资产阶级社会将于1898年崩溃。这是一个误会……这样一个腐朽陈旧的建筑物，当它实际上已经过期之后，如果风平气稳，它还可以支撑数十年。因此，我当然要避免事先作这类预言。"④ 最后恩格斯强调指出，资本主义发展中的新现象和新情况并不会改变或从根本上消除资本主义的基本矛盾，相反却使矛盾向更广泛的领域渗透。这些变化包含着未来危机的萌芽，为未来社会全民族实行剥夺做好了准备。面对资本主义的新发展，一方面我们要坚定资本主义必然灭亡、社会主义必将胜利的信心；另一方面又要紧紧把握时代脉搏，不断调整斗争策略，充分认识到无产阶级革命的长期性与复杂性，并结合新的时代要求不断丰富发展已有的理论学说。

二、淡化"理念"、突出"科学"

如前文提到的，在探索未来社会理论的初期，马克思、恩格斯就很少有对共产主义纯理念性的描述，这些描述往往存在于一些演讲和具有指导实践的纲领性文件中。比如恩格斯在爱北斐特的《演说》中，罕见地对未来共产主义社会进行较大篇幅的描述。在后来的一些著作中，马克思、恩格斯尽量避免细节

---

① 马克思恩格斯全集：第22卷［M］. 北京：人民出版社，1965：358.
② G. D. H. 柯尔. 社会主义思想史：第2卷［M］. 何瑞丰，译. 北京：商务印书馆，1978：401.
③ 马克思恩格斯全集：第22卷［M］. 北京：人民出版社，1965：292.
④ 马克思恩格斯全集：第38卷［M］. 北京：人民出版社，1972：186.

展示，只为我们设立未来社会的基本原则，勾勒未来社会的基本轮廓。作为"理念"的未来社会，其景象越来越模糊，恩格斯更愿意把这个任务留给未来社会的人们自己去思索。

恩格斯在《德意志意识形态》中这样描绘了未来社会中人们自由的生产生活："在共产主义社会里，任何人都没有特殊的活动范围，而是都可以在任何部门内发展，社会调节着整个生产，因而使我有可能随自己的兴趣今天干这事，明天干那事，上午打猎，下午捕鱼，傍晚从事畜牧，晚饭后从事批判，这样就不会使我老是一个猎人、渔夫、牧人或批判者。"① 在马克思恩格斯未来社会理论形成后，我们已经几乎看不到类似的如此生动具体的未来社会的图景。在《反杜林论》中，恩格斯深刻分析了资本主义社会的基本矛盾，指出了未来社会主义生产资料的社会占有性质，明确提出了科学社会主义的国家观等，丝毫没有涉及任何理念的规定。正如恩格斯本人所言，他在《反杜林论》中也只是对未来社会特征的经济方面"试图加以叙述和解释"，"无论是政治的还是非经济的社会问题都根本未触及"。与空想社会主义不同，马克思、恩格斯没有从人们的头脑中去寻找社会变迁和政治变革的终极原因，而是在"生产的现成物质事实"上，建立起未来社会理论的整个体系。随着马克思恩格斯未来社会理论的不断完善，理念性规定特征越来越淡化，恩格斯在晚年渐渐放弃了理念的未来社会，把答案留给了未来。

在激烈变化中的新时代，恩格斯强调一方面要坚持未来社会的基本原则，另一方面要根据客观现实变化，不断变革未来社会的具体特征和具体制度，"在将来某个特定的时刻应该做些什么，应该马上做些什么，这当然完全取决于人们将不得不在其中活动的那个既定的历史环境"②。

1887年，恩格斯在谈到美国工人阶级的纲领时指出，"这个纲领将宣布，最终目标是工人阶级夺取政权，使整个社会直接占有一切生产资料——土地、铁路、矿山、机器等等"③。"所谓'社会主义社会'……同现存制度的具有决定意义的差别当然在于，在实行全部生产资料公有制（先是国家）的基础上组织生产。"④ 由于新社会从旧社会脱胎而来，私有制向公有制的转变必将经历一个漫长的改造过程。共产主义社会的更高阶段的实现也必然要经历一个不断变革、不断发展的历史时期。由于各国的资本主义发展情况、各国的历史文化传统和

---

① 马克思恩格斯选集：第1卷［M］．北京：人民出版社，2012：165.
② 马克思恩格斯选集：第4卷［M］．北京：人民出版社，2012：541.
③ 马克思恩格斯选集：第4卷［M］．北京：人民出版社，2012：272.
④ 马克思恩格斯选集：第4卷［M］．北京：人民出版社，2012：601.

阶级条件不同，根本不存在完美的、一劳永逸的社会主义发展模式。各国无产阶级政党在夺取政权后，必须充分认识到改革的必要性和长期性，"所谓'社会主义社会'不是一种一成不变的东西，而应当和任何其他社会制度一样，把它看成是经常变化和改革的社会"①。

恩格斯所说的改革首先指根据实际情况选择正确的措施方式，而不必囿于马克思、恩格斯关于未来社会的具体论断。"每一种特定的经济形态都应当解决它自己的、从它本身产生的任务；如果要去解决另一种完全不同的经济形态所面临的问题，那是十分荒谬的。"② 脱离了这些具体的事实和过程，马克思、恩格斯的未来社会理论就失去了它原本的价值与意义。

其次，改革指对已经过时、不再适用的措施的积极扬弃，并不断探索新措施、新方法。比如，在过渡时期，私有制和公有制并存，通过和平改造手段，彻底消灭私有制后，阶级也将逐渐消失，国家自行消亡，无产阶级专政的职能以及国家的社会职能将逐渐转移到人民手中，其具体过程与方式，只能根据实际情况而定。

最后，改革指不断解放生产力、发展生产力，为未来社会制度的建立奠定坚实的物质基础。提高生产力、促进生产力发展是未来社会实现的根本途径，同时也是一切具体改革的基础，离开这个基础，任何改革都只能是空想。恩格斯曾批评纽文胡斯（Nieuwenhuis）、恩斯特和费舍等人"关于未来社会中的产品分配问题的辩论"是一些唯心主义的空话，因为分配方式不是一成不变的，分配方式的本质取决于可分配产品的数量，归根结底是由生产发展对分配方式变化的影响决定的。

总之，恩格斯要求各国工人阶级政党将马克思主义当作科学和行动指南而不是现成的理论和教条看待。每一个国家应当积极探索自己通往未来社会的方法和道路。这不仅仅因为马克思、恩格斯的未来社会理论作为科学理论自身的要求，同时这也是马克思恩格斯未来社会理论与其他一切未来学说最根本的区别，即无产阶级的解放，民族的解放终究是这个阶级，这个民族解放意识的唤醒与自觉。"违反别人的意志去影响别人的任何企图，都只会对我们有害。"③因此，未来社会究竟将以什么样的方式、什么样的面貌出现，这不是马克思、恩格斯意图解决和可以解决的问题。无论一种思想如何先进，都无法超越时代的局限。诚如恩格斯所说，"我们只能在我们时代的条件下去认识，而且这些条

---

① 马克思恩格斯选集：第 4 卷 [M]. 北京：人民出版社，2012：601.
② 马克思恩格斯全集：第 22 卷 [M]. 北京：人民出版社，1965：502.
③ 马克思恩格斯选集：第 4 卷 [M]. 北京：人民出版社，2012：545.

件达到什么程度，我们就认识到什么程度"①。

三、革命"原则"和合法斗争"策略"

无产阶级政党斗争策略问题是恩格斯晚年思想中备受争议的问题之一。其争论焦点集中在如何看待无产阶级政党合法斗争的性质及其在恩格斯晚年思想中的地位，在文本上主要体现为 1895 年恩格斯为马克思《1848 年至 1850 年的法兰西阶级斗争》一书所写的《导言》。恩格斯逝世后，德国社会民主党的理论家爱德华·伯恩施坦（Eduard Bernstein）在 1899 年出版的《社会主义的前提和社会民主党的任务》一书中，将《导言》称为恩格斯的"政治遗嘱"，认为他的和平改良思想只是重复了恩格斯在《导言》中的话。甚至有人提出，"如果说拉萨尔是伯恩施坦主义之母的话，恩格斯则是伯恩施坦主义之父"②。2007 年，谢韬在《民主社会主义模式与中国前途》一文中，提到辛子陵的一部书稿，并对书稿中的一些重要观点表示赞赏，如"马克思、恩格斯晚年是民主社会主义者，是'和平长入社会主义'的首倡者，民主社会主义是马克思主义的正统"以及恩格斯晚年放弃了所谓"共产主义"的最高理想等。③ 这就正如一百二十年前，未经恩格斯同意，《前进报》就从《导言》中断章取义地摘录了几段话，误给人留下恩格斯是"一个爱好和平的、无论如何都要守法的崇拜者"的"可耻印象"，从而使恩格斯的观点大大歪曲。殷叙彝先生在 20 世纪 80 年代初期，就已经对《导言》的写作、出版和争论情况做出了公允的判断和梳理。下面，我们再重新回顾一下，马克思、恩格斯关于革命与合法斗争思想的发展脉络。

在马克思恩格斯未来社会理论萌芽到形成的过程中，马克思、恩格斯明确地宣布：共产党人"只有用暴力推翻全部现存的社会制度"才能达到自己的目的。恩格斯在他的《英国工人阶级状况》和《共产主义原理》中也都清楚地表达了"不得不放弃和平解决英国社会问题的任何希望。唯一可能的出路就是暴力革命"。当然，这些看法里包含着"以一次简单的突然袭击"的不切实际的幻想。但是，马克思、恩格斯对革命所抱有的乐观情绪并没有冲昏他们的头脑，马克思、恩格斯从来不主张不讲条件为革命而革命的一味地蛮干。恰恰相反，马克思、恩格斯非常理性地看待革命的时机问题。他们甚至预言，如果在客观条件不具备的条件下，无产阶级政党侥幸夺得了政权，结果恐怕没有想象中那

---

① 马克思恩格斯文集：第 9 卷 [M]. 北京：人民出版社，2009：494.

② 周海乐. 关于无产阶级革命的道路问题：《法兰西阶级斗争》导言再研究 [J]. 马克思主义研究，1986（1）：61.

③ 谢韬. 民主社会主义模式与中国前途 [J]. 炎黄春秋，2007（2）：4.

样美好。

巴黎公社后，资本主义的民主制度有了不同程度的发展，马克思、恩格斯对革命时机的看法更加突出。巴黎公社刚刚遭到镇压后不久，马克思曾说："在英国，工人阶级面前就敞开着表现自己的政治力量的道路。凡是利用和平宣传能更快更可靠地达到这一目的的地方，举行起义就是不明智的。"① 随后，马克思仍然坚持虽然一些国家可能通过和平的手段达到推翻资本主义国家的目的，如英国、美国，或许还有荷兰，但"我们也必须承认，在大陆上的大多数国家中，暴力应当是我们革命的杠杆；为了最终地建立劳动的统治，总有一天正是必须采取暴力"②。

马克思逝世后，恩格斯根据已经变化了的资本主义和无产阶级政党的发展状况，特别是德国社会民主党在议会选举中的出色表现，对合法斗争给予了较多的关注，并把民主作为一种达到最后目的的手段。最能代表并集中论述恩格斯晚年对革命与民主看法的就是《导言》。在这里，恩格斯既发挥了马克思、恩格斯一贯的主张，即利用一切可能进行政治斗争，同时强调无产阶级利用普选权作为新的武器、作为新的斗争手段的重要意义。这一点仿佛颠覆了马克思、恩格斯和工人阶级政党革命者的主张，恩格斯意味深长地说："世界历史的讽刺把一切都颠倒了过来。我们是'革命者''颠覆者'，但是我们用合法手段却比用不合法手段和用颠覆的办法获得的成就多得多。那些自称为秩序党的党派，却在它们自己所造成的合法状态下走向崩溃。……可是我们在这种合法性下却长得身强力壮，容光焕发，简直是一副长生不老的样子。只要我们不糊涂到任凭这些党派把我们骗入巷战，那么它们最后只有一条出路：自己去破坏这个致命的合法性。"③ 但是，这并不意味着恩格斯在晚年放弃了暴力革命。恩格斯紧接着谈道："我们的主要任务就是不停地促使这种力量增长到超出现行统治制度的控制能力，不让这支日益增强的突击队在前哨战中被消灭掉，而是要把它好好地保存到决战那一天。"④ 因此，恩格斯虽然有对合法斗争成就的过高的估计，但是他并不认为合法斗争能够带来最后的胜利。

综上，恩格斯并没有转向"和平过渡"，更不存在像一些学者所认为的，恩格斯转向了民主社会主义。因为，恩格斯为自己为党划了一条"绝对的"界线——无产阶级的性质。无论采取什么样的策略，都必须坚持斗争的阶级属性，

---

① 马克思恩格斯全集：第17卷 [M]. 北京：人民出版社，1963：683.
② 马克思恩格斯全集：第18卷 [M]. 北京：人民出版社，1964：179.
③ 马克思恩格斯选集：第4卷 [M]. 北京：人民出版社，2012：396-397.
④ 马克思恩格斯选集：第4卷 [M]. 北京：人民出版社，2012：396.

即消灭雇佣劳动制。"任何一个运动，要是不始终把消灭雇佣劳动制作为最终目标，它就一定要走上歧途，遭到失败，那么，许多蠢事都可以避免，整个过程也将大大地缩短。"①

为什么《导言》会引起这些根本不应成为问题的问题与争论？一方面，这与《导言》的写作目的有关。"当时第二国际各党内部已经出现迷恋合法斗争、幻想和平过渡的改良主义和机会主义倾向，另一方面，无政府主义者和党内具有无政府倾向的分子又笼统地把参加选举和议会活动说成是机会主义。在这种情况下，马克思主义者必须在两个方面进行斗争。"② 因此，读者很容易从中找到有利于自己的观点作为支持。

另一方面，革命斗争与民主斗争严格说来不是一个层面的概念。革命在马克思整个思想体系中占有重要位置，恩格斯对马克思的概括也是一个"革命者"。革命既指暴力斗争，又指夺取政权后，继续推进生产资料公有制的改造，是无产阶级斗争的原则，而合法斗争等则属于斗争策略问题。"无产阶级为了夺取政权也需要民主的形式，然而对于无产阶级来说，这种形式和一切政治形式一样，只是一种手段。"③ 即便是作为一种手段和策略，普选权的使用是有条件的，而暴力革命作为无产阶级的斗争原则却是任何时候都不能放弃的"历史的权力"，对于已经取得议会选举重大成就的德国社会民主党来说，也是如此。恩格斯告诫德国社会民主党的领导人："如果你们宣扬绝对放弃暴力行为，是决捞不到一点好处的。没有人会相信这一点，也没有一个国家的任何一个政党会走得这么远，竟然放弃拿起武器对抗不法行为这一权利。"④ 总之，暴力革命是原则，是无产阶级政党无论何时何地必须坚守的；议会斗争是策略，有利于扩大党的影响，宣传革命的主张，积蓄革命的力量，是可以利用的解放的手段。因此，革命作为一种原则远远高于议会斗争策略，但不排斥能够促进无产阶级政党朝着经济自由和政治自由方向前进的一切措施；议会斗争作为一种策略应坚持革命的原则并朝向有利于革命胜利的方向发展，坚持运动的阶级性，否则"策略上的错误在一定情况下也能够导致破坏原则"⑤。

---

① 马克思恩格斯选集：第 4 卷 [M]. 北京：人民出版社，2012：585.
② 殷叙彝. 这是恩格斯的政治遗嘱吗？[J]. 红旗文稿，2008（14）：12.
③ 马克思恩格斯选集：第 4 卷 [M]. 北京：人民出版社，2012：565.
④ 马克思恩格斯选集：第 4 卷 [M]. 北京：人民出版社，2012：659.
⑤ 马克思恩格斯选集：第 4 卷 [M]. 北京：人民出版社，2012：594.

第三章

列宁社会主义思想的历史演进

　　列宁社会主义思想是马克思主义由西方向东方演进过程中重要的理论产物，其形成与发展大致经历了从 1903 年开始到十月革命前夕布尔什维克主义形成时期，短暂的直接过渡思想时期，战时共产主义政策时期以及包含新经济政策在内的列宁晚年对社会主义建设的思想探索时期。在第一阶段，列宁主义主要围绕社会主义革命的主题展开；十月革命后，列宁社会主义思想的重点转向了社会主义制度建设。但是在第一阶段，列宁的基本思想格局已经形成——主观依靠坚定团结的无产阶级政党，客观依靠世界革命，论证俄国社会主义革命的现实条件。革命胜利后，无产阶级政党由革命党上升为执政党，列宁的社会主义思想得到了进一步拓展，迟迟未到的世界革命为斯大林的"一国社会主义"留下了巨大的理论空间和实践空间。总之，列宁社会主义思想是东方落后国家进行社会主义革命和社会主义建设的最初理论探索，它既是将东西方社会主义连接起来的思想桥梁，为我们留下了宝贵的思想财富，同时它也在理论拓荒的过程中增加了那个时代的特征和个人的性格烙印，为我们留下了更多的思考。这就要求我们运用唯物辩证法对其进行甄别，从中把握规律，为我国现阶段中国特色社会主义制度建设提供有益借鉴。

第一节　国际共产主义运动的新发展

一、世界历史的形成与工人阶级的状况

　　19 世纪末 20 世纪初是科技、工业、社会和观念发生重大变革的时期。19 世纪 60 年代以来，更多的国家走上了资本主义工业化道路。以科学技术的发明和应用为标志的第二次工业革命席卷而来，从各个方面促进资本、信贷、金融和贸易的日益国际化，生产社会化已经扩大到世界范围。至 19 世纪晚期，资本主义从自由竞争向垄断的帝国主义过渡，亚洲、非洲和拉丁美洲的许多国家被迫卷入了"世界市场"，一个相互依靠紧密联系的世界经济政治体系正在形成，

人类历史最终进入世界史的阶段。正是在这样的世界一体化发展背景下，马克思主义开始超出西欧的地域界限，向东方世界传播，最终成为世界性思潮。与此同时，由于各个国家在经济发展、经济体制、社会结构、阶级状况、历史文化以及它们在世界市场中所处的地位不同，马克思主义在各国各地区开始呈现出多态化趋势，社会主义运动出现多样化特点。

在科技革命推动下，资本主义工业、交通运输业不断发展，资本主义国民经济增长迅速。据《世界经济危机（1848—1935）年》记载："在1835—1870年全世界铁路营运里程增长207，358公里，而在1870—1913年间，却增长了894，428公里。铁路营运的迅速增长以及铁路网的逐渐普及对当时各资本主义国家的经济发展起到了强大的促进作用，而且还促进了国内市场的培育和形成和世界市场的联系和发展。"① "英、法、德、美等当时世界主要的资本主义国家的国内生产总值年均增长率在1820—1870年间为2.1%，在1870—1913年则上升为2.5%。"② 资本主义突飞猛进的发展对工人阶级产生了重要影响。工人阶级不仅在工作条件和生活条件方面得到了很大改善，他们的社会权利和政治权利也有不同程度的提高。据苏联学者库钦斯基统计，资本主义世界工人每周平均工作时间从1870—1879年的74小时减到1900—1909年的61小时；在19世纪最后三十年中，西方主要国家主要工资提高了30%—50%；③ 英、法、意等国在19世纪晚期都相继普及了初等教育。20世纪初时，绝大多数西欧国家都已经实现或接近了普选制，工人阶级的政党和组织都得到了法律认可，成为国家政治生活中的重要力量。资本主义国家的经济发展与工人形成的巨大政治压力形成一股合力，促进了工人阶级整体状况的改善，诚如英国著名社会主义者G. D. H. 柯尔（G. D. H. Cole）所指出的："如果没有有利的经济条件，工会运动无论如何不能使工资提高，但如果没有工会运动，再有利的经济条件也不能自动带来较多的工资。"④

资本主义的发展和工人生活改善的同步性不可避免地增强了工人阶级对资本主义社会的认同感，这种认同感最早发端于英国。19世纪末期，后起资本主义国家重演了同样的过程。恩格斯在《反杜林论》中的一段论述在这里依然耐

---

① 王伟光. 社会主义通史：第3卷 [M]. 北京：人民出版社，2011：6-7.

② 转引自：王伟光. 社会主义通史：第3卷 [M]. 北京：人民出版社，2011：7.

③ 苏联科学院国际工人运动研究室编. 国际工人运动：历史和理论问题：第2卷 [M]. 北京：工人出版社，1984：42-44.

④ COLE G D H. A short history of the British working class movement [M]. London：George Allen and Unwin Ltd. ，1982：267.

人寻味："一个社会的分配总是同这个社会的物质生存条件相联系，这如此合乎事理，以致经常在人民的本能上反映出来，当一种生产方式处在自身发展的上升阶段的时候，甚至在和这种生产方式相适应的分配方式下吃了亏的那些人也会欢迎这种生产方式。大工业兴起时期的英国工人就是如此。不仅如此，当这种生产方式对于社会还是正常的时候，满意于这种分配的情绪，总的来说，会占支配的地位；那时即使发出了抗议，也只是从统治阶级自身发出来（圣西门、傅立叶、欧文），而在被剥削的群众中恰恰得不到任何响应。"① 这里说的社会认可，不是指工人阶级不再有反抗资产阶级的斗争，而是斗争与反抗局限在合法的范围内，难以走向革命。资本主义因此赢得了调整的时机，生产关系获得了容纳生产力发展的广阔余地。

进入 20 世纪后，由于军费开支的迅速增加和物价的增长，阶级斗争逐渐激化起来。据统计，法国在 1890 年到 1899 年共爆发罢工 924，000 次，而在 1900年到 1905 年的 6 年时间内，罢工人数就高达 1，107，000 人。德国在 1895 年到1899 年共爆发罢工 3609 次，平均每年 720 次，在 1900 年到 1904 年的时间内则发生罢工 7235 次，平均每年高达 1447 次。② 在这样的形势下，马克思主义遭遇了诞生以来最大的一次思想分歧，第二国际因此走向分裂，世界社会主义运动一分为二。马克思主义发展的重心至少在运动实践上开始偏向东方。

二、1861 年以来俄国的基本情况

1861 年农奴制改革后，俄国资本主义迅速地发展起来。1890—1900 年，煤的开采量从 36720 万普特增加到 99520 万普特，即增加了 171%；铁和钢的生产量从 4840 万普特增加到 13340 万普特，即增加了 176%。1861 年，俄国总共有1480 俄里铁路，至 1900 年俄国铁路网已达到 53，234 千米长，仅次于当时的美国。③

但是，这种由上而下、外生型的资本主义牺牲了农民的利益，"带有幼年资本主义的一切弱点"④。

农奴制改革后，2250 万农民获得解放，成为法律上有财产的自由人，可以担任公职，从事工商活动。然而，事实上许多农民破产，沦为自由的雇佣劳动

---

① 马克思恩格斯选集：第 3 卷［M］.北京：人民出版社，2012：527-528，492.
② 王伟光.社会主义通史：第 3 卷［M］.北京：人民出版社，2011：11.
③ 陈正容.1905 年俄国革命的性质、特点和意义［J］.历史教学，1960（2）：18.
④ 张光明.布尔什维主义与社会民主主义的历史分野［M］.北京：人民出版社，1999：11.

者。据诺夫哥罗德省的一个调查材料统计，1861—1871 年给外出做工的农民所发的长期护照是 5.92 万份，1891—1900 年是 184.5 万份。19 世纪末期，俄国的雇佣工人已达 900 万人以上。① 为了取得土地，农民需要交纳高于实际价格数倍的赎金，无法支付的部分由国库垫付，农民在四十九年内加利息逐年偿还。地主利用赎金，发展起资本主义，成为资产者。农民则成为国家和地主的直接掠夺对象，对市场的依赖程度加强，并受到商人和高利贷者的盘剥，大部分农民破产，变为无产者。

工厂工人的工作条件和生活条件更是令人同情。80 年代俄国许多工厂的工作日在 12 小时以上，有的工厂工作时间在 15 小时以上。直到 1897 年才通过一个工厂法，将工作时间限制为 11.5 小时，而实际工资仅为西欧主要工业国家的 1/2 至 1/3。工厂的工作条件十分恶劣，劳动纪律十分严苛。

在政治生活领域，直到 19 世纪中期，俄国没有任何由选举产生的统治机关，沙皇一人独占俄国的专制统治，具有无限的权力。改革后，俄国专制统治并未发生根本改变。高度严密的警察系统和监视系统，随时准备着惩罚每一个敢于反抗政府的人。"工人的罢工、集会、结社是非法的，随时会遭到镇压，争取政治自由和对沙皇制度的批评都被视为犯罪，受到的制裁从交警察局监视、逮捕，到流放、驱逐出境不等。"②

造成这种状况的根本原因在于俄国资本主义发展的特点。农奴制改革为俄国资本主义注入了来自上层的政治动力，却无法产生强大的资产阶级。弱小的资产阶级缺乏一举推翻封建农奴制度的革命勇气和能力。况且，俄国整体经济实力无法与西欧国家相比。先天发展不足的俄国资本主义，于内，使各个阶级、贵族和工业资本家相互勾结妥协。通过强制手段掩盖矛盾，使整个俄国社会处于压抑状态；于外，俄国资本主义的发展不得不依靠外国资本，沙皇政府也需要外国资本的支持。俄国在与外国资本的交往中处于劣势地位，外资在俄则获取了巨额利润，造成俄国经济结构、生态环境和资源结构的畸形发展。国内垄断资本为了扩大市场，必然会走上对外侵略扩张的道路，因此，俄国资本主义同时具有帝国主义的性质。

这些特定的历史条件最终使俄国社会具备了这样两个特点。第一，社会矛

---

① 张桂荣. 1861 年俄国农奴制改革的再思考 [J]. 潍坊教育学院学报，2002（3）：36.
② 张光明. 布尔什维克主义与社会民主主义的历史分野 [M]. 北京：人民出版社，1999：13.

盾异常尖锐。第二，一旦发生革命，必然兼有反对专制制度和资本主义的双重性质。① 故此，我们便不难理解俄国工人那种日益强烈的革命心理，怎样与西欧工人阶级革命意识淡漠形成了鲜明对比。一位目睹日内瓦"自由"庆祝"五一"劳动节情形的俄国人非常形象地描述了这种对比。在日内瓦，"在庆祝工人的战斗节日——检阅工人革命力量的日子时，那种循规蹈矩，几乎是不苟妄动的样子使我很不满意。游行队伍安静而又规矩地行进。换上了整齐的服装，阵容也确实稍有加强的警察和宪兵对着红旗举手行礼；而阳台上和开着的窗户旁站着脑满肠肥的资产者，他们看着工人的游行示威，时而得意扬扬地、悠闲地露出一丝笑容"。而在俄国，则完全是另一番的景象：资产者和官吏"会胆怯地把窗户关上，把大门二门也都关得严严实实的。哥萨克和宪兵会挥舞起出鞘的军刀，举着皮鞭从埋伏的地点跳出来；于是石块飞舞，枪声大作！血呵，热乎乎的工人的血呵，就如注地喷溅出来……"② 普遍蔓延的革命情绪和俄国长期存在的专制与反专制传统，酝酿出革命的土壤，余下的只是时间问题。

第二节　列宁主义的形成与发展（1903 年至十月革命前夕）

按照列宁自己的说法，布尔什维主义即列宁主义，形成于 1903 年。至 1917 年十月革命前夕，列宁在建党、革命转变、俄国社会主义革命客观条件、帝国主义和国家学说等众多领域系统地发展了自己的思想。这一时期列宁主义的发展奠定了其后思想脉络的格局，是列宁社会主义思想发展过程中的重要阶段。

一、列宁早期的思想批判

列宁在喀山开始了革命实践活动，在宣传马克思主义、教育工人群众和建党活动中取得了一定成就。列宁在革命实践中不断地学习研究和捍卫马克思主义理论，展开了对民粹派、经济派等非马克思主义思想派别的批判，提出了著名的灌输理论，开启了马克思主义同俄国具体国情相结合的新时代。

（一）对自由民粹主义的批判

民粹主义是俄国社会主义运动的第一个阶段，并在 19 世纪 70 年代达到了

---

① 张光明. 布尔什维主义与社会民主主义的历史分野 [M]. 北京：人民出版社，1999：14.

② 回忆列宁：第 2 卷 [M]. 上海外国语学院列宁著作翻译研究室，译. 北京：人民出版社，1982：225.

发展的全盛时期。1881 年 3 月，民粹派主义者成功地刺杀了沙皇亚历山大二世，却丝毫没有触动俄国的专制统治，反而将自己置于高压迫害之下。民粹派的思想和实践都受到了尖锐的挑战。

为了扫清俄国无产阶级革命的障碍，列宁撰写了《什么是"人民之友"以及他们如何攻击社会民主党人》《俄国资本主义的发展》等著作，揭露并批判了自由主义民粹派的一系列主张，揭示了俄国资本主义发展的规律、特点和矛盾，阐明了无产阶级的先进性、革命性和历史使命。

民粹派认为资本主义在俄国没有发展前途，主张俄国绕过资本主义发展阶段，在村社的基础上直接进入社会主义，即走所谓"非资本主义道路"。列宁在《俄国资本主义的发展》这部著作中，运用大量事实和数字指出资本主义经济已经在俄国发展起来，村社在资本主义经济发展冲击下，已经解体。农民分化为农村资产阶级和农村无产阶级两个对立的阶级，但是由于各种旧制度依然存在，俄国资本主义发展同其他资本主义国家相比，显得十分缓慢落后。在这本书中，列宁详细研究了包买主如何通过对家庭小手工业的控制，逐步建立起资本主义工业，以及小手工业向工场手工业和大机器生产转化的具体过程。列宁的分析从经济事实层面补充了普列汉诺夫（Плеханов）在 19 世纪 80 至 90 年代对俄国资本主义经济发展的论述，把马克思主义的基本原理同俄国实际紧密结合起来，正确地揭示了当时俄国资本主义社会形态的性质、特点及其发展态势，为俄国革命运动制定正确的纲领策略提供了依据，为社会主义建设理论的形成奠定了认识基础。

自由主义民粹派的一大特征是将社会主义同自由主义协调起来，通过无偿将土地转交给农民的方法实现社会主义。列宁认为，自由主义民粹派的实质是抹杀阶级斗争和无产阶级的历史使命。列宁指出，西欧国家的经验证明，自由主义民粹派的观点是错误的，其实质是取消阶级斗争。实际上，伴随着资本主义的发展，工人在大企业中的数量不断增加，工人阶级组织也日益成熟壮大起来。从这样的现实出发，社会主义者应当注意工人阶级的思想政治教育，促进科学社会主义在工人阶级中间广泛传播，以形成先进的组织，开展自觉的阶级斗争，推翻俄国的专制统治。最终在无产阶级的领导下，建立工农联盟，进行坚决并自觉的阶级斗争，推翻资产阶级统治，建立社会主义制度。

80 年代，从民粹派中分离出俄国第一批马克思主义者，他们是普列汉诺夫、查苏利奇和阿克雪里罗得等。1883 年，以普列汉诺夫为核心成立了劳动解放社，开创了俄国社会主义史上一个全新的阶段。在这一批马克思主义者中，以司徒卢威为代表的一小部分人在 20 世纪 90 年代中后期成为"合法马克思主义者"。

他们承认俄国已经走上资本主义道路，并因此暂时成为马克思主义者的同路人，为迅速战胜民粹主义，宣传马克思主义做出了贡献。但是，当他们利用马克思主义的某些论断为俄国资本主义的存在和发展的合理性辩护，宣传社会矛盾缓和论，否认社会革命和无产阶级专政时，俄国马克思主义者的破裂就不可避免了。合法马克思主义者的理论实质是取消社会主义运动的独立自主权，这一派最终与资产阶级自由主义派合二为一。

最后，我们对民粹社会主义的评价不应泛泛而论，笼统地称民粹派"是马克思主义的敌人"。特别是 1907 年后，列宁将民粹派做了具体区分，突出了革命民粹主义理论在反对农奴制的斗争中的历史贡献。总之，应当运用唯物辩证主义和唯物史观给出民粹主义在社会主义思想史中正确的谱系定位。

（二）对经济派的批判和灌输理论的提出

在对民粹主义进行批判的同时，列宁还对伯恩施坦的修正主义和经济派的思想主张展开不断的批判，提出了著名的灌输理论。通过对各种非马克思主义派别的批判，马克思主义在工人中间得到了更广泛的传播，列宁关于社会主义革命的思想也逐渐形成。

针对经济派否认革命理论的作用，崇拜无产阶级自发性，力图将工人运动局限在经济斗争领域等观点，列宁写作了《怎么办？》等一系列文章。在《怎么办？》一文中，列宁长篇引用了考茨基的相关观点，系统论述了向工人阶级群众进行社会主义意识灌输的理论。

有人认为，在社会主义思想史上最早提出向无产阶级灌输真理的是空想社会主义者德萨米。德萨米在《公有法典》中写道："要往无产者的头脑里灌输真理：你有责任给无产者进行这一洗礼。"① 德萨米所说的真理指的是哲学，它必须慢慢渗透到广大的人民群众中去，这将是一个相当耗费时间的过程。后来，考茨基在谈论奥地利社会民主党的新纲领草案时，也提到了灌输的概念。马克思、恩格斯虽然没有明确提出灌输理论，但十分重视对无产阶级的思想政治教育。如 1844 年，恩格斯在《共产主义在德国迅速进展》中指出："图画在进行社会主义宣传中可以发挥比一百本小册子更大的作用。"② 在《共产党宣言》和《哥达纲领批判》中，马克思、恩格斯都提到了共产党对工人阶级进行思想教育工作的必要性和艰巨性。

与这些社会主义者不同，列宁的灌输理论更加系统，功能性更加突出，目

① 德萨米. 公有法典［M］. 黄建华，姜亚洲，译. 北京：商务印书馆，1982：98.
② 马克思恩格斯全集：第 2 卷［M］. 北京：人民出版社，1957：589.

的性更加明显。

首先，"工人阶级也不可能有社会民主主义意识"。列宁认为工人阶级单靠自身力量只能形成工联主义意识，即组织工会，为了提高工资、改善劳动条件同个别资本家进行经济斗争。社会主义学说是从有产阶级的有教养的人创造的哲学理论、历史理论和经济理论中发展起来的。在俄国，社会主义理论学说完全不依赖工人运动的自发增长，而是革命的社会主义知识分子思想发展的自然的和必然的结果。

其次，不进行社会主义意识的灌输意味着资产阶级思想体系的加强。列宁认为在社会主义思想体系和资本主义思想体系之间没有任何第三种体系，因此，"对社会主义意识形态的任何轻视和任何脱离，都意味着资产阶级意识形态的加强"①。接着，列宁回答了为什么自发的运动会受到资产阶级思想体系的控制。资本主义思想理论体系的产生比社会主义思想理论体系要久远得多，在发展过程上，它得到不断完善，而且还有社会主义理论不可比拟的传播工具。所以，一个国家中社会主义运动越年轻，就越要同一切非社会主义思想和妄图巩固这些思想体系的企图做斗争。

最后，灌输的内容、目的与方法。1897 年，列宁在《俄国社会民主党人的任务》这篇文章中，首次明确提出了"没有革命的理论，就不会有革命的运动"的著名论点。他强调，只有科学社会主义才能成为工人阶级革命运动的指导思想。因为只有科学社会主义和阶级斗争的学说，才是革命理论，才能作为革命运动的旗帜。② 具体内容主要包括以下几方面：现代资本主义国家政治经济制度的产生、发展、灭亡规律的理论；有关马克思主义剩余价值的理论；有关资本主义社会中工人阶级地位和革命作用的理论；有关阶级关系和阶级斗争的理论；了解各国社会民主党和俄国工人阶级的历史任务；等等。列宁灌输理论的根本目的在于将俄国工人运动同先进的科学社会主义理论结合起来，要达到这个目的，应当区分工人阶级中先进部分与水平低的部分的关系，采取不同的灌输方法。列宁认为，最先和最容易接收社会主义思想的是条件最好的那部分工人。俄国社会民主党的理论和组织活动应当以这些工人的水平为最低要求，不断提高自己的水平，注视全世界社会民主党中的一切策略问题、政治问题和理论问题。只有这样，工人知识分子的需求才能得到满足。中等水平的工人具有理论学习和活动参与的积极主动性。社会民主党应该提高他们的水平，将社会

① 列宁选集：第 1 卷 [M]. 北京：人民出版社，2012：327.
② 列宁专题文集：论无产阶级政党 [M]. 北京：人民出版社，2009：29.

主义和政治斗争的一般宣传同地方性的狭隘问题相联系，便于他们理解，并且从他们中间培养出先进工人；对于无产阶级中水平低的广大群众，列宁主张采取不同的宣传鼓动办法。在最低层面上，通过通俗小册子、口头鼓动、报道当地事件的小报（这是主要的），来影响这些人。工作重点则在于"合法的教育"，这里，列宁突出了"鼓动员"的作用，并提出了鼓动宣传工作和组织建设工作的辩证关系。列宁指出："只有有组织的政党才能广泛地进行鼓动，才能在各种经济问题和政治问题上为鼓动员提供必要的指导（和材料），才能通过每一个地方的成功的鼓动来教育俄国全体工人，才能把鼓动员派到他们最能发挥作用的地方和人群中去。有鼓动才能的人，只有在有组织的政党中，才能够把自己的一切贡献给这个事业……"①

列宁灌输理论提出后，遭到了普列汉诺夫的强烈批评，卢卡奇（György Lukács）更是将这个理论上升到唯心主义历史观的范畴。

1904年7月25日，普列汉诺夫在《火星报》上刊发了《工人阶级和社会民主主义知识分子》一文。在这篇文章中，普列汉诺夫毫无保留地批判了列宁灌输理论的主要方面，并指出了这一理论的危害。首先，普列汉诺夫认为社会主义思想恰恰是从"工人运动的自发增长"中发展起来的。他列举了劳动解放社的例子和马克思、恩格斯创立科学社会主义理论的例子说明，"完全不依赖于工人运动的自发增长"的社会主义仍然是空想的。② 其次，普列汉诺夫认为列宁主张的"工人阶级单靠自身力量只能形成工联主义意识"的观点也是站不住脚的，是与马克思、恩格斯的观点截然相反的。科学社会主义理论认为经济必然性产生工人阶级运动，并使之达到其逻辑终点，即达到社会主义革命，科学社会主义就是这个运动的理论表现。而列宁企图使读者相信，无产阶级依靠自己的斗争始终无法超出资本主义生产关系的范畴。最后，普列汉诺夫指出列宁的灌输理论将工人阶级和社会主义知识分子对立起来。马克思、恩格斯十分清楚革命知识分子的意义，但是如果这些知识分子把自己同工人群众对立起来，沉湎于自命不凡和主观主义中，那么马克思、恩格斯会十分严厉地训诫这些革命知识分子。文章结尾处，普列汉诺夫指出列宁这种将工人群众看成"历史的非历史因素"的错误观点，在相当大的程度上决定了列宁本人和我们许多"强硬

---

① 列宁全集：第4卷［M］．北京：人民出版社，1984：236.
② 格·瓦·普列汉诺夫：普列汉诺夫文选［M］．张光明，编．北京：人民出版社，2010：300.

的"实际工作者的策略和组织的概念。① 因此，普列汉诺夫必须站出来指出列宁的错误，虽然在这一理论提出时，他就应该这样做，但是"迟做总比不做好"。

卢卡奇后来在《历史与阶级意识》中提出警告："无产阶级在意识形态方面还要走很远的路程，在这方面存有幻想将是十分危险的。但是，同样危险的是看不到活跃在无产阶级身上的趋向于在意识形态上克服资本主义的力量。任何一次——以不断提高的和自觉的方式进行的——无产阶级革命都产生了正在成长为国家机构的整个无产阶级的斗争机构。"②

二、革命政党建设的理论

从俄国社会民主工党二大到五大，在历次党代会上以列宁为首的布尔什维克派与孟什维克派在党纲、革命策略、党组织工作以及如何对待资产阶级政党问题上产生了分歧与冲突。1912 年，布尔什维克派终于排除了孟什维克派，成为独立的无产阶级政党，并初步形成了革命政党建设的理论。

（一）建党过程（1903—1912）

1903 年 7 月 30 日，俄国社会民主工党第二次代表大会在布鲁塞尔秘密召开。这次大会的主要任务是建立一个真正的无产阶级新型政党，其中最主要的议程是讨论党纲。与会代表们大都同意以《火星报》编辑部提出的纲领草案为基础，但在无产阶级专政等问题上，出现了激烈争论。经济派、崩得派和托洛茨基（Трóцкий）反对将无产阶级专政写入党纲。他们认为无产阶级专政与民主原则是不相符的。普列汉诺夫则坚定地支持列宁的观点。最后经过激烈讨论，大会除一票弃权外，一致通过了《火星报》编辑部提出的党纲草案，俄国社会民主工党成为第二国际中唯一将无产阶级专政写进党纲的新型政党。

在讨论党章第一条关于什么样的人可以入党时，大会又陷入分歧。列宁代表火星派提出："凡承认党纲、在物质上帮助党并亲自参加党的一个组织的人，都可以成为党员。"③ 马尔托夫（Мартов）认为，在物质上帮助党，而无须参加党的组织，也可以成为党员。按照列宁的主张，俄国社会民主工党应当成为

---

① 格·瓦·普列汉诺夫：普列汉诺夫文选［M］．张光明，编．北京：人民出版社，2010：319.

② 卢卡奇：历史与阶级意识［M］．杜章智，任立，燕宏远，译．北京：商务印书馆，1992：85.

③ 魏泽焕：列宁在维护党的先进性问题上同马尔托夫的一场斗争［J］．中国党政干部论坛，2005（1）：21.

一个组织严密、纪律严格、战斗力坚强的新型无产阶级政党；按照马尔托夫的主张，俄国社会民主工党将成为一个组织涣散、纪律松弛、成分复杂的一般群众性组织。最后，马尔托夫的主张以 6 票优势获得了大会通过。但是，列宁提出党章的其他条文，均以多票通过。

在接下来的中央领导机构和《火星报》编委的选举中，普列汉诺夫和列宁成功当选。从这次大会开始，因为拥护列宁的代表占多数，被称为布尔什维克；反对列宁的人在选举中占少数，被称为孟什维克。布尔什维克派与孟什维克派的划分，是国际共产主义运动中马克思主义和机会主义在俄国的变种。以列宁为核心的布尔什维克派的形成，标志着布尔什维主义即列宁主义的诞生，同时标志着俄国社会主义发展进入新阶段。正如列宁所说："布尔什维主义作为一种政治思潮，作为一个政党而存在，是从 1903 年开始的。"①

12 月武装起义失败后，1905 年革命陷入低潮，俄国陷入白色恐怖中。党在各地的组织十分涣散，思想相当混乱，党内各种争论不断。为了结束派别对立，尽快实现党的统一，经过多方努力，1906 年 4 月 23 日—5 月 8 日俄国社会民主工党第四次（统一）代表大会于瑞典的斯德哥尔摩召开。大会主要围绕两项议题展开：如何统一党的组织和无产阶级政党应当坚持什么样的策略。代表大会通过的新党章采纳了列宁提出的关于入党条件的第一条条文，并写明："党的一切组织是按民主集中制原则建立起来的。"但是大会还是通过了有利于孟什维克的决议，孟什维克在中央委员会中占据多数。

沙皇政府于 1906 年 5 月 10 日召开了第一届国家杜马会议，以平息工人群众不满情绪。列宁认为，在革命走向低潮时，党应当抓住时机利用国家杜马讲坛揭露沙皇议会专制制度，团结和教育人民群众。深受布尔什维克影响的劳动派制定了没收地主土地和一切土地国有化的法令，并导致农民运动的迅猛发展，沙皇政府见状随即解散了第一届杜马。列宁认为应当趁机发动起义，并展开了系列活动。1907 年 5 月 13 日—6 月 1 日俄国社会民主工党第五次代表大会在英国伦敦召开。在这次大会一些关键问题的讨论上，布尔什维克的主张获得了肯定支持，列宁在党内的威望空前提高。

1912 年 1 月 5 日至 17 日，在布拉格召开了俄国社会民主工党第六次全国代表会议。大会最主要的成果是通过了列宁提出的《关于取消主义和取消派团》和《关于国外的党组织》两个决议，把孟什维克取消派开除出党。这样，布尔什维克党成为一个独立的无产阶级政党，简称"俄国社会民主工党"。这个简称

---

① 列宁选集：第 4 卷［M］. 北京：人民出版社，2012：135.

一直用到 1918 年。

（二）主要思想

为了保护二大已经取得的成就，捍卫布尔什维克在国内的阵地，向广大党员阐明党内的分歧，揭露孟什维克机会主义的实质，1904 年 5 月 19 日，列宁写作了《进一步，退两步》。在这部著作中，列宁捍卫和发展了马克思、恩格斯关于无产阶级政党的学说，系统阐述了布尔什维克关于党的建设的理论观点，创立了列宁党建学说的完整理论。

1. 党是无产阶级有组织的部队

列宁认为，马尔托夫主张的实质是将党建成一个改良的机会主义政党。列宁在批判马尔托夫的机会主义的同时，指出党是无产阶级有组织的部队，组织对于无产阶级具有决定的意义。

列宁指出，"党应当是组织的总和（并且不是什么简单的算术式的总和，而是一个整体）"，"党只容纳至少能接受最低限度组织性的分子"。[①] 只有结成一定组织，保证组织的严密性，才能始终保持党的先进性和战斗性，才能保证党的决议得到坚决的贯彻与执行，才能切实保证党的领导作用。因此，党必须按照一定组织原则建立起来，这样一个按照统一的意志、统一的纪律和统一的行动建立起来的党是无产阶级的最高组织，对无产阶级具有决定性意义。

列宁高度重视党的组织作用，他说，"无产阶级在争取政权的斗争中，除了组织，没有别的武器"，高度的组织性是无产阶级的力量之源。无产阶级"所以能够成为而且必然会成为不可战胜的力量，就是因为它根据马克思主义原则形成的思想一致是用组织的物质统一来巩固的，这个组织把千百万劳动者团结成一支工人阶级的大军。在这支大军面前，无论是已经衰败的俄国专制政权还是正在衰败的国际资本政权，都是支持不住的"[②]。

列宁所说的党的组织，不是一般的工人组织，指的是革命家组织和加入党的广泛的、各种各样的工人组织。而那些靠近党、不加入党的工人组织，不靠近党、服从党的监督和领导的工人组织和那些参加服从党的领导的个人不能算作党的组织。因此，党是工人阶级的先进部队，而不是一般的工人组织。因此，列宁反对用"阶级的党"模糊党的组织界限，要在肯定党的阶级属性的同时，保持党的先进性。

---

① 列宁专题文集：论无产阶级政党［M］．北京：人民出版社，2009：102.

② 列宁选集：第 1 卷［M］．北京：人民出版社，2012：526.

2. 党的根本组织原则是民主集中制与民主主义

列宁认为，党内机会主义派和革命派在组织问题上的斗争，具体地说，就是"自治制同集中制的冲突，民主主义同'官僚主义'的冲突，削弱组织和纪律严格性的倾向同加强组织和纪律严格性的倾向的冲突"①。因此，要保证党成为有真正战斗力的组织，就必须实行民主集中制的原则。

列宁明确提出要用集中制的原则建党，"我坚持自己的条文，并指出，除非放弃集中制的原则，否则我决不能给党员下其他的定义"②。马尔托夫主张的"自治制"就是要放弃党的任何监督，给予地方和个人反对党中央和不执行党中央决议的权利，把集中制污蔑为"官僚主义"和"形式主义"。这样的后果，必然使党陷于瘫痪，完全丧失战斗力。列宁强调指出："为了保证党内团结，为了保证党的工作的集中化，还需要有组织上的统一……如果没有正式规定的党章，没有少数服从多数，没有部分服从整体，那简直是不可想象的。"③

1905 年莫斯科十月罢工后，俄国出现了相对宽松的政治环境。列宁在 11 月写成的《论党的改组》一文中，指出党应该在新的历史时期研究新的组织形式，普遍实行党内选举制。"我们党的活动的条件发生了根本的变化。集会、结社、出版的自由已经争取到了。当然，这些权利是极不稳固的，如果指靠现有的自由，即使不是犯罪，也是愚蠢的。……党的秘密机关必须保存。同时绝对必须最广泛地利用现有的比较广泛的自由。"④ 在 1906 年俄国社会民主工党四大，民主集中制原则被载入党章。

因此，列宁的集中制不是官僚的集中，也不是专制的集中制，而是在俄国特定政治环境下的产物。即使在《怎么办？》和《进一步，退两步》这两本小册子中，列宁也提出党代表大会是党的最高权力机关，任何领导人都不能享有不服从党内多数人意志的特权。1907 年 1 月 13—14 日，列宁在《社会民主党和杜马选举》一文中解释了党的民主制："俄国社会民主工党是民主组织起来的。这就是说，党内的一切事务是由全体党员直接或者通过代表，在一律平等和毫无例外的条件下来处理的；并且，党的所有负责人员、所有领导成员、所有机构都是选举产生的，必须向党员报告工作，并可以撤换。"⑤

---

① 列宁选集：第 1 卷 [M]. 北京：人民出版社，2012：513.
② 列宁选集：第 1 卷 [M]. 北京：人民出版社，2012：402.
③ 列宁选集：第 1 卷 [M]. 北京：人民出版社，2012：499.
④ 列宁全集：第 12 卷 [M]. 北京：人民出版社，2017：77.
⑤ 列宁全集：第 14 卷 [M]. 北京：人民出版社，2017：249.

3. 党必须以马克思主义为指导

针对经济派轻视革命理论的错误和国际社会民主党对马克思主义理论思想动摇的状况，列宁提出革命理论对党的建设的重要意义，这种理论就是马克思主义理论，列宁指出，"没有革命理论，就不会有坚强的社会党，因为革命理论能使一切社会党人团结起来，他们从革命理论中能取得一切信念，他们能运用革命理论来确定斗争方法和活动方式"，"只有以先进理论为指南的党，才能实现先进战士的作用"。① 列宁旗帜鲜明地指出俄国社会民主党是以马克思主义的革命理论为指导的政党，"只有马克思主义的革命理论，才能成为工人阶级运动的旗帜"，"我们完全以马克思的理论为依据，因为它第一次把社会主义从空想变成科学，给这个科学奠定了巩固的基础，指出了继续发展和详细研究这个科学所遵循的道路"。②

列宁强调指出，马克思主义是科学的理论而不是教条，"我们决不把马克思的理论看作某种一成不变的和神圣不可侵犯的东西；恰恰相反，我们深信：它只是给一种科学奠定了基础，社会党人如果不愿落后于实际生活，就应当在各方面把这门科学推向前进。我们认为，对俄国社会党人来说，尤其需要独立地探讨马克思的理论，因为它所提供的只是总的指导原理，而这些原理的应用具体地说，在英国不同于法国，在法国不同于德国，在德国又不同于俄国"③。因此，列宁主张，"俄国社会民主党应该设法继续发展并且实现这个理论，同时要保卫它，使它不致像许多'时髦理论'那样常常被曲解和庸俗化"④。同时，还必须将马克思主义同各国实际相结合，马克思主义才能有生命力，才能不断向前发展。

最后，为了向工人运动宣传马克思主义，也为了将工人运动同社会主义结合起来，列宁向无产阶级政党提出了灌输任务，来加强马克思主义对工人运动的指导地位和旗帜作用。前文已有论述，在此不再重复。

二、民主革命向社会主义革命转变的理论

列宁革命转变理论的提出经过了一个从夺取政权的初步构想到实现两种革命政治经济转变的发展过程。在整个过程中，列宁突出了无产阶级的主观能动作用，使之与马克思、恩格斯的主张形成了鲜明的对比，也因此遭到了来自左

① 列宁选集：第 1 卷［M］. 北京：人民出版社，2012：274，312.
② 列宁选集：第 1 卷［M］. 北京：人民出版社，2012：271，273.
③ 列宁选集：第 1 卷［M］. 北京：人民出版社，2012：274-275.
④ 列宁选集：第 1 卷［M］. 北京：人民出版社，2012：271.

派的批评。

（一）两条路线与革命转变理论的初步提出

1905 年革命爆发后，布尔什维克和孟什维克在斗争策略问题上存在着根本分歧和激烈的斗争。为拟定统一的革命策略，团结党的力量，列宁决定召开党的第三次代表大会。

1905 年 4 月 25 日至 5 月 10 日，俄国社会民主工党第三次代表大会在伦敦举行。会上通过了列宁草拟的《党章》和武装起义等一系列决议，确定《无产者报》为党中央机关报，并选举产生了中央委员会作为党中央的唯一领导机关。孟什维克拒绝参加党的三大，他们在日内瓦召开了第一次全俄党的工作者代表会议。两个代表大会制定了两条根本对立的策略路线。布尔什维克主张：革命由无产阶级领导，工人和农民结成联盟，举行武装起义，建立工农民主专政，把资产阶级民主革命进行到底并转变为社会主义革命。孟什维克则主张：革命由资产阶级领导，无产阶级同资产阶级结成同盟，用和平方式改变沙皇制度，利用杜马等代表机关作为全国革命力量的中心，使资产阶级民主革命半途而废。

为了捍卫三大的成果，批判孟什维克的机会主义路线，列宁在 1905 年 6—7 月写成《社会民主党在民主革命中的两种策略》（以下简称《两种策略》）。在这部著作中，列宁全面阐释了布尔什维克对革命以及各阶级在革命中的作用和任务等问题的基本观点，形成了独特的革命转变理论。

列宁认为 1905 年的革命仍然属于资产阶级民主革命的性质，其任务在于为资本主义的发展进一步扫清道路。列宁指出，民主革命和社会主义革命的对象、任务和动力都是不同的，因此两种革命的性质是根本不同的，必须把它们严格区别开来。但是，在俄国，民主革命和社会主义革命之间没有横亘着一道万里长城。

首先，列宁指出无产阶级政党的最终目的是实现社会主义。民主革命是第一步，社会主义革命是第二步，是最关键的一步。民主革命的胜利是社会主义革命成功的前提保证，前者的结束意味着后者的开始。因此无产阶级及其政党必须用全部力量去实现民主革命，充分利用和扩大民主革命产生的一切积极成果和便利条件，为即将到来的社会主义革命做好充分的准备。当时机条件成熟后，促进民主革命向社会主义革命的转变，除此之外没有其他走向社会主义的道路。

其次，实现无产阶级的领导权是革命转变的基本保证。列宁根据俄国资产阶级、无产阶级和农民的阶级特征和力量对比，指出只有无产阶级才能担负起

革命主力军的作用。列宁认为实现革命转变的重要条件是坚持和发展无产阶级
对革命的领导权，唤醒和教育农民，建立和巩固同农民的联盟，不断壮大工农
民主专政。其中最重要的是，在布尔什维克的领导下，把无产阶级锻造为最强
大的政治力量，这是实现革命转变的基本保证。列宁明确指出："阶级是由政党
来领导的；政党通常是由最有威信、最有影响、最有经验、被选出担任最重要
职务而称为领袖的人们所组成的比较稳定的集团来主持的。"① 这个稳定的集团
就是职业革命家集团。1900 年，列宁第一次明确提出了职业革命家的思想。在
《怎么办?》和《进一步，退两步》中，列宁系统阐述了这一思想。职业革命家
指那些"主要以革命活动为职业"的人。职业革命家具有人数少、集权和秘密
活动的特点，被列宁视为革命政党的核心力量。列宁指出："我们首要的最迫切
的实际任务是要建立一个能使政治斗争具有力量、具有稳定性和继承性的革命
家组织。"② 这样，列宁通过灌输理论、职业革命家理论和无产阶级政党理论，
"给革命刻上无产阶级的标记，把革命引导到真正彻底的胜利，不是口头上的而
是事实上的胜利"③。

最后，在民主革命向社会主义革命转变中，存在一个过渡期。列宁认为在
无产阶级掌握了民主革命政权后，不应过早提出向社会主义革命转变的任务。
因为根据马克思主义历史观的基本要求，未来社会主义社会必须建立在资本主
义获得充分发展的基础之上。因此，无产阶级应当最大限度地利用民主革命，
等待时机，而不能急于向社会主义革命过渡。

（二）世界大战与革命转变理论的政治任务

1914 年第一次世界大战的爆发进一步加强了各国的联系，加速了世界历史
的进程。同时，一战也导致资本主义世界各种矛盾的激化，加速了世界政治经
济发展的不平衡，造成了帝国主义体系中的薄弱环节，削弱了帝国主义镇压革
命的力量，为资产阶级民主革命向社会主义革命转变提供了有利的国际条件。

在俄国，同样出现了有利于转变的形势。1917 年二月革命胜利后，俄国出
现了两个政权并存的局面：一个是工农民主专政性质的工兵代表苏维埃；另一
个是资产阶级专政性质的临时政府。两个政权同时并存，表明俄国社会矛盾双
方、资产阶级和无产阶级之间势均力敌，反映了俄国革命处于不稳定的过渡阶
段。在这一紧要关头，列宁于 4 月 16 日回到俄国。第二天，列宁在布尔什维克

---

① 列宁专题文集：论无产阶级政党［M］. 北京：人民出版社，2009：163.
② 列宁选集：第 1 卷［M］. 北京：人民出版社，2012：386.
③ 列宁选集：第 1 卷［M］. 北京：人民出版社，2012：528.

领导工作人员的会议上做了《论无产阶级在这次革命中的任务》的报告，即《四月提纲》。

在《四月提纲》中，列宁指出俄国当前形势的特点是从资产阶级民主革命向社会主义革命的过渡阶段。这一阶段的主要任务是无产阶级和贫苦农民从资产阶级手中夺取政权，建立起巴黎公社式的苏维埃共和国。与此相适应的，列宁提出了经济变革的主张：由苏维埃监督社会产品的生产，合并全国银行为统一的全国性银行并接受苏维埃监督；没收一切地主土地，实行土地国有化，然后交当地雇农和农民代表苏维埃支配；等等。《俄共（布）党史简明教程》对《四月提纲》做出了这样的评价："列宁的四月提纲向党提出了一个争取资产阶级民主革命过渡到社会主义革命、从革命第一阶段过渡到第二阶段即社会主义革命阶段的计划。"① 这样的概括倒是简单明了，却淹没了列宁在这个问题上的思索过程，模糊了列宁的创新精神。

首先，列宁的革命转变理论是一个发展的理论。俄国社会主义革命是在一个不断激进发展的过程中实现的，列宁的革命转变理论在这一过程中顺应了激进发展的客观需求。自1905年以来，列宁提出革命转变理论后，其重心由夺取政权的主体、动力以及革命前途等问题逐渐转到了向社会主义革命转变的政治和经济策略问题。后者向我们展现了一个具体的、可以落实的社会主义。在坚持了土地国有化和八小时工作制以外，列宁提出了一些更为激进的主张，如在政治上，列宁主张"全部政权归苏维埃"的口号，建立一个"从下到上遍及全国的工人、雇农和农民代表苏维埃共和国"，"一切官吏应由选举产生，并且可以随时撤换，他们的薪金不得超过熟练工人的平均工资"②；在经济上，列宁初步提出了对银行和辛迪加实行国有化的主张；等等。列宁力图将经济领域的变革与工农专政的政治变革相适应，为社会主义革命做好经济上的充分准备。

其次，《四月提纲》不是一个社会主义革命纲领。按照列宁的判断，俄国处于向社会主义革命过渡的阶段，但是列宁未能形成一个确切的概念来界定这个"既非资本主义也非社会主义而是介于二者之间"的特殊时期。列宁十分明确地提出，《四月提纲》中的政治纲领和经济纲领以社会主义为目标，是通向社会主义的必要措施，"我们的直接任务并不是'实施'社会主义"③。列宁在其后的许多地方解释了这一说法。如在《论策略书》中，列宁针对加米涅夫（Каменев）

---

① 俄共（布）党史简明教程［M］. 北京：人民出版社，1974：205.

② 列宁专题文集：论社会主义［M］. 北京：人民出版社，2009：20-21.

③ 列宁专题文集：论社会主义［M］. 北京：人民出版社，2009：21.

的指责，说道："我不但没有'指望'我们的革命'立刻转变'为社会主义革命，而且直接提醒不要有这种想法。"① 因为在一个小农国家里，只要绝大多数居民还没有觉悟到必须进行社会主义革命，无产阶级政党就决不能提出实施社会主义的目的。因此，列宁指出俄国无产阶级的直接任务是"争取一个最能保证经济发展和人民权利，特别是保证痛苦最少地向社会主义过渡的国家制度"②。但这不是说，纲领中的新措施与社会主义毫无关系，相反，列宁将这些措施看作向社会主义的过渡措施。如他认为对银行实施监督，把私人银行合并为一个全国性银行，不是社会主义性质的纲领，却是走向社会主义的一个步骤。③

最后，《四月提纲》提供了第三种过渡方式。在马克思、恩格斯的设想中，未来社会主义是高度发达的资本主义固有矛盾不可调和的产物。在资本主义社会和社会主义社会中间，要经历一个无产阶级夺取政权、完成社会主义革命、实行无产阶级专政的过渡时期。这个过渡时期是迈向社会主义必不可少的阶段。实现社会主义革命主要依靠暴力革命的手段，但不排除个别国家通过和平手段完成社会主义革命的情况。19 世纪末至 20 世纪初，改良主义代替了暴力革命成为大多数社会党的斗争方式。西方资本主义国家能否通过改良主义或暴力革命走上社会主义道路都是未知的，属于未来的范畴。列宁的纲领则成为一种即将付诸实践，直接影响到无产阶级斗争方向的现实学说。因为俄国两个政权并存的局面，列宁的探索颠覆了马克思恩格斯和社会党国际的设想，开辟了一条新的社会主义革命道路——在民主革命完成后，无产阶级应当积极地从政治上和经济上做好充分准备，向社会主义革命过渡，而不是袖手旁观，无所作为。在这个时期，无产阶级将主要利用合法手段帮助群众认清临时政府的本来面目，耐心地、不断地将人民群众争取到工人代表苏维埃这边来。正是因为列宁认识到俄国的社会主义革命超越了马克思、恩格斯的设想，所以列宁的社会主义"不是一种跳跃，而是一条摆脱业已造成的经济破坏的实际出路"④，俄国特色日益鲜明；另一方面，列宁的社会主义并未走得太远，而是从理论上更加依赖世界革命，这一依赖留下了日后苏共必须补上的理论缺口。

（三）对革命转变理论的批判与反思

列宁在《两种策略》中提出的革命转变理论只是一个很粗糙的轮廓，一个

① 列宁全集：第 29 卷 [M]．北京：人民出版社，1985：146.
② 列宁全集：第 29 卷 [M]．北京：人民出版社，1985：486.
③ 列宁全集：第 29 卷 [M]．北京：人民出版社，1985：358.
④ 列宁全集：第 29 卷 [M]．北京：人民出版社，1985：438.

不切实际的设想。在后来的《四月提纲》中，列宁在一定程度上纠正了自己的看法："俄国当前形势的特点是从革命的第一阶段向革命的第二阶段过渡，第一阶段由于无产阶级的觉悟和组织程度不够，政权落到了资产阶级手中，第二阶段则应当使政权转到无产阶级和贫苦农民手中。"① 但是，列宁始终坚持阶级自觉意识和主观能动性在革命中处于至关重要的地位。"在此之前，思想意识虽然也被确认为社会主义运动中不可缺少的环节，但它被认为是客观的经济运动和阶级斗争条件发展的结果，是一个不自觉的历史自然进程的自觉表现"，而在列宁的社会主义理论体系中，"阶级的需要被提升到了前所未有的高度"。②

我们知道，在《共产党宣言》中，针对德国的革命形势和阶级发展状况，马克思、恩格斯首次提出了资产阶级民主革命转变为社会主义革命的设想。但是，提出任务并不等于具备了解决任务的条件。后来的事实表明，资本主义在19世纪还有很强的扩展能力，恩格斯晚年对此也做出了明确说明。同马克思、恩格斯的设想相比，列宁的革命转变理论有着鲜明的特色。列宁的新设想是要求无产阶级政党代替资产阶级领导资产阶级革命。列宁认为，这是当时俄国现实历史条件下唯一正确的做法，它将大大缩短民主革命向社会主义革命过渡的历史进程。因为从革命一开始，就已经处于社会主义政党的伟大理想目标的指引下，从而可以更加自觉主动地掌握这一进程，加快这一转变。卢森堡（Rosa Luxembourg）对列宁的这些主张提出了尖锐的批评。

1904—1906年，整个俄国工人表现出来的创造性和战斗性与自由派资产阶级表现出的软弱、摇摆不定形成对比，促使卢森堡清晰地看到："从表面的任务看是资产阶级性的革命却要主要依靠有阶级觉悟的现代无产阶级来完成，在以前那些西方革命中，革命的领导力量是资产阶级，现在领导和推进革命的力量是有觉悟的无产阶级。"③ 在1907年召开的党代会上，卢森堡也站在布尔什维克一方，反对孟什维克的主张。她说："当我们得出结论说，资产阶级在当前的革命中没有也不可能起到解放运动的领导作用，按照它的政策的性质它是反革命的；当我们根据这一点宣布，无产阶级再不应把自己看成资产阶级自由主义的辅助部队（就像孟什维克所持的立场），而要把自己看成革命运动的先锋队，

---

① 列宁专题文集：论社会主义 [M]. 北京：人民出版社，2009：19.

② 张光明. 社会主义由西方到东方的演进：从马克思到邓小平的社会主义思想史考察 [M]. 昆明：云南人民出版社，2004：119.

③ 彼得·胡迪斯文，张光明. 革命能够被制造吗？重温卢森堡《群众罢工》一书 [J]. 当代世界社会主义问题，2011（2）：43.

这支队伍独立地制定自己的政策，不依靠所有其他阶级……"①

但与此同时，在无产阶级组织问题上，卢森堡提出了完全不同的观点："每一次真正伟大的阶级斗争都必须以最广大的群众的支持与参加作为基础，而一种阶级斗争的战略，如果不是指望有最广大的群众参加斗争，而是只依靠无产阶级中像驻扎在兵营里的那一小部分人所搞的漂亮行军，那么它事先就已注定要遭到可悲的失败。"②列宁当然也承认，"如果革命党在各个革命阶级的先进队伍内和在全国范围内没有争得多数，那就说不上什么起义"③。但是在现实面前，列宁更多的是一个革命家而不是一个理论家。列宁强调职业革命家和先进意识有利于马克思主义思想在俄国的传播与发展，并将之具体化为现实力量，从而架起东方社会主义的桥梁。

普列汉诺夫在 1905 年革命时期和十月革命前夕对列宁的革命转变理论提出批评。1905 年前后，无论是孟什维克还是布尔什维克都认为社会主义革命为时尚早，他们的分歧在于后者主张社会主义政党可以代替资产阶级完成民主革命。普列汉诺夫认为这种策略是不可能的，俄国资产阶级革命的使命应当由俄国无产阶级和俄国资产阶级共同完成，而不是由无产阶级独立完成。他甚至预言，"工人阶级的代表一旦参加小业主的和半小业主的政府，他们就会处在麻烦的境地"——"他们能够做到的事情在许多场合下违反无产阶级的直接利益；他们必须做的事情在更多的场合下却无法实现"④。社会主义实践的历史已经告诉我们，在经济状况还不成熟的条件下，夺取政权的社会主义政党始终无法长期实行本该由资产阶级完成的历史任务。

十月革命前夕，普列汉诺夫以"只有在工人构成居民的'多数'时，才能建立无产阶级专政"为由反对无产阶级夺取政权的主张，卢森堡也曾经指出，"对无产阶级斗争中组织作用的过高估计和错误估计，常常是以对未组织起来的无产者大众及其政治成熟性的过低估计为补充的"⑤。美国学者彼得·胡迪斯文将其总结为左派面临的"根本性的两难问题——如何在绝大多数被压迫群众直接支持的基础上去获取政权，而不是背着他们去夺取政权"，时至今日这个问题仍然困扰着激进左派。接着，作者指出"这个问题之未能解决，在过去一百年

①　卢森堡文选：下卷 ［M］. 北京：人民出版社，1990：140.
②　卢森堡文选：下卷 ［M］. 北京：人民出版社，1990：84.
③　列宁全集：第 26 卷 ［M］. 北京：人民出版社，1959：116.
④　普列汉诺夫机会主义文选 ［M］. 虚容，译. 北京：生活·读书·新知三联书店，1964：218-219.
⑤　卢森堡文选：下卷 ［M］. 北京：人民出版社，1990：84.

间统治着左派话语的两大主要趋势中都得到了反映。其中一种趋势抑制着自己不去做通过革命夺取政权之想，而是赞成提出各种改良主义的主张；另一种趋势则发扬革命的主张，但认为可以在缺少深厚的群众根基和群众的坚实支持的情况下由先锋队领导去夺取并保持政权"①。如何正视并超越这两种趋势则成为摆在左派面前的重大理论问题和现实问题。

三、世界革命与"一国胜利"的理论

世界革命理论在东方社会主义理论体系中占有独特的位置。它为物质条件缺乏和文化条件不足的落后国家提供了一种可以期待的发生社会主义革命的客观条件。列宁在帝国主义时代发展了马克思的世界革命理论，希望俄国革命的胜利可以把欧洲发动起来，先进的西方无产阶级获胜后，再反过来援助俄国革命。列宁提出世界革命论的同时，托洛茨基提出了"不断革命论"，进一步深化了列宁的理论。在这些理论积淀基础上，列宁提出了社会主义可能在一国首先取得政治上的胜利，这个理论是对世界革命理论的重要补充。

（一）列宁世界革命理论的形成逻辑

世界革命理论在列宁的社会主义思想体系中有特殊的意义。一方面，列宁继承了马克思、恩格斯的相关理论，另一方面，列宁认为在俄国世界革命是俄国社会主义最终获得胜利的根本保证。马克思、恩格斯认为，社会主义是一项世界历史性的事业，西方发达资本主义国家在这场伟大的斗争中将扮演急先锋的角色。列宁通过提出"一国胜利论"丰富和发展了马克思、恩格斯的世界革命理论，世界革命论是"一国胜利论"得以实现的理论堡垒。

难道列宁真像普列汉诺夫批评的那样，完全看不到俄国并不具备马克思恩格斯意义上的进行社会主义革命的客观条件吗？当然不是。无论是在1905年革命期间，还是在十月革命期间，列宁都没让自己的任务超出资本主义生产关系的范畴。1917年3月，列宁在《给瑞士工人的告别信》中，这样写道："俄国无产阶级十分荣幸的是，帝国主义战争在客观上必然引起的一系列革命由它来开始。但是我们绝对没有这样的想法：俄国无产阶级是各国工人中间最优秀的革命无产阶级。我们清楚地知道，俄国无产阶级的组织、修养和觉悟程度都不及其他国家的工人。并不是特殊的素质而只是特殊的历史条件使得俄国无产阶

① 彼得·胡迪斯文，张光明. 革命能够被制造吗？重温卢森堡《群众罢工》一书 [J]. 当代世界社会主义问题，2011（2）：45.

级在某一时期，可能是很短暂的时期内成为全世界革命无产阶级的先锋。"① 然而仅有"特殊的历史条件"是不够的，还必须建立起关于革命客观条件的理论信念。一大批布尔什维克的理论家承担起这一理论任务，从而形成了具有俄国特色的世界革命理论。

如果说，革命前的实际需要催生了俄国独特的世界革命理论，那么十月革命后，它又充当了心理上的救命稻草。列宁并没有指望刚刚诞生的布尔什维克主义制度能够长寿。在国外革命不爆发的情况下，保住革命政权，在列宁看来，希望是极其渺茫的。"当苏维埃政权满73天时，通常不怎么表现出喜悦的列宁感到很高兴。他对《曼彻斯特卫报》驻俄国的记者阿瑟·兰塞姆说，现在他十分满意，因为即使苏维埃制度灭亡了，那它存在的时间也超过了巴黎公社，它为未来的世界革命事业做出了比巴黎公社更大的贡献。"② 1918年，苏维埃俄国与德国帝国主义签订了《布列斯特和约》。这份"妥协的"合约是列宁在世界革命尚未到来之前，努力保持政权，争取喘息时机做出的重大策略抉择。③ 列宁说："对我们来说，重要的是要坚持到总的社会主义革命出现，而要做到这一点，只有签订和约。"④

1920年年末，布尔什维克终于赢得了内战的最后胜利，却依然没有放弃世界革命的思想。1921年，列宁在共产国际三大所做的报告中，写道："当初国际革命是由我们来开头的，我们这样做，并不是由于我们相信我们能够使国际革命的发展提前，而是因为有许多客观情况促使我们这样做。我们曾这样想：或者是国际革命将会援助我们，那我们的胜利就有充分的保证；或者是我们将做自己的一份小小的革命工作，即使遭到失败，我们为革命事业仍然尽了力量，我们的经验可供其他国家的革命借鉴。我们懂得，没有国际上世界革命的支持，无产阶级革命是不可能取得胜利的。还在革命以前，以及在革命以后，我们都是这样想的：要么是资本主义比较发达的其他国家立刻爆发或至少很快爆发革命，要么是我们灭亡。"⑤ 一直到1923年，布尔什维克的领袖们才完全放弃了德国革命的希望，"待新生的苏维埃共和国，从烦恼的灰烬中重新站起来时，发现

---

① 列宁全集：第29卷 [M]. 北京：人民出版社，1985：90.

② 路易斯·费希尔. 神奇的伟人：列宁（上册）[M]. 彭卓吾，译. 北京：中国社会科学出版社，1989：185.

③ 参考：俞敏. 列宁世界革命理论和路线的一次重要转折：兼评列宁的"妥协"策略和思想 [J]. 马克思主义研究，2012（1）.

④ 列宁全集：第33卷 [M]. 北京：人民出版社，1985：261.

⑤ 列宁全集：第42卷 [M]. 北京：人民出版社，1986：39-40.

自己已经和当初芬兰车站时代的列宁的想法越来越远了"①。

(二) 托洛茨基的"理论支持"

1929 年, 托洛茨基在《不断革命》一文中, 总结了"不断革命"理论的全部内容: 从民主革命到社会主义革命的不断性、社会主义革命的不断性和国际革命的不断性。本章仅涉及"从民主革命到社会主义革命的不断性"。

1905 年革命失败后, 托洛茨基撰写了一系列文章来论证他的不断革命论。没有什么比托洛茨基在《1905 年》中的总结可以更好地阐释这一理论了, 全文摘引如下: "直接摆在俄国革命面前的虽然是资产阶级的目的, 可是它不能停留在这些目的上面。除非使无产阶级执掌政权, 革命就不能解决它当前的资产阶级任务。而无产阶级掌握政权后, 又不能以革命的资产阶级范围来限制自己。恰恰相反, 无产阶级先锋队正是为了保证自己的胜利, 还在它统治的初期, 就不仅要最深刻地侵犯封建所有制, 而且要最深刻地侵犯资产阶级所有制。在这种情形下, 它不仅会和那些在无产阶级革命斗争初期支持过它的一切资产阶级集团发生敌对的冲突, 而且会和那些协助过它取得政权的广大农民群众发生敌对的冲突。在农民占人口绝大多数的落后国家内, 工人政府所处地位的矛盾, 只有在国际范围内即在无产阶级世界革命舞台上, 才能求得解决。在由于历史的必然性而突破了俄国革命狭隘的资产阶级民主主义的范围之后, 胜利的无产阶级将不得不突破其民族国家的范围, 也就是应当自觉地力求使俄国革命成为世界革命的序幕。"② 这里有两个要点: 一是无产阶级取得政权后, 必须走社会主义道路; 二是已经获得政权的无产阶级只有得到西方先进国家已经胜利的无产阶级的支持才能保住政权。显然, 至少在 1905 年革命期间, 托洛茨基的不断革命论比列宁的主张走得更远。

列宁强调两种革命的区别, 主张不断革命论与革命发展阶段论相结合。列宁在《社会民主党在民主革命中的两种策略》中写道: "从某种意义上说, 资产阶级革命对无产阶级要比对资产阶级更加有利。""资本主义的最广泛、最自由、最迅速的发展, 同工人阶级有绝对的利害关系。"③ 直到二月革命前夕, 列宁一直主张民主革命是俄国无产阶级的当前任务, 社会主义革命依然是遥不可及的。托洛茨基的论断不能简单理解为"跳跃论"和"毕其功唯一役", 因为, 他从

① 霍布斯鲍姆: 极端的年代 (上) [M]. 郑明萱, 译. 南京: 江苏人民出版社, 1998: 99, 91.
② 托洛茨基言论: 上册 [M]. 北京: 生活·读书·新知三联书店, 1979: 177.
③ 列宁选集: 第 2 卷 [M]. 北京: 人民出版社, 2012: 556.

理论上论证了工人政府的建立就意味着"把社会主义任务提上日程","民主革命立即转变为社会主义革命,从而成为不断革命"。无产阶级专政的性质则决定了"还在它统治的初期,就不仅要最深刻地侵犯封建所有制,而且要最深刻地侵犯资产阶级所有制"①。无怪乎社会主义思想家柯尔说:"在1905年革命期间,托洛茨基更接近布尔什维克而不是孟什维克。"②

但是,恰恰在"客观条件"这个问题上,托洛茨基又绕了回来。"它(取得政权的无产阶级)必须采取不断革命的策略,也就是必须打破社会民主党最低纲领和最高纲领的界限,向愈来愈激进的社会改革过渡,并从西欧寻求直接及时的支持。"③

十月革命前夕,面对革命的客观形势,列宁及时调整战略方针,提出了夺取政权,将革命进行到底的主张,两人的观点殊途同归。对此,托洛茨基传记作家多伊彻(Isaac Deutscher)就此写道:"他们两人都得出了明确的结论,其中一个得出这些结论早得多,而另一个却为这些结论做了长时间的艰苦的辩论。……他们的思想从不同的出发点,通过不同的过程向前发展走向他们此刻的会合点。"④

(三)一国社会主义是列宁提出的吗

在世界革命理论和不断革命理论的基础上,列宁提出了著名的"一国胜利论"。列宁的一国胜利论是否如《苏联共产党(布)历史简明教程》写明的那样,意指"社会主义革命完全可能在单独一个国家里获得胜利"?

1915年,列宁在《论欧洲联邦口号》中,利用资本主义经济政治发展不平衡的绝对规律,得出"社会主义可能首先在少数甚至在单独一个资本主义国家内获得胜利"的结论,并指出首先获得胜利的无产阶级会同其余的资本主义世界抗衡,最终"在这些国家中发动反对资本家的起义,必要时甚至用武力去反对各剥削阶级及其国家"⑤。1916年9月,列宁在《无产阶级革命的军事纲领》中,再次阐述了社会主义"将首先在一个或者几个国家内获得胜利,而其余的

① 托洛茨基言论:上册 [M]. 北京:生活·读书·新知三联书店,1979:289.
② G. D. H. 柯尔. 社会主义思想史:第3卷,上册 [M]. 何瑞丰,译. 北京:商务印书馆,1981:462.
③ 托洛茨基. "不断革命"论 [M]. 蔡汉敖,译. 北京:生活·读书·新知三联书店,1966:2-3.
④ 伊萨克·多伊彻. 武装的先知 [M]. 王国龙,译. 北京:中央编译出版社,2013:285.
⑤ 列宁选集:第2卷 [M]. 北京:人民出版社,2012:554.

国家在一段时期内将仍然是资产阶级的或资产阶级以前的国家"①。列宁认为，资产阶级国家和社会主义国家不可能和平共存，必然引起"争取社会主义、争取把其他各国人民从资产阶级压迫下解放出来的战争……"就像"恩格斯在1882年9月12日给考茨基的信中直接承认已经胜利了的社会主义有进行'自卫战争'的可能性，他说的完全正确"②。从这些引文中，我们可以看到列宁的"一国胜利论"没有像斯大林所认为的那样，否定马克思、恩格斯的世界革命理论，与他们提出的"同时胜利论"也不存在根本性对立。③

首先，"一国胜利论"和"同时胜利论"都是世界革命的产物。世界革命是"一国胜利论"的理论背景，"一国胜利论"是世界革命理论的重要补充，它以不平衡理论为基础，是世界革命的特殊性的体现；"同时胜利论"着眼于世界革命的普遍性，两者没有本质的差别，统一于世界革命。

其次，"一国胜利论"和"同时胜利论"的"胜利"是社会主义革命的胜利。关于同时胜利论的具体含义，本书已经有所论述，指的是社会主义革命在几个国家相互支持中先后取得成功。季诺维也夫在他的《列宁主义》一书中，这样阐释了社会主义的"胜利"："无产阶级在这一或那一国家夺得政权，这已经是社会主义的最巨大的胜利。社会主义的胜利在这种情况下意味着无产阶级革命的胜利已经是最终胜利的社会主义。但我们绝不想以此说明，甚至像无产阶级夺得政权这样的无产阶级革命的胜利已经是最终胜利的社会主义。"④ 这样，社会主义胜利实际区分了社会主义革命和社会主义全面变革两种不同的胜利。正如有学者指出的，列宁是一位具有理论修养的马克思主义理论家，不可能设想在一个落后的农业国度社会主义可以获得全面的胜利，因此，列宁的"一国胜利论"就是指社会主义革命的胜利，而不是为了与"同时胜利论"的衔接而弱化列宁的"胜利"的含义。⑤

最后，"一国胜利论"和"同时胜利论"中的革命起点是完全不同的。前者突破了马克思、恩格斯设想的西方发达国家起点论，是马克思恩格斯社会主

① 列宁选集：第2卷［M］. 北京：人民出版社，2012：722.
② 列宁选集：第2卷［M］. 北京：人民出版社，2012：722.
③ 高放在《关于社会主义"同时胜利"和"一国胜利"问题辨析》一文中，提出了截然相反的观点，他认为恰恰是列宁本人将这两种观点对立起来。具体参见：高放. 关于社会主义"同时胜利"和"一国胜利"问题辨析［J］. 当代世界社会主义问题，1995（2）.
④ 中央编译局国际共运史研究所. "一国社会主义问题"论争资料［M］. 北京：东方出版社，1986：1.
⑤ 曹浩瀚. 列宁革命思想研究［M］. 北京：中央编译出版社，2012：144-145.

义革命理论的重要补充。因此，世界革命理论对于列宁的社会主义学说的重要意义凸显出来，要将马克思主义同俄国实际相结合，世界革命理论就是重要的理论桥梁和理论堡垒。在第一次世界大战期间，世界革命理论尚可以立足。但是当大战结束、国内战争结束后，遥遥无期的世界革命使俄国社会主义陷入尴尬的境地——已经取得政权的布尔什维克必须证明在俄国实现社会主义的客观条件到底在哪里。这既是一个理论难题，又是一次进行理论突破的时机。

四、帝国主义论及其历史作用

帝国主义论是在新的历史时期，列宁对西方资本主义发展现状及其未来趋势的理论总结。它的形成以第一次世界大战为分水岭分为传统认识阶段和帝国主义论阶段。列宁批判了考茨基的超帝国主义论，吸收了布哈林（Бухарин）的研究成果，形成了独具特色的帝国主义理论。帝国主义论是世界革命理论的一次重大发展，是列宁社会主义革命与建设理论的思想基础，是理解苏联社会主义模式的一把钥匙。

（一）列宁帝国主义论的形成

第一次世界大战之前，列宁对资本主义的看法基本坚持了马克思主义资本主义观的经典表述。1895 年年底至 1899 年 1 月，列宁写出了《俄国资本主义的发展》一书，标志着列宁早期资本主义观的形成。在这部著作中，列宁运用唯物史观和辩证法对俄国资本主义的发展进行了全面考察。

列宁将俄国资本主义的发展看成一个有机的发展过程，并将之划分为借贷资本阶段、商品资本阶段、生产资本阶段和大工业阶段。同时，列宁还指出资本主义在农业和工业领域的生长，这种生长必然引起俄国社会阶级结构的变化。列宁无可辩驳地证明了资本主义在俄国将会成为占统治地位的生产方式。通过详细的统计数字，列宁还令人信服地指出，俄国资本主义的发展由于农奴制的广泛存在必然是一个缓慢的历史过程。特别重要的是，列宁强调只有具体深入研究正在悄然发生的农业农村资本主义的发展过程，才能真正把握资本主义的起源，而这正是俄国资本主义不同于西欧资本主义的特殊之处。

在这本书中，列宁对俄国资本主义的发展特别是农村资本主义的发展估计过高，并具有潜在的经济决定论的倾向。为此，列宁在 1907 年版的序言中做出了专门的解释和自我批判。

1905 年俄国革命的爆发和斯托雷平土地改革的推行从实践上促进了列宁资本主义观的纵深发展。列宁资本主义研究的重心从工业问题转向了土地问题。

在解决俄国农业问题上，列宁最终为俄国确定了美式发展道路。

列宁在《社会民主党在1905—1907年俄国第一次革命中的土地纲领》中认为："最近半个世纪以来俄国的资本主义已大大向前发展了，农业方面再要保存农奴制度已经是绝对不可能了……但是，在资产阶级国家里消灭农奴制可能有两条道路。"① "第一条消灭农奴制的道路，就是农奴主—地主农场缓慢地转变为容克—资产阶级农场，大批农民变成单身无靠的农民和雇农"②，这就是普鲁士的道路。"第二条发展道路，我们称之为美国式的资本主义发展道路，以别于第一条道路，普鲁士式道路"③，其主要特征是通过暴力手段实现土地国有化。在这本书中，列宁认为俄国应该走第二条发展道路，"要在俄国建立起真正自由的农场主经济，必须'废除'全部土地——无论是地主的土地还是份地——的'地界'……将全部土地转归国家所有"④。

1908年革命失败后，列宁开始重新认识马克思主义理论。他从抽象地一般地肯定资本主义发展的历史转向认为资本主义已经进入一个反动衰落的垄断资本主义时期。列宁在1908年4月写成《马克思主义和修正主义》一书，标志这一转变的完成。在书中，列宁明确指出，资本主义的危机时代没有过去，为了克服资本主义生产的无政府状态，资本主义不得已采取了卡特尔和托拉斯的集中管理方式，然而它们的联合反过来又加重了无政府状态，使阶级矛盾尖锐到空前的程度。⑤ 大战前夕，列宁这样总结了资本主义目前的发展和社会主义的关系："在马克思去世后的半个世纪以来，特别明显地表现在大生产和资本家的卡特尔、辛迪加和托拉斯的增长以及金融资本的规模和势力的巨大增长上——这就是社会主义必然到来的主要物质基础。"⑥

19世纪末20世纪初，资本主义世界发生了巨大变化，资本主义完成了从自由竞争向垄断的过渡，主要资本主义国家的经济实力也发生了显著变化。为了加紧侵略殖民地和重新瓜分世界，各帝国主义国家展开了疯狂的军备竞赛，最终引发了第一次世界大战。在这种世界形势下，理论家们开始展开分析，形成了帝国主义理论体系，主要代表人物有霍布森（Hobson）、希法亭（Hilferding）、卢森堡、考茨基和布哈林等。列宁抓住资本主义世界的主要矛盾和时代发展的

① 列宁选集：第1卷［M］.北京：人民出版社，2012：780.
② 列宁选集：第1卷［M］.北京：人民出版社，2012：780.
③ 列宁选集：第1卷［M］.北京：人民出版社，2012：781.
④ 列宁选集：第1卷［M］.北京：人民出版社，2012：782.
⑤ 列宁选集：第2卷［M］.北京：人民出版社，2012：5.
⑥ 列宁选集：第2卷［M］.北京：人民出版社，2012：439.

契机，记录并撰写了一系列笔记和文章。列宁遵循从帝国主义经济实质到政治实质再到其历史地位和发展趋势的逻辑顺序，汲取已有的研究成果，形成了自己的帝国主义理论，其主要内容包括：

帝国主义的定义与基本特征。在《帝国主义是资本主义最高阶段》的第七部分"帝国主义是资本主义的特殊阶段"中，列宁为帝国主义下了一个简短的定义，即帝国主义是资本主义的垄断阶段。这样简短的定义虽然可以包括"最主要之点"，但是无法概括其最重要的特点，因此，"帝国主义是发展到垄断组织和金融资本的统治已经确立、资本输出具有突出意义、国际托拉斯开始瓜分世界、一些最大的资本主义国家已把世界全部领土瓜分完毕这一阶段的资本主义"①。这个定义包括了帝国主义的五个基本特征：1. 生产和资本的集中发展到这样高的程度，以致造成了经济生活中起决定作用的垄断组织；2. 银行资本和工业资本已经融合起来，在这个"金融资本的"基础上形成了金融寡头；3. 和商品输出不同的资本输出具有特别重要的意义；4. 瓜分世界的资本家国际垄断同盟已经形成；5. 最大资本主义大国已把世界上的领土瓜分完毕。在同年 8 月撰写的《帝国主义与社会主义的分裂》一文中，列宁为帝国主义补充了第六个基本特征，即腐朽性、寄生性和垂死性特征。

帝国主义不平衡的发展规律。帝国主义不平衡的发展规律是列宁帝国主义理论中最重要的辩证法之一。列宁指出，资本主义生产资料私有制和生产的无政府状态造成的经济政治发展不平衡，是资本主义发展的绝对规律。这种不平衡首先体现为国内资本结构发展的不平衡。垄断和金融资本的出现使生产与财富越来越集中在少数人手中，资本主义国家内部的矛盾没有被解决而是更加尖锐化了。国内工业发达部门由于技术创新和生产集中出现了大量的剩余资本导致了大量的资本输出。资本输出又必然引起争夺世界的纷争，从而引起国际发展的不平衡。在这一绝对规律的作用下，帝国主义各国的矛盾必将日趋激烈，意味着各国为了重新瓜分世界展开激烈的战争。因此，帝国主义阶段的国际和平是不可能的。

帝国主义的历史地位。列宁指出："帝国主义就其经济实质来说，是垄断资本主义。这就决定了帝国主义的历史地位，因为在自由竞争的基础上，而且正是从自由竞争中生长起来的垄断，是从资本主义社会经济结构向更高级的结构的过渡。"② 这里更高级的结构指的就是社会主义经济结构。列宁认为垄断在社

---

① 列宁专题文集：论资本主义 [M]. 北京：人民出版社，2009：176.
② 列宁选集：第 2 卷 [M]. 北京：人民出版社，2012：683.

会生产力发展方面发挥了积极作用,"竞争转化为垄断。生产的社会化有了巨大的进展。就连技术发明和技术改进的过程也社会化了"①。"国家垄断资本主义是社会主义的最充分的物质准备,是社会主义的前阶"②,其最根本的历史地位是向社会主义过渡的一个阶段。

(二) 列宁和布哈林对考茨基的批判

第一次世界大战爆发后,国际社会主义运动围绕如何对待战争问题展开了激烈论战,第二国际发生了前所未有的分裂。在帝国主义问题上也是如此。因为这个问题直接关系到对西欧革命形势的判断,引起了列宁和布哈林等布尔什维克理论家的高度关注。其中,考茨基的超帝国主义理论以及列宁和布哈林对它的批判尤其引人注目。

1914 年 9 月,考茨基在《新时代》上发表了《帝国主义》一文,主张把帝国主义看成一种政策。1915 年 2 月,考茨基又发表了一系列文章和小册子,对帝国主义各方面的问题进行了论述,特别提出了"超帝国主义"的观点,随即引起激烈争论。

考茨基对帝国主义下了这样的定义:"帝国主义是高度发展的工业资本主义的产物。帝国主义就是每个工业资本主义民族力图吞并或征服愈来愈多的农业区域,而不管那里居住的是什么民族。"③ 考茨基在《帝国主义》中预言:"从帝国主义大国的世界大战中能够产生其中最强大的国家的联合。这一联合将结束军备竞赛。资本主义可能再经历一个新阶段,即把卡特尔政策应用到对外政策上的超帝国主义阶段。"④ 考茨基所说的卡特尔的对外政策,主要指"各国财政资本间的相互斗争为联合起来的国际财政资本对世界的共同剥削所代替"⑤。考茨基认为这一新阶段能否成为现实,将取决于战争的结局。"战争可能使金融资本家间的民族仇恨达到极点,使军备竞赛继续进行,使第一次世界大战成为不可避免的,从而完全摧毁超帝国主义的嫩芽。""战争也可能有别的结局。它的结束方式可能使超帝国主义的嫩芽茁壮起来。"⑥

---

① 列宁选集:第 2 卷 [M]. 北京:人民出版社,2012:592.
② 列宁选集:第 3 卷 [M]. 北京:人民出版社,2012:266.
③ 卡尔·考茨基. 帝国主义 [M]. 史集,译. 北京:生活·读书·新知三联书店,1964:2.
④ 卡尔·考茨基. 帝国主义 [M]. 史集,译. 北京:生活·读书·新知三联书店,1964:17.
⑤ 伯恩施坦,考茨基. 伯恩施坦、考茨基修正主义著作选录 [M]. 北京:生活·读书·新知三联书店,1961:86.
⑥ 考茨基. 考茨基言论 [M]. 北京:生活·读书·新知三联书店,1966:230.

与这种纯粹的经济观点相适应，无产阶级应当建立新的组织或改造旧的组织，并继续保持其合法性，等待世界性的国家联盟新时代的到来。

关于帝国主义的定义和实质。列宁认为考茨基对帝国主义的定义是"根本要不得的"，"因为它片面地，也就是任意地单单强调了一个民族问题（虽然这个问题无论是就其本身还是就其对帝国主义的关系来说，都是极其重要的），任意地和错误地把这个问题简单同兼并其他民族的那些国家的工业资本联系起来，又同样任意地和错误地突出了对农业区域的兼并"①。列宁还指出，帝国主义的特点，不是工业资本主义而是金融资本主义，不只是力图兼并农业区域，甚至还力图兼并工业极发达地区。② 布哈林③虽然也有将帝国主义当作一种政策，但他指出了帝国主义在金融资本统治时代的必然性和不可避免性，如前文所指，列宁把帝国主义的本质看作发展到垄断阶段的资本主义，是向社会主义过渡的物质准备阶段。

关于帝国主义的根本结构。布哈林和列宁都是从世界性结构去理解资本主义的，卢森堡与托洛茨基也持有相近的观点。布哈林强调，近代世界资本主义经济从一开始就是世界性的，而并非许多单个民族经济之和，世界经济是社会经济的具体表现。列宁十分赞同布哈林的观点，并以此为基础完成了《帝国主义是资本主义的最高阶段》一书。这种看法区别于流行在中派和右派中那种将资本看作民族形态的观点。有学者认为他们这样看待资本主义在方法论上是很有价值的，是 20 世纪初社会主义者对资本主义全球化进程的深刻把握，也是 20 世纪后期流行的世界体系论的先驱。④

关于帝国主义的可能性。布哈林和列宁在批判考茨基超帝国主义论的同时，都认为从纯粹的经济学观点看，帝国主义确实有可能发展到"超帝国主义"的阶段。但是，只要考虑到政治因素和实践因素，考茨基的理论便沦为机会主义的代表，是彻头彻尾的修正主义理论。总之，超帝国主义在事实上是根本不可能的，"发展正在朝着一个包罗一切企业和一切国家的、唯一的世界托拉斯的方向进行。但是……在出现一个统一的世界托拉斯即各国金融资本实行'超帝国

① 列宁专题文集：论资本主义 [M]. 北京：人民出版社，2009：177.
② 列宁专题文集：论资本主义 [M]. 北京：人民出版社，2009：178.
③ 在俄国党内，最早对考茨基的帝国主义理论进行批判的是布哈林。由于布哈林和列宁帝国主义理论具有相同的思想背景和目的，也有共同的价值与弱点，因此，将他们在此一起讨论。
④ 参考：张光明. 社会主义由西方到东方的演进：从马克思到邓小平的社会主义思想史考察 [M]. 昆明：云南人民出版社，2004：132.

主义的'世界联合以前，帝国主义就必然会崩溃，资本主义一定会转化为自己的对立面"①。

（三）理解帝国主义论的两条线索及其历史作用

把握帝国主义理论需要掌握两条基本线索：经济线索和政治线索。前者属于理论讨论范围，后者则关系到无产阶级政党当前的任务和社会主义革命的前途。对列宁这样一个政治理论家来说，帝国主义论的政治线索更具有现实意义。

前面提到布哈林和列宁对考茨基进行批判时，并没有否认纯粹经济学观点上超帝国主义实现的可能性，可是由此得出的结论和政治态度是列宁等左派无法容忍的。因此，考茨基的超帝国主义论成为国际左派社会主义者的众矢之的。作为国际社会主义运动的理论权威，考茨基认为资本主义存在和平发展的趋势，其经济生命力或将持续存在，这样的观点当然要受到革命派的攻击。列宁索性说考茨基的理论是欺骗工人的骗局，"除了反动性和资产阶级改良主义以外，没有任何别的东西"②。因为列宁社会主义革命理论依赖于世界革命理论，布哈林和列宁断定帝国主义是资本主义发展的最后阶段，是垂死的资本主义，社会主义世界革命已经迫在眼前。

列宁帝国主义理论继承了马克思恩格斯的资本主义观、马克思主义者和一些非马克思主义者的理论成就，并形成了自己独特的帝国主义理论体系。列宁的独创性主要体现在两方面：

一方面，列宁的帝国主义论是对新时期资本主义发展的具体的、辩证的把握。列宁站在历史唯物主义和辩证法的高度，总结了资本主义生产关系发展的新特点与新类型，揭示了资本主义生产关系与上层建筑所具有的自我调节的能动性特征，深入探讨了资本主义经济社会关系变化的具体内容和趋势，从而找到了落后资本主义国家实现社会主义的出路。这也就是列宁帝国主义理论的第二个独创性，即列宁和布哈林的帝国主义理论满足了俄国革命的需要。

既然列宁认为国际资本主义具有腐朽的、垂死的特性，那么西欧发生社会主义革命的条件也就成熟了。这样，列宁所设想的世界革命理论就可以成为现实。因此，虽然俄国社会主义革命的物质条件尚不具备，但在世界革命的推动下，则是完全有可能的。在如此缜密的经济学分析下，俄国无产阶级可以首先夺取政权，然后点燃西欧革命的烈火。从列宁 1915 年以后的论述看，帝国主义理论一步步使列宁趋向于俄国民主革命向社会主义革命直接过渡的思想。列宁

---

① 列宁全集：第 27 卷［M］. 北京：人民出版社，1990：145.
② 列宁选集：第 2 卷［M］. 北京：人民出版社，2012：674.

认为："俄国无产阶级的任务就是把俄国的资产阶级民主革命进行到底，以便点燃欧洲的社会主义革命。"① 1917 年二月革命后，列宁的这种看法得到强化，他认为："俄国无产阶级十分荣幸的是，帝国主义战争在客观上必然引起的一系列革命由它来开始。""俄国无产阶级单靠自己的力量是不能胜利地完成社会主义革命的。但它能使俄国革命具有浩大的声势，从而为社会主义革命创造极好的条件，这在某种意义上说就意味着社会主义革命的开始。这样，俄国无产阶级就会使自己主要的、最忠实的、最可靠的战友——欧洲和美洲的社会主义无产阶级易于进入决战。"②

今天，人们在重新认识和评价列宁的帝国主义论时主要形成了两类观点。一种观点认为，列宁的帝国主义论已经过时。20 世纪以来世界资本主义的发展非但没有腐朽、死亡，反而表现出了极大的发展空间和活跃的生命力，以致列宁的帝国主义论在国内学术界越来越遭到质疑。还有人试图"挽救"这一理论，主张辩证地看待列宁所说的腐朽和死亡。他们认为列宁只是指出了资本主义发展的根本趋势，这将是一个漫长的历史过程，其中不排除资本主义获得新发展的可能性。第一种观点显然具有将列宁帝国主义论简单化公式化的倾向；而第二种观点事实上不但违背了列宁的真实主张，而且削弱了列宁帝国主义论的理论价值。总之，我们应当正视历史，正视错误，以实事求是的态度指出"列宁的帝国主义论错估了当时的革命形势"③。

还有一些学者结合现时代的发展，特别是东欧剧变以来，国际形势的发展，指出"当代资本主义的实质仍然是垄断资本主义，帝国主义的本质属性——垄断，以及由垄断所产生的帝国主义的寄生性、腐朽性和垂死性并没有根本改变"④！这种观点同上面的第二种观点一样，违背了列宁原本的主张。

随着所谓"新帝国主义"的兴起和霸权政治的长期存在，国内外一些学者认为列宁帝国主义论仍然具有现实的指导意义。总之，对待列宁的帝国主义理论要实事求是，既不能任意贬低，也不能随意拔高。

五、马克思主义国家学说的理论

十月革命前夕，为解决无产阶级革命的理论问题，列宁写作了《国家与革

---

① 列宁全集：第 27 卷［M］. 北京：人民出版社，1990：54.
② 列宁全集：第 29 卷［M］. 北京：人民出版社，1990：90—91.
③ 吴江 . 社会主义前途与马克思主义的命运［M］. 北京：中国社会科学出版社，2001：247.
④ 靳辉明，罗文东 . 帝国主义论与现时代：纪念列宁诞辰 140 周年［J］. 中华魂，2010（5）：10.

命》一书，成为列宁关于马克思主义国家学说最重要的著作。

（一）《国家与革命》的基本思想

《国家与革命》由两版序言、主体部分和第一版跋组成，其中主体部分分为六章，原计划的第七章为十月革命打断，未能完成。全书于1917年8—9月写作完成，11月出版发行。1918年再版发行时，列宁补写了第二章第三节《1852年马克思对问题的提法》。在这部著作中，列宁以问题的形式系统阐发了马克思、恩格斯的国家学说，创造性地建立了社会主义革命的基本原理，批判了第二国际机会主义思潮，具体指明了无产阶级武装夺取政权，建立社会主义国家形式的原则与路径。《国家与革命》的主要思想可以概括如下：

1. 国家的本质——"国家是阶级矛盾不可调和的产物"

国家的本质是国家学说的基本问题，是马克思主义国家学说的理论基础，是区分各种国家学说的试金石。因此，列宁在第一章第一节专门论述了马克思、恩格斯关于国家基本问题的主要观点。

列宁引用恩格斯在《家庭、私有制和国家的起源》一书中对国家本质的认识，即"国家是社会在一定发展阶段上的产物；国家是承认：这个社会陷入了不可解决的自我矛盾，分裂为不可调和的对立面而又无力摆脱这些对立面。而为了使这些对立面，这些经济利益互相冲突的阶级，不致在无谓的斗争中把自己和社会消灭，就需要有一种表面上凌驾于社会之上的力量，这种力量应当缓和冲突，把冲突保持在'秩序'的范围以内；这种从社会中产生但又居于社会之上并且日益同社会相异化的力量，就是国家"①。列宁十分赞同恩格斯的观点，并将之概括为"国家是阶级矛盾不可调和的产物和表现。……国家的存在证明阶级矛盾不可调和"。"国家是阶级统治的机关，是一个阶级压迫另一个阶级的机关，是建立一种'秩序'来抑制阶级冲突，使这种压迫合法化、固定化。"② 在这里，列宁指出了国家产生的前提、作用以及国家消亡的途径和前景，最终阐明了无产阶级的任务就是以革命的形式推翻旧国家，建立以"消灭阶级压迫和剥削，最终消灭阶级"为任务的无产阶级专政的新型国家。

2. 无产阶级专政的国家形式——"国家即成为统治阶级的无产阶级"

列宁认为，马克思恩格斯国家学说的一个突出贡献在于提出了无产阶级专政的思想。由于受到客观历史条件的限制，马克思、恩格斯只是从理论上提出了"打碎旧的国家机器，建立无产阶级专政的国家形式，逐渐过渡到国家消亡"

① 列宁选集：第4卷［M］.北京：人民出版社，2012：113.
② 列宁选集：第4卷［M］.北京：人民出版社，2012：114.

的问题。列宁以帝国主义时代对国家基本问题的认识为基础，进一步在理论上和实践上回答了这个问题，创造性地提出了"国家即成为统治阶级的无产阶级"的观点。

社会主义革命胜利后，国家不会马上消亡，还必须经过一个自然消亡的过程。这样，无产阶级夺取政权后面临的首要问题就是建立什么样的国家的问题。列宁强调指出："只有懂得一个阶级的专政不仅对一般阶级社会是必要的，不仅对推翻了资产阶级的无产阶级是必要的，而且对介于资本主义和'无阶级社会'即共产主义之间的整整一个历史时期都是必要的——只有懂得这一点的人，才算掌握了马克思国家学说的实质。资产阶级国家的形式虽然多种多样，但本质是一样的：所有这些国家，不管怎样，归根到底一定都是资产阶级专政。从资本主义向共产主义过渡，当然不能不产生非常丰富和多样的政治形式，但本质必然是一样的：都是无产阶级专政。"①

在此基础上，列宁根据马克思对巴黎公社经验的总结，提出了无产阶级专政的形成逻辑和功能逻辑：首先打碎旧的国家机器，建立无产阶级自己的国家机器，通过保留暴力镇压职能维持无产阶级政权；其次，探索无产阶级专政的具体形式，建立新的社会制度和新型民主国家，如列宁所说"胜利了的社会主义如果不实行充分的民主，就不能保持它所取得的胜利，并且引导人类走向国家的消亡"②；最后，无产阶级专政国家不是最高形式的国家，而是向最高形式过渡的国家形式，是走向消亡中的国家。那么，走向消亡的国家具有哪些特征？未来社会主义与国家消亡又是什么关系？列宁在第四章和第五章分别论述了这两个问题。

3. 共产主义与国家消亡——国家消亡的经济基础是共产主义的高度发展

在厘清国家消亡的一般理论基础上，列宁在第五章引用了马克思在《哥达纲领批判》中的观点，详细分析了未来共产主义的发展与国家消亡之间的关系，进一步发展了关于未来共产主义社会两个阶段的学说，概述了未来社会国家制度演进消亡的历史过程，阐明了国家消亡的经济基础是共产主义的高度发展的基本原理。

马克思的发展论是研究国家消亡问题的方法论。列宁认为，马克思、恩格斯的唯物辩证法是指导国家学说研究的方法论。列宁运用马克思、恩格斯的发展论，将国家消亡的抽象理论具化为国家制度的探讨，转变为未来共产主义社

---

① 列宁选集：第 4 卷 [M]. 北京：人民出版社，2012：189.

② 列宁选集：第 2 卷 [M]. 北京：人民出版社，2012：782.

会发展的阶段问题。列宁将未来共产主义国家制度演变的过程划分为三个阶段：资本主义向共产主义的过渡阶段、共产主义社会的第一阶段和共产主义社会的更高阶段。在过渡阶段，无产阶级国家只能采取无产阶级专政的形式，国家的暴力职能依然存在，无产阶级国家是通过暴力逐渐消灭暴力，这一点与资产阶级国家是根本不同的。同时，加强民主制度建设，扩大民主规模，将剥削者和压迫者排除于民主体制外。第二个阶段，即共产主义社会的第一阶段，也可称之为社会主义国家阶段。在这一时期，国家的经济管理职能将凸显出来，从生产资料所有制和分配方式两方面进行社会主义改造。列宁将其概括为"国家在保卫生产资料公有制的同时来保卫劳动的平等和产品分配的平等"①。最后，到共产主义最高阶段，阶级已经消失，国家不再是暴力镇压机关，而成为由大多数人自我管理的公共机构，劳动产品实行"各尽所能，按需分配"的原则。国家随之完全消亡。

在此，列宁突出强调在共产主义第一阶段保留"资产阶级权利"的必要性。但是，列宁比马克思更进了一步，"既然在消费品的分配方面存在着资产阶级权利，那当然一定要有资产阶级国家，因为如果没有一个能够强制人们遵守权利准则的机构，权利也就等于零。可见，在共产主义下，在一定的时期内，不仅会保留资产阶级权利，甚至还会保留资产阶级国家——但没有资产阶级"②。这里的资产阶级国家，就是进入共产主义第一阶段的"国家资本主义"。

（二）国家（垄断）资本主义与向社会主义过渡

国家（垄断）资本主义最初是资本主义经济学说中的一个概念，指资本主义制度下由国家政权直接控制某些资本主义企业的一种资本主义。马克思、恩格斯在一般意义上谈论过国家资本主义，但没有详细展开国家资本主义与社会主义的前途问题。垄断资本主义向国家资本主义转变，塑造了这一阶段的历史独创性，即国家开始以经济参与者的面目出现。布哈林则认为，国家已经变成"新的利维坦"。它最终表明国家的发展在历史上导致了野蛮和疯狂，国家将不得不被摧毁。后来列宁也提出了国家资本主义的概念，并将之引入社会主义革命的范畴，极大地丰富了社会主义过渡理论。

列宁的国家资本主义思想的发展大致经历了三个阶段：十月革命前夕的提出阶段、十月革命结束后至1921年的保留阶段以及1921年后的发展阶段。在这一节，先谈论十月革命前期列宁是如何将国家资本主义同世界革命与俄国社会

---

① 列宁. 国家与革命［M］. 北京：人民出版社，2015：97.

② 列宁. 国家与革命［M］. 北京：人民出版社，2015：101.

主义革命的未来联系起来的。

在《四月提纲》中，列宁已经涉及某种类似国家资本主义的主张，如工人阶级苏维埃对社会产品生产和分配的监督。1917 年 9 月，列宁在《大难临头，出路何在?》一文中首次使用了国家资本主义的概念，把国家垄断资本主义列入迈向社会主义革命的经济纲领，从而构成了列宁国家学说的主要组成部分和主要创新。在这篇文章中，列宁明确了国家垄断资本主义与未来社会主义的关系，即"真正革命民主国家下面的国家垄断资本，必然会是走向社会主义的一个或一些步骤"①! 在这里，列宁把国家垄断资本主义看作社会主义的最完备的物质准备，是社会主义的入口，"社会主义无非是从国家资本主义垄断再向前跨进一步"，"国家垄断资本主义是社会主义最充分的物质准备，是社会主义的前阶，是历史阶梯上的一级，在这一级和叫作社会主义的那一级之间，没有任何中间级"。②

列宁关于国家垄断资本主义与社会主义过渡关系的认识是与他的世界革命思想联系在一起的。列宁认为，西欧发达资本主义国家已经具备了向社会主义过渡的物质条件，只要社会主义革命的政治条件成熟，世界社会主义革命的高潮就会到来。这也是一战后，列宁世界革命思想的经济论基础。对俄国而言，此时的国家垄断资本主义仅仅被局限在民主革命向社会主义革命的过渡时期，列宁称之为"真正革命民主国家"。

列宁关于国家垄断资本主义与社会主义过渡关系的认识是与他对俄国特殊国情的认识联系在一起的。根据马克思、恩格斯的设想，未来社会主义是建立在资本主义生产力高度发达基础上的，而俄国资本主义虽然得到了一定程度的发展，但远远落后于西方发达国家，因此俄国不可能在现有条件上完成向社会主义的过渡。由于俄国资本主义已经发展成为垄断资本主义，在战争中垄断资本主义正在发展为国家垄断资本主义。俄国可以利用已经发展了的资本主义的成果，如先进的技术、先进的管理方式和具体管理方法。以此为基础，列宁具体分析了俄国资本主义的经济结构，提出了国家垄断资本主义是社会主义入口的重要观点。

列宁关于国家垄断资本主义与社会主义过渡关系的认识是与国家政权联系在一起的，这一点是列宁国家资本主义思想的主要创新之点。列宁说道："我们现有的这种国家资本主义，是在任何理论、任何著作中都没有探讨过的，原因

---

① 列宁选集：第 3 卷［M］. 北京：人民出版社，2012：265.

② 列宁选集：第 3 卷［M］. 北京：人民出版社，2012：265，266.

很简单，所有同这一名词有关的常用概念都只适用于资本主义社会的资产阶级政权。而我们的社会虽已脱离资本主义轨道，但还没有走上新轨道，不过领导这个国家的已不是资产阶级，而是无产阶级。"① 在真正的民主国家中，国家资本主义为人民、为社会主义服务，它已经不再是政治上的概念，而是变为可以为无产阶级利用向社会主义过渡的经济形式。

十月革命后，布尔什维克夺取了政权，初步建立起无产阶级专政的国家。国家资本主义思想却受到了阻碍，无法得以实现。1918 年 5 月，列宁在《论"左派"幼稚性和小资产阶级性》一文中，从资本主义向社会主义过渡关系上再次论述了国家资本主义问题。不同的是，此时的过渡是无产阶级专政国家向社会主义国家的过渡时期。后来，列宁在思考新经济政策时正式提出了"共产主义制度下的国家资本主义"的概念。从国家垄断资本主义到国家资本主义概念的转变，表明列宁对俄国历史特殊性思考更加深入，是对经济文化落后国家走社会主义道路的最初探索。

（三）建立新型社会主义国家

在过渡时期的政治组织形式上，列宁主张建立新型的专政和新型的民主——无产阶级专政，同时规定了无产阶级专政的两项根本任务：无产阶级专政"不能仅仅只是扩大民主。除了把民主制度大规模地扩大，使它第一次成为穷人的、人民的而不是富人的民主制度之外，无产阶级专政还要对压迫者、剥削者、资本家采取一系列剥夺自由的措施"②。

与少数人享受民主、富人享受民主的资产阶级民主相比，无产阶级专政下的民主将第一次成为穷人的、人民享受的民主，使广大劳动群众能够平等地、普遍地参与国家事务和社会事务的管理，接受各种锻炼，为向社会主义转变做好充分的主观准备。当社会全体成员或者大多数成员自己学会了管理国家的时候，对任何管理的需要就开始消失；民主越是被全体人民完全享有，它就越成为不需要的东西；国家越是民主，就越会迅速开始消亡。因此，只有实现了真正的民主，才能保持它所取得的胜利，并且引导人类走向国家的消亡。

在建立新型民主的同时，新型国家还必须保留暴力镇压的职能，但这仅仅是多数人对少数人的镇压。这一阶段的国家"已经是过渡性质的国家，已经不是原来意义上的国家"③。在新型国家中，镇压不需要什么特殊的机构，武装起

① 列宁选集：第 4 卷［M］．北京：人民出版社，2012：670．

② 列宁专题文集：论社会主义［M］．北京：人民出版社，2009：29．

③ 列宁专题文集：论社会主义［M］．北京：人民出版社，2009：30．

来的人民可以轻而易举地做到。此外，列宁还指出，这一时期由于从根本上消除了"极端行动"产生的社会根源——剥削和贫困，这种行动也将逐渐消亡，国家也就随之消亡。对此，列宁在《国家与革命》中提到了"武装群众的组织——工兵代表苏维埃"。

　　苏维埃在俄文中是代表会议的简称，是人民群众自发创造的政治组织，最早出现在 1905 年革命中。当时，列宁把它看作实现无产阶级和农民的民主专政的合适机构，设想把苏维埃作为临时政府的组织形式。① 在《远方来信》的第一封信中，列宁第一次提到苏维埃，认为它代表着无产阶级和城乡全体贫苦居民的利益。在第五封信中，列宁把苏维埃看作他提出的建立新型国家制度的具体化，他指出苏维埃是工人阶级和贫苦农民的政府，它用工人自己的武装替代了旧的军队。② 在《四月提纲》中，列宁又提出了"一切权力归苏维埃"的口号。这种新的政治机构的本质在于它直接扎根于工人和士兵，并为他们所掌握。列宁指出，苏维埃"是革命的专政，就是说，是这样一个政权，它直接依靠用革命的方法夺取，依靠下面人民群众的直接的创举，而不依靠集中的国家政权颁布的法律"③。列宁还认为苏维埃是类似巴黎公社式的政府。

　　可见，列宁十分重视苏维埃这种新的政权形式，不仅因为它具有密切联系群众的特点与优势，而且在于这种组织形式本身。在《布尔什维克能保持国家政权吗?》中，列宁将苏维埃的重要性提到了相当的高度，他这样写道："假如革命阶级的人民创造力没有建立起苏维埃，那么无产阶级革命在俄国就是没有希望的事情，因为毫无疑义，无产阶级决不能利用旧的机构来保持政权，而新的机构也不可能一下子就建立起来。"④

第三节　列宁对苏俄社会主义建设的理论探索

　　十月革命胜利后，列宁对俄国社会主义建设的探索可以分为两个阶段，"一个是从（大致从）1918 年年初到 1921 年春的时期，另一个是从 1921 年春开始的现在这个时期"⑤。在第一阶段，列宁以直接过渡的方式代替了国家资本主义

---

①　列宁全集：第 12 卷［M］. 北京：人民出版社，1987：59.

②　列宁全集：第 29 卷［M］. 北京：人民出版社，1985：53-54.

③　列宁全集：第 29 卷［M］. 北京：人民出版社，1985：131.

④　列宁全集：第 32 卷［M］. 北京：人民出版社，1974：298.

⑤　列宁专题文集：论社会主义［M］. 北京：人民出版社，2009：274.

的理论设想，战时共产主义是这种过渡方式合乎逻辑的发展，是直接过渡的极端表现形式。以 1921 年 3 月新经济政策实施为标志，列宁对俄国社会主义建设的探索进入第二个阶段。在这一阶段，列宁在社会主义过渡道路的选择上，由"直接过渡"转向了"间接过渡"或"迂回过渡"，由战时共产主义政策转向了新经济政策，这既是列宁关于社会主义建设思想的升华，也是对国家资本主义理论的回归。

一、由国家资本主义转向战时共产主义

俄国的社会主义过渡时期与马克思、恩格斯设想的过渡时期从起点和范畴来看是根本不同的，其中最主要的一点在于，俄国将在无产阶级专政条件下完成资本主义的经济任务。对此，列宁在这样一个马克思、恩格斯不曾设想过的过渡时期，构想了无产阶级专政下，利用国家资本主义，为社会主义革命做好物质准备，从而进入马克思、恩格斯设想的建立在资本主义生产力高度发达基础上的过渡阶段。

十月革命胜利后，国家资本主义成为向社会主义直接过渡的方式。在列宁看来，既然国家已经作为经济参与者促进了资本主义的深入发展，那么也可以利用比资本主义国家更先进的政治形式促进俄国社会主义经济的发展。但是，在各种主客观因素的综合作用下，列宁很快放弃了国家资本主义的构想，并企图迅速完成甚至越过国家资本主义的过渡阶段，直接进入社会主义的经济关系和经济制度。

（一）直接过渡思想的基本问题

直接过渡的概念，是列宁在 1921 年春天总结革命胜利后社会主义建设的经验教训时提出的。如在 3 月召开的俄共（布）第十次代表大会上、在《论粮食税》中以及在同年 10 月所做的《关于新经济政策》的报告中，列宁大量提到"直接过渡"的问题。

1. 关于直接过渡的概念

1921 年 11 月，列宁在莫斯科省第七次党代表会议上做的新经济政策的报告中，深刻分析了十月革命后直接过渡思想的错误以及应当吸取的经验教训。这份报告是我们正确理解"直接过渡"基本含义的重要依据。

列宁在报告中写道："当时（1918 年春，笔者加）设想不必先经过一个旧经济适应社会主义经济的时期就直接过渡到社会主义。"① 在这里，我们必须首

---

① 列宁专题文集：论社会主义 [M]. 北京：人民出版社，2009：274.

先要明确三个概念的范畴：第一，当时列宁就过渡问题到底设想了什么；第二，"旧经济"指的是什么；第三，直接过渡的起点是什么。

对于第一个问题，列宁认为，既然实行了国家生产和国家分配的制度，已经在更广泛的范围内实行了计算、监督、提高劳动生产率和加强纪律，就可以直接过渡到社会主义。在报告的另一处，列宁提到1918年三四月，在经济建设上已经有了直接过渡的设想：从1917年年底到1918年年初所做的各种正式的和非正式的声明中，我们多半是从直接过渡到社会主义建设这种设想出发的，这种设想也许不是每次都公开讲出来，但始终是心照不宣的。① 但是，当我们翻开1918年5月5日《论"左派"幼稚性和小资产阶级性》这篇文章时，我们读到了列宁关于国家资本主义与社会主义关系的经典论断——"在苏维埃政权下，国家资本主义就是社会主义的前阶，是社会主义取得可靠的胜利的条件"②。难道在三四月，还主张直接过渡的列宁在5月又回到了国家资本主义的道路上？对此，列宁这样解释道："提出国家资本主义问题并不是说要退回到国家资本主义上去，而是说我们俄国如果有国家资本主义作为占统治地位的经济制度，那我们的处境就会好一些，我们完成社会主义的任务就会快些。"③

第二个问题，旧经济有两层含义：一方面，它指俄国现有的经济成分以及经济发展状况；另一方面，它指相对于新的社会主义经济而言的资本主义经济成分。当然这两者有重合的地方，之所以把它们分开来谈，是因为在不同的经济组成中，产生了不同的直接过渡的主体。直接过渡的方式显然人为地割断了旧经济同社会主义经济之间的联系，否认了在一定时期内和一定范围内两种经济制度的相容性，妄图达到"纯社会主义形式和纯社会主义分配"。列宁特别提到，在1918年春天忽略了社会主义经济建设同市场和商业的关系，再考虑到前面提到的国家资本主义经济制度的缺失，现在我们可以说直接过渡指的是绕过市场、商业和国家资本主义的充分发展。

最后，为了方便说明列宁的过渡理论，我们可以将之与马克思恩格斯对未来社会阶段划分的设想进行对比。

马克思恩格斯的设想：

①高度发达的资本主义；②过渡时期；③社会主义；④共产主义。

---

① 列宁专题文集：论社会主义［M］. 北京：人民出版社，2009：275.
② 列宁专题文集：论社会主义［M］. 北京：人民出版社，2009：134.
③ 列宁专题文集：论社会主义［M］. 北京：人民出版社，2009：276.

列宁的设想：

①落后的资本主义；②过渡时期；③高度发达的资本主义；④过渡时期；⑤社会主义；⑥共产主义。

列宁设想的直接过渡方式是以俄国落后的资本主义（①）为起点，在苏维埃政权领导下，试图跨过资本主义发展阶段，即②③④三个阶段，直接进入社会主义的一种理论构想。甚至在有些情况下，直接过渡理论还使用了共产主义的原则，希望进入共产主义社会，而且这将是几年之内可以完成的事情，即使在新经济政策时期，也依然如此。如在纪念十月革命四周年的文章中，列宁总结道："为了做好向共产主义过渡的准备（通过多年的工作来准备），需要经过国家资本主义和社会主义这些过渡阶段。"① 由此，也可以看出，列宁对社会主义和共产主义是按照不同的社会发展阶段来对待的，而并非混用了两个概念。这种超越虽然违背了马克思、恩格斯对未来社会主义发展阶段的设想，却巧妙地避免了这样一个问题：已经取得政权的无产阶级政党将面临发展资本主义的两难境地。列宁虽然没有直接谈到，但他始终强调国家资本主义将处于无产阶级专政之下，受到苏维埃的监督与控制，没有任何的可怕之处。

综上，列宁所说的直接过渡是指，幻想在一个小农国家用直接下命令的方式、绕过国家资本主义经济关系、按照共产主义原则调整国家的产品生产和分配，实现社会主义和共产主义的过渡方式。

2. 关于直接过渡的原因

从国内情况看，苏维埃政权以彼得格勒武装起义胜利为起点，不断在全国建立统治。就在武装起义胜利后的两天，社会革命党人组织了彼得格勒叛乱；11 月初，莫吉列夫城举行叛乱；11 月 28 日，立宪民主党人在彼得格勒策动反革命叛乱；1917 年年底至 1918 年年初，反革命匪军形成从西到东的反苏维埃政权战线；等等。直到 1918 年 3 月，苏维埃政权才在全国广大城乡建立起来。始终处在叛乱和反革命包围中的苏维埃，为了保卫政权，必须迅速地掌握国民经济命脉，把生产关系快速过渡到社会主义方面来。

从西欧的革命形势看，前面谈到，没有西欧社会主义革命的支援，列宁对于苏维埃政权能坚持多久是没有多大把握的。面对 1918 年欧洲掀起的革命高潮，列宁曾乐观地认为，在欧洲所有的国家里，社会主义革命的条件正在成熟，"世界历史空前加速了走向世界工人革命的步伐"，"革命必然要爆发，而且即将

---

① 列宁专题文集：论社会主义 [M]. 北京：人民出版社，2009：247.

爆发"①。为推动世界社会主义革命的发展，列宁成立了共产国际。为了给西欧社会主义革命更多的支持，同时也为了在欧洲无产阶级革命胜利后，可以与欧洲无产阶级共同过渡到社会主义，苏俄必须加强和巩固苏维埃政权。当西欧革命形势越来越不乐观时，新生的苏维埃政权必须迅速建立起社会主义的经济基础，应对即将到来的新的战争。

从心理因素来看，列宁非常重视人民群众在社会主义革命和建设中的作用。十月革命胜利后，劳动人民成为国家的主人，"他们千百年来都是为别人劳动，被迫为剥削者做工，现在第一次有可能为自己工作，而且可以利用技术和文化的一切最新成就来工作了"②。在保卫苏维埃政权的战争中，广大人民的革命热情高涨，红军不断的胜利又强化了这种热情，许多城市自发开展了不要任何报酬的"共产主义星期六义务劳动"。如此巨大的革命热情，在列宁看来是提高劳动生产率的加速器。但是，高昂的政治热情如果没有正确的政策做引导，不仅难以长久，甚至可能带来更大的危害。后来列宁总结了这方面的错误，"我们为热情的浪潮所激励，我们首先激发了人民的一般政治热情，然后又激发了他们的军事热情，我们曾计划依靠这种热情直接实现与一般政治任务和军事任务同样伟大的经济任务……现实生活说明我们错了……不能直接凭借热情，而要借助于伟大革命所产生的热情，靠个人利益，靠同个人利益的结合，靠经济核算"③。

最后，从对社会主义的认识看，列宁继承了马克思、恩格斯关于未来社会主义不存在商品生产的设想。早在1906年，列宁就提出："只要还存在着市场经济，只要还保持着货币权力和资本力量，世界上任何法律都无法消灭不平等和剥削。只有建立起大规模的社会化的计划经济，一切土地、工厂、工具都转归工人阶级所有，才可能消灭一切剥削。"④ 在1908年，列宁提出："社会主义……就是消灭商品经济。……只要仍然有交换，谈论什么社会主义就是可笑的。"⑤ 十月革命后初期，列宁关于社会主义不存在商品和货币的观点变得更加巩固。

3. 关于直接过渡的主要内容

直接过渡的主体从经济结构讲，就是把农业、工商业、金融业和手工业等

---

① 列宁全集：第35卷［M］. 北京：人民出版社，1985：100，99.
② 列宁全集：第33卷［M］. 北京：人民出版社，1985：203.
③ 列宁选集：第4卷［M］. 北京：人民出版社，2012：569-570.
④ 列宁全集：第13卷［M］. 北京：人民出版社，1987：124.
⑤ 列宁全集：第17卷［M］. 北京：人民出版社，1988：111.

全部纳入社会主义经济体系，对大资本家、小生产者、商人、农民和工人进行社会主义改造。

列宁十分重视农业领域的社会主义改造。十月革命前夕，列宁主张实行土地国有化，但是这种国有化还只是一项资产阶级的措施。十月革命胜利后，列宁立即颁布了土地法令，废除土地私有制，实行土地国有化，将土地交给劳动者使用。在战时共产主义阶段，实行了余粮收集制，引起了广大农民的不满。在工业领域，全面实行国有化。到1920年年底，国有化的大型企业已经达到4500家。国有化后，所有原料、燃料和工业产品全部由国家按共产主义原则统一分配，一切权力高度集中在中央。在商业领域，取消、禁止生活必需品和私人买卖，在国家监督下开展工业和农业的商品交换，严格限制货币的职能和流通。在战时共产主义时期，禁止生活必需品的私人买卖，实行主要消费品的定量供应。党内出现彻底消除货币的主张，但基本的商品货币关系仍然保留下来。

同经济成分改造相比，对农民的社会主义改造更加困难。"改造小农，改造他们的整个心理和习惯，这件事需要花几代人的时间。只有有了物质基础，只有有了技术，只有在农业中大规模地使用拖拉机和机器，只有大规模电气化，才能解决小农这个问题，才能像人们所说的使他们的整个心理健全起来。"①

（二）国家资本主义的过渡方式

十月革命胜利后，国家资本主义在俄国得到了某种程度的实现，同时也遇到了许多问题与障碍，其中既有一些实际的困难，也有来自党内的争论分歧。

1918年夏，国内战争爆发。出于保卫政权的需要，国家资本主义的过渡方式被战时共产主义代替。国家资本主义作为过渡方式最终被放弃，是多种因素共同作用的结果。比如，国内缺少和平建设的环境，对国家资本主义认识不够全面，党内无法形成统一意见，等等。其中，最根本的一条在于国家资本主义实施的无效性。

1921年10月29日，列宁在《在莫斯科省第七次党代表会议上关于新经济政策的报告》中以国家垄断广告业务的法令为例，说明国家资本主义的构想在严峻的阶级斗争面前是多么的"天真"。1917年年底，苏维埃颁布的第一批法令中就包含了国家垄断广告业务的法令，其要义在于采用渐进的办法，把私人报刊和广告业务纳入国家资本主义轨道，使它们在某种程度上服从国家的领导。然而这项法令很快成为一纸空文。按照法令规定，私人报刊、私人经营企业的权利以及为企业服务刊登广告的自由都将保留下来，私人广告制度不但不会破

---

① 列宁选集：第4卷［M］．北京：人民出版社，2012：447．

坏，反而会为他们带来好处。但是列宁指出："他们却向我们提出了我们本身的生死存亡问题。资本家阶级所采取的策略就是迫使我们进行殊死的无情的斗争，因而我们对旧关系的破坏比原来设想的要彻底得多。"①

列宁指出了这些法令在面对生死存亡斗争中的空想性，但也肯定了其中的积极意义，即"通过一种可以说是最能适应当时存在的关系的途径，尽可能采用渐进的办法，不做大的破坏"②。在"强攻"办法失效后，这些法令曾经失效的领域重新成为建立社会主义经济基础的阵地。列宁真诚而勇敢地承认了自己的错误，主张在没有硝烟的经济战场上，更要善于从失败中学习。"到 1921 年春天情况已经很清楚：不是直接进行社会主义建设，而是要在许多经济领域退向国家资本主义；不实行强攻，而是进行极其艰苦、困难和不愉快的长期围攻，伴以一连串的退却。要动手解决经济问题，也就是说，保证经济转到社会主义的基础之上，就必须这么做。"③

（三）直接过渡的极端形式——战时共产主义

在第一阶段的社会主义建设探索中，以 1918 年夏为分界点，又可以分为两个时期，如列宁所说，如果"回忆一下共产党人在俄国夺得政权以前和刚刚夺得政权之后……所写的东西，我们就会看到，在我们刚刚做完建立苏维埃政权这第一件事情和刚刚退出帝国主义战争的初期，我们关于经济建设任务所说的，要比 1918 年下半年以及整个 1919 年和 1920 年所做的要小心谨慎得多"④。其中，战争的因素显然是巨大的。如 1918 年 9 月全俄中央执行委员会所宣布的，整个苏维埃共和国成为军营，一切人力和物力统归为一个目标，国家的一切经济、政治和文化生活全部纳入军事轨道，为保卫苏维埃而斗争。其主要措施包括：一切大小工业企业收归国有；贸易全部由国家垄断，禁止一切私人贸易；实行余粮收集制；实行义务劳动制和不劳动不得食的制度；等等。这些措施从实质上讲，同十月革命后，列宁的过渡主张是一脉相承的，或者说，战时共产主义源于十月革命后已经存在的直接过渡思想，是直接过渡的极端形式。

1. 实行战时共产主义的原因

按照列宁和后来斯大林的说法，实行战时共产主义政策的最直接的原因是战争。"在 1918 年，随着捷克斯洛伐克军的叛乱和国内战争的爆发，真正的军

① 列宁专题文集：论社会主义 [M]. 北京：人民出版社，2009：277.
② 列宁专题文集：论社会主义 [M]. 北京：人民出版社，2009：278.
③ 列宁专题文集：论社会主义 [M]. 北京：人民出版社，2009：280-281.
④ 列宁专题文集：论社会主义 [M]. 北京：人民出版社，2009：250.

事危险向我们袭来了。当时在某种程度上由于军事任务突然压来，由于共和国在帝国主义战争结束时似乎已经陷于绝境，由于这一些和其他一些情况，我们犯了错误：决定直接过渡到共产主义的生产和分配。"① 当时的俄国处于帝国主义和国内富农暴动内外夹击之下，粮食、燃料和原料等各种战备物资供应严重不足，无产阶级政权岌岌可危，这便造成了跨过社会主义计算和监督的过渡，实行直接过渡的客观局面。正是在这样战争环境下，苏维埃政权成长了起来。在战争中，成千上万人伤亡，仅年轻的共产党人就牺牲了大约一半②，红军在各条战线取得了伟大的胜利。由此形成的强烈的革命心理和战时共产主义紧密结合在一起，在战争中立下不朽的"功劳"。战时共产主义开始突破临时策略的限制，进而转化为一种社会主义的理想，便不足为奇了。后来，列宁在《论粮食税》中正确评价了战时共产主义的功劳与局限。列宁指出："我们实行'战时共产主义'是一种功劳。但同样必须知道这个功劳的真正限度。"③ 这个限度，就是应当把战时共产主义看成是"临时的办法"，而不应是"一项适应无产阶级经济任务的政策"，战时共产主义不是我们的理想，而应随着战争的结束寿终正寝。

有一点必须强调的是，战时共产主义作为理想的过渡方式，还得到了党内理论家的支持，其中最具代表性的是布哈林。布哈林在 1920 年出版的《过渡时期经济学》中，从理论上全面系统地阐述了过渡时期社会主义经济原理，是第一部探讨过渡时期规律的专著。布哈林在书中提出了经济关系实物化和强制劳动等关于直接过渡的理论，在此不再赘述。

战时共产主义能够保留，甚至被当作一种过渡的理想方式，归根结底是因为它在战争期间立下的功劳。在战场上的功劳为什么不能应用到社会主义过渡中呢？著名的共产党人、著名的历史学家波克罗夫斯基（Покровский）1922 年回忆道："我们觉得，既然在战场上干得如此辉煌，那么在国家教育和国民经济中也一定能成功……我坦率地说——因为这是我的切身体验：我们被速度陶醉了。我们觉得，当时的速度已经可以使我们依靠自己的力量，让共产主义指日可待，完全不必等待西方无产阶级革命的胜利。"④ 理论认识上的错误最终还要由实践来纠正。

---

① 列宁专题文集：论社会主义［M］. 北京：人民出版社，2009：251.
② 王伟光. 社会主义通史：第 3 卷［M］. 北京：人民出版社，2011：392.
③ 列宁专题文集：论社会主义［M］. 北京：人民出版社，2009：217.
④ 姜长斌. "战时共产主义"体制和直接过渡思想研究［J］. 苏联东欧问题，1987（2）：33.

2. 战时共产主义源于直接过渡的思想

战时共产主义不仅是战争的产物，而且它与十月革命时期的过渡理论一脉相承。列宁在 1921 年 10 月《关于新经济政策的报告》中指出，从 1917 年年底起，"在估计可能的发展道路时，我们多半（我甚至不记得有什么例外）都是从直接过渡到社会主义建设这种设想出发的"①。七月事变后，和平建设的可能性已经不再现实，六大提出了这样两条经济纲领：一是必须把银行收归国有并集中起来，把许多由辛迪加联合的企业（如石油、煤矿、制糖、冶金等企业以及运输业）收归国有；二是组织城乡间依靠于合作社和粮食委员会的正常交换，以便用必需的农产品供给城市，用必需的工业品、农业工具、机器等供给农村。其中国有化的范围与程度已经超出了《四月提纲》，并且蕴含了取消自由贸易的思想。

1917 年 11 月到 1918 年 2 月，苏维埃发动了对俄国资本主义的全面清算，即所谓"用赤卫队来攻击资本"。苏维埃国家很快掌握了国民经济命脉，沉重打击了资本主义的经济势力，开始建立起社会主义经济基础。1918 年 3 月，俄共（布）第七次代表大会通过了以工商业职员工会在苏维埃政权领导下的有计划、有组织的分配来完全彻底地代替国家对贸易的垄断。5 月，全俄中央执行委员会宣布实行粮食垄断，并派出征粮队。6 月，农村开始建立贫农委员会，农业领域的社会主义改造基本完成。

1919 年 3 月，俄共（布）第八次代表大会召开。大会决议指出：坚持不懈地把已经开始并已在主要方面基本上完成的对资产阶级的剥削进行到底，把生产资料和流通手段变为苏维埃共和国的财产，即变为全体劳动者的公共财产。在分配方面，苏维埃政权现实的任务，是坚定不移地继续在全国范围内用有计划的产品分配来代替贸易。目的是把全球居民组织到统一的消费公社网中，这种公社能把全部分配机关严格地集中起来，最迅速、最有计划、最节省、用最少的劳动来分配一切必需品。② 在国家政权方面，苏维埃强调与官僚主义做坚决斗争，同时又指出，在劳动人民文化水平提高的情况下，不断简化管理职能。这一切将使国家政权归于消灭，是沿着巴黎公社的道路向前迈进的一大步。

还有学者认为，事实上，由于布列斯特和约的签订，俄国摆脱了帝国主义战争，而十四国武装干涉和国内战争尚未开始。因而即使没有战争环境和武装

①　列宁专题文集：论社会主义［M］．北京：人民出版社，2009：274．
②　苏联共产党和苏联政府经济问题决议汇编：第 1 卷［M］．梅明，等译．北京：中国人民大学出版社，1984：540，546．

干涉，也同样会有所谓"战时共产主义"，差别只是无须加"战时"二字而已。①

列宁依据俄国的具体国情，而不是纯粹依据固有的理论认识，不断调整过渡时期的策略方针，极大丰富了马克思、恩格斯的过渡时期理论。正如他本人所言："一切都在于实践，现在已经到了这样一个历史关头：理论在变为实践，理论由实践赋予活力，由实践来修正，由实践来检验。"② "根据书本争论社会主义纲领的时代已经过去了，我深信已经一去不复返了。今天只能根据经验来谈论社会主义。"③

（四）直接过渡的"政治保障"

十月革命胜利后，列宁更加明确提出建立直接民主的新型无产阶级国家的主张，并将这一主张写进了党纲："无产阶级的即苏维埃的民主，把正是受资本主义压迫的阶级——无产者和半无产者贫苦农民——即居民中的大多数人的群众性组织，变成由地方到中央、由下至上的整个国家机构持久的和唯一的基础。因而，苏维埃国家也就实现了比任何地方都广泛得多的地方自治和区域自治。没有任何一个政权机关是由上级任命的。"④ 他说："苏维埃政权既不是遵照谁的指令，也不是根据哪个政党的决议建立的，因为它高于各政党……"⑤ 但是在夺取政权管理国家和管理企业的艰巨实践中，列宁很快清楚地看到在一个经济文化都很落后的小农国家，建立新型民主国家不能理想化、简单化。总体来看，管理体制和政治体制大致经历了从委员制、一长制到高度中央集权制的转化过程。

十月革命胜利后不久，俄国建立了类似法国巴黎公社那样由劳动人民直接当家作主的新型无产阶级国家，在管理体制上实行工人监督的委员制。1917年11月14日，全俄工人代表苏维埃颁布了《工人监督条例》，决定成立全国最高监督机构——全俄工人监督委员会。条例规定，一切企业的生产、产品、原料的买卖与保管以及财务活动，都处于工人监督之下。列宁希望在国家经济生活中树立起工人监督委员会的权威，发挥对国民经济的计划调节作用。资本主义企业国有化后，工人通过工厂委员会按集体原则管理企业，这种集体管理制被称为委员制。在复杂的政治、经济和社会环境下，由于工人委员会本身缺乏经

---

① 姜义华. 列宁主义与"战时共产主义"[J]. 复旦学报（社会科学版），1981（1）：13.
② 列宁专题文集：论社会主义 [M]. 北京：人民出版社，2009：59-60.
③ 列宁全集：第27卷 [M]. 北京：人民出版社，1958：480.
④ 列宁全集：第36卷 [M]. 北京：人民出版社，1985：405.
⑤ 列宁全集：第33卷 [M]. 北京：人民出版社，1985：305.

验，管理工作出现诸多困难缺陷，导致无政府主义、无组织无纪律现象日益泛滥，企业经营困难重重，经济发展遇到极大障碍。面对如此局势，列宁指出，必须把这种过于亢奋的民主精神同无产阶级铁的纪律结合起来。1918年春，随着工业国有化政策的推行，列宁提出在工业管理方面应由委员制向一长制转化。

列宁阐述了实行一长制的两个原因：一是大机器工业的客观需要。他指出："任何大机器工业——社会主义的物质的、生产的源泉和基础——都要求无条件的最严格的统一意志，以指导几百人、几千人以至几万人共同工作。"① 二是一长制和管理的民主基础并不矛盾。他说："无可争辩的历史经验说明：在革命运动史上，个人独裁成为革命阶级独裁的表现者、体现者和贯彻者，是屡见不鲜的。个人独裁同资产阶级民主制，无疑是彼此相容的。"② 一长制的提出引起了党内激烈的讨论和来自各方的批评，直到1920年俄共（布）九大的召开。九大《关于经济建设的当前任务》的决议指出："必须在工业管理方面逐渐采用一长制，即在各工厂和车间建立完整的、绝对的一长制，在各工厂管理处推行一长制，在生产行政机构的中上层环节建立简化的集体领导机构。"③

现实的困难和残酷的战争，造成了新型社会主义民主制度内容与形式、理想与现实之间尖锐的矛盾。对此列宁谈道："说起来苏维埃机构是全体劳动者都可以参加的，做起来却远不是人人都能参加，这是我们大家都知道的。"④

从1919年开始，列宁开始在政治体制方面进行重大调整⑤：1. 政党制度，从多党政治转为一党政治，从布尔什维克与左派社会革命党联合执政、合掌政权转为布尔什维克党一党执政；2. 民主集中制从以民主制为重心转到"无条件的集中制"；3. 苏维埃从高于一切政党到布尔什维克党对苏维埃的绝对领导；4. 工会从管理机关转为共产主义的学校；5. 干部制度从民主选举制向委派制的转变；6. 军队从全民民兵转为建设常备军。概括为一点，就是高度集权的中央政治体制。1919年3月，列宁在俄共（布）八大关于党纲的报告中承认："直到今天我们还没有达到使劳动群众能够参加管理的地步……由于文化水平这样低，苏维埃虽然按党纲规定是通过劳动者来实行管理的机关，而实际上却是通过无

① 列宁选集：第3卷［M］.北京：人民出版社，2012：500.
② 列宁选集：第3卷［M］.北京：人民出版社，2012：499-500.
③ 列宁选集：第3卷［M］.北京：人民出版社，2012：201.
④ 列宁全集：第36卷［M］.北京：人民出版社，1985：150.
⑤ 李元书.十月革命前后列宁政治体制理论的两次转变与苏联政治体制的形成［J］.苏联东欧问题，1989（1）：12-14.

产阶级先进阶层来为劳动者实行管理而不是通过劳动群众来实行管理的机关。"①

这种高度集中的管理体制的形成既是当时严酷的政治、军事斗争形势的客观需要，也有来自布尔什维克党的历史传统。中央集权的政治体制形成的过程，也是布尔什维克党与官僚主义不断做斗争的过程。这一点将在列宁晚年建设社会主义的构想中做详细论述。

二、新经济政策的提出

新经济政策是列宁社会主义建设思想的核心内容。以《论粮食税》为起点，列宁撰写了一系列著作，全面阐述了新经济政策的目的、内容、步骤和意义。新经济政策是列宁对十月革命前后社会主义过渡思想的理论总结和实践反思，它进一步丰富和完善了国家资本主义的思想，从理论上和实践上创新了落后的东方国家向社会主义过渡的设想，其本质在于有计划地利用商品货币关系向社会主义过渡和建设社会主义。

（一）1921 年后的总体形势

全面危机的爆发。战时共产主义政策首先引发了严重的农业危机和农村危机。余粮征集制导致农民缴出的粮食在现实上被无偿剥夺。其次，农民惧怕这种无偿的征收，而把粮食藏匿起来；最后，农民生产粮食的积极性大大降低，粮食播种面积缩减严重，直接造成谷物产量大幅下跌。1920 年谷物的总收获量仅为 1909—1913 年各年的 30.7%。进而，粮食危机不断加剧，农民和征粮队的矛盾不断升级，对抗越来越激烈，甚至引发了骚动和起义。农业的危机引发了国民经济的全面瘫痪。轻工业、重工业和交通运输业处于崩溃和瘫痪的局面。蔓延的经济危机引发了全面的社会危机。大量工人失业，靠零活儿和小手工活勉强维持生计，悲观失望的情绪和无政府主义的情绪到处滋长。工人阶级的革命意识变得麻木，社会道德大大滑坡。严重的经济危机和社会危机最终引起了政治危机。党内对社会如何进一步发展的问题产生严重分歧。所有的不满情绪发展为大规模的反抗和起义。1921 年 3 月发生了著名的喀琅施塔得水兵兵变，提出了"政权归苏维埃，不归党""立即取消征粮队"等口号。这次兵变给全党敲响了警钟，军事共产主义的政策必须终止。

革命低潮与国际均势。关于世界革命与俄国革命的关系，前面已经有所论

① 列宁选集：第 3 卷［M］. 北京：人民出版社，2012：770.

述。当世界革命并没有像列宁所期盼的那样如期到来，反而日益沉寂下去的时候，列宁调整了世界革命与俄国社会主义的关系，但是他没有完全放弃世界革命的理论。在十月革命胜利后的最初几年中，列宁在各种会议、报告和小册子中多次提到了"俄国社会主义革命的胜利最终取决于国际工人革命胜利"的思想。为推动世界社会主义革命的发展，列宁成立并领导了第三国际，将社会主义革命的范围从西欧扩大到了东方国家，并提出落后的东方国家在先进国家的帮助下可以走非资本主义道路的思想。世界革命不仅成为俄国布尔什维克对俄国社会主义革命胜利的信心来源，对它的期待还在很大程度上塑造着布尔什维克国际国内政策的面貌。在世界革命高潮退去，苏维埃政权从最艰难的国内战争中走出来时，列宁认为经历了这次锻炼，"即使全世界的社会主义革命推迟爆发，无产阶级政权和苏维埃共和国也能够存在下去"，"现在我们要谈的已经不只是喘息时机，而是比较长期地进行新建设的重要机会"①。1921年夏，列宁在共产国际三大做的《俄罗斯联邦面临的国际形势的报告》中，指出俄罗斯在资本主义世界包围中存在下来，双方都没有获得胜利，也没有遭到失败。双方达到了一种"均势"。当然，这种均势还只是军事意义上的，是相对的，极不稳定的。均势概念的提出，表明列宁对俄国革命与世界革命关系有了重新的认识，国内政策也进行了一定的调整。在同年召开的十大上，列宁指出，"寄希望于国际革命，并不是指望它在一定期限内爆发"，而是要善于使工作"同国内外的阶级关系相适应，以便能长期保持无产阶级专政……"② 总之，列宁开始向西方先进资本主义国家学习，希望维持外部环境的长期和平；在国内政策方面，列宁开始着手缓和国内矛盾，全面化解危机。

综上，列宁一方面对国际国内形势的发展做出了正确的判断，一方面深化了国家资本主义的理论，最终提出了新经济政策的过渡方式。

（二）"新"意何在

1921年春，列宁开始重新探索恢复和发展苏俄经济的道路，反思余粮收集制的功能限度，完成了俄国社会主义建设理论的一部丰碑式著作——《论粮食税》，以及同一时期的《俄共（布）第十次代表大会文献》《在全俄运输工人代表大会上的讲话》和《在全俄第三次粮食工作会议上的讲话》等著作，围绕社会主义国家如何利用国家资本主义的主题，探索了利用国家资本主义的具体形式，逐渐形成了一条新的由小农国家向社会主义过渡和社会主义建设的发展

① 列宁全集：第40卷 [M]. 北京：人民出版社，1986：22，24.
② 列宁全集：第41卷 [M]. 北京：人民出版社，1986：15.

道路。

新经济政策首先立足农业、农村和农民问题。列宁认为，"三农"问题是经济危机的主要根源，是整个国民经济的基础。不改善农民的生活状况，不提高农民的生产力，就谈不上工人生活状况的改善，谈不上巩固工农联盟、巩固无产阶级专政。因此列宁指出，要做到这点就非认真改变粮食政策不可。这种改变就是用粮食税代替余粮收集制，它真正的意义在于缴纳完粮税之后的自由贸易，在于使农业政策回到重新认定农民作为小私有者的基础之上。1921年12月，列宁在第九次苏维埃代表大会上说："总的说来，粮食税减轻了全体农民的负担。……实行粮食税以后，农民觉得自己更有保障，经营的兴趣也提高了。实行了粮食税，勤劳的农民只要提高生产力，就有更宽阔的道路可走。"[①] 后来的事实也证明了粮食税的作用。粮食税实行的第二年，农民自愿出售的农产品，比第一年增加约1/5（由1.16亿卢布增加到1.4亿卢布）。农业生产的恢复，对于巩固工农联盟具有重要的意义。正如列宁所说："新经济政策的实质是无产阶级同农民的联盟，是无产阶级先锋队同广大农民群众的结合。"[②] 列宁将工农联盟与新经济政策的实质联系起来是出于政治的考虑。首先，在一个小农国家里，必须处理好农民同工人阶级之间的关系，特别是处理好两者的经济关系；其次，稳固的工农联盟不仅是向社会主义过渡的经济保障，更是稳定国内政治局势的要求，由于农民的向背直接决定着阶级力量对比的变化，因此为了对抗地主和资产阶级，必须和农民结成经济和政治同盟；最后，工农联盟也是巩固无产阶级专政的需要。"专政的最高原则就是维护无产阶级同农民的联盟，使无产阶级能够保持领导作用和国家权力。"[③]

在《论粮食税》中，列宁提出了一个非常值得深思的问题，即"过渡是从什么过渡到什么"。列宁回顾了1918年5月对俄国所做的经济学分析，证明在小私有者的经济社会里，国家资本主义是一个进步，苏维埃政权要同国家资本主义结合，联合并存。在苏维埃政权应该如何培植国家资本主义，将其纳入社会主义发展轨道的问题上，列宁提出了"租让制"的过渡方式。列宁进而指出了租让制的必要性、重要性和面临的困难。1921年4月，列宁在一次共产党党团会议所做的关于租让制问题的报告中，列举了租让制的10条原则，表明租让制的首要目标是改善苏俄工农的生活状况，"只要能改善我国工人的生活状况，

---

① 列宁全集：第33卷 [M]. 北京：人民出版社，1957：136.
② 列宁全集：第33卷 [M]. 北京：人民出版社，1957：143.
③ 列宁全集：第32卷 [M]. 北京：人民出版社，1958：477.

即使他们赚150%的利润，我们也在所不惜"①。此外，列宁还强调租让制将在恢复和发展苏俄大工业中的示范作用。苏俄工业基础薄弱，尚不具备独立开采资源和启动大工业的能力和条件，而租让制将促进利用西方发达国家的发达生产力和文明成果，推动苏俄大工业和经济的发展，有效抵御小资本主义的自发势力。

租让制针对大工业的社会主义改造，合作制则是针对苏俄"手工的、部分甚至是宗法式的小生产"的经济基础。在新经济政策初期，以《论粮食税》为代表，列宁把合作社看作联合农民的国家资本主义经济组织形式。"合作社有自由、有权利，就等于资本主义有自由，有权利。"② 合作制的基本特点是：可以保留农民对生产资料的私有权，可以保持合作社参加者经营活动的自主性，农民在合作社中的联合首先是而且主要是流通领域的联合，合作社以商品货币关系的存在为前提。因此，合作制是利用商品市场关系，走迂回道路的措施。它是与新经济政策时期的迂回过渡计划和多层次经济结构相适应的。③ 列宁晚年将合作社与社会主义完全统一起来，提出"文明的合作社制度就是社会主义制度"，明确肯定了合作社的社会主义性质。列宁说："在实行新经济政策的条件下，使俄国居民充分广泛而深入地合作化，这就是我们所需要的一切，因为现在我们发现了私人利益即私人买卖的利益与国家对这种利益的检查监督相结合的合适程度，发现了私人利益服从共同利益的合适程度，而这是过去许许多多社会主义者碰到的绊脚石。"④ 正因为如此，合作制不仅是俄国，而且是一切落后的小农国家实行社会主义改造、向社会主义过渡的最好形式。

取消商品生产和商品流通，直接向共产主义过渡是战时共产主义政策的本质特征。实践证明，这种过渡方式根本不符合小农国家的实际，战争一结束就遭到各方抵制。新经济政策的实施就是要利用国家的宏观计划，促进商品流转和城乡的经济交流，大力抓住商业这个"基本环节"，要求一切生产单位和供应单位实行商业化原则，按价值规律办事。

1921年春开始实行新经济政策时，列宁虽然提出了退回到国家资本主义的阵地上去，"在工业和农业之间实行系统的商品交换或产品交换"的问题，但是列宁还认为货币属于资本主义经济范畴，设想不通过货币，而是用国营企业的

① 列宁全集：第41卷 [M]. 北京：人民出版社，1986：163.
② 列宁选集：第4卷 [M]. 北京：人民出版社，2012：507.
③ 王东. 改革之路的真正源头 [M]. 北京：北京大学出版社，1990：262.
④ 列宁全集：第43卷 [M]. 北京：人民出版社，1987：362.

产品直接交换农民的粮食，建立城市和乡村之间的联系。因此，这时的新经济政策还没有从根本上突破直接过渡的束缚。

1921 年 10 月，列宁在总结战时共产主义商品交换失败的原因时指出，当时认为"通过商品交换可以直接过渡到社会主义建设。现在我们清楚地看到，在这方面还需要通过商业这条更加迂回的道路"①。商品交换之所以失败是因为战时共产主义时期那种"上层制定的经济政策"同"下层脱离"的状况没有得到根本改变。因此，在新经济政策实行半年后，列宁强调，必须退却，从国家资本主义转到国家调节商业和货币流通，用买卖和贸易代替商品交换。列宁还强调，"商业正是我们无产阶级国家政权、我们居于领导地位的共产党'必须全力抓住的环节'……否则就建不成社会主义社会经济关系的基础"②。这样，商业从排斥货币作为商品交换媒介的实物交换变成了自由贸易、现金交易和私人买卖。商业的恢复不仅挽救了遭到严重破坏的国民经济，而且重建了无产阶级及其政党与农民的关系，实现了工人与农民密切的经济联系，从而为向社会主义顺利过渡打下了坚实的阶级基础和经济基础。

从取消货币和商品交换的直接过渡方式到利用市场和货币的新经济政策的转变，同时也是发展策略的转变。1921 年 11 月，列宁在《论黄金在目前和社会主义完全胜利后的作用》一文中，对新经济政策的实践做了初步的总结，第一次提出了用"改良主义"代替"革命办法"发展社会主义经济的思想。列宁在文中说："目前的新事物，就是我国革命在经济建设的一些根本问题上必须采取'改良主义的'、渐进主义的、审慎迂回的行动方式。"③ 列宁认为，战时共产主义时期的改造方案是一种"从直接和彻底摧毁旧社会经济结构以便代之以新社会经济结构"的"革命办法"。1921 年春开始用"完全不同的、改良主义的办法来代替原先的行动的办法、方案、方法、制度"。"所谓改良主义的办法，就是不摧毁旧的社会经济结构——商业、小经济、小企业、资本主义，而是活跃商业、小企业、资本主义，审慎地逐渐地掌握它们，或者说，做到有可能只在它们活跃起来的范围内对它们实行国家调节。"④ 这是社会主义第一个改革理论，这个改革理论将发展商业、利用市场同改良主义的发展策略密切联系在一起，是列宁对马克思恩格斯过渡理论的重大创新。

理论认识上的飞跃只是解决现实问题的第一步。如何在社会主义制度下利

---

① 列宁全集：第 33 卷 [M]. 北京：人民出版社，1957：79.
② 列宁专题文集：论社会主义 [M]. 北京：人民出版社，2009：292.
③ 列宁选集：第 4 卷 [M]. 北京：人民出版社，2012：610.
④ 列宁选集：第 4 卷 [M]. 北京：人民出版社，2012：611.

用市场发展商业，仍是一个需要不断探索的艰巨任务。列宁认为在无产阶级掌握政权的条件下，可以有效地将商业控制在社会主义范围内。在顿巴斯①地区，租让制的国家资本主义发展，国家调节买卖和货币流通被证明是可行的，这些鼓舞了列宁继续实行国家资本主义和商品经济的政策。因为只有这样，才能"立即活跃我们这个满目疮痍、受尽苦难的国家的国民经济，振兴工业，为今后采取各种更广泛更深入的措施如电气化等创造条件"②。

另外，面对发展经济的艰巨任务以及与资本主义国家交往的展开，列宁号召全党学会经营，学做批发商业，使苏维埃国家变成一个精明的业主和批发商。

列宁发展商业和利用市场的理论丰富和发展了马克思恩格斯的未来社会学说。"俄国的实践说明，在建设社会主义的过程中，不能没有市场和商业，甚至'不完全'的商业和市场也是不行的。从这一事实出发，列宁提出了，苏俄必须恢复和发展通常的商业和市场，利用这个手段来建设社会主义。这就丰富和发展了马克思主义理论。"③

列宁发展商业和利用市场的理论是中国特色社会主义市场经济和改革理论的先锋。我们应当继承列宁的创新精神，不断探索和深化中国特色社会主义市场经济改革的途径和方法，同时，还要继承列宁研究问题、解决问题的国际视域，即在"两制"共存的事实下，在同资本主义国家交往的过程中，既要处理好社会主义制度同市场经济和商品生产之间的关系，也要处理好社会主义市场经济同资本主义市场经济之间的关系。

三、"三位一体"的社会主义蓝图

（一）无产阶级政党建设

坚持党的领导。坚持党的领导地位，是由过渡时期无产阶级专政的性质决定的。在经济文化落后的俄国，无产阶级专政不能直接由包括全体无产阶级的组织来实现，只能由无产阶级革命力量的先锋队来实现。正如列宁所说："只有工人阶级的先进部分，只有工人阶级的先锋队，才能领导自己的国家。"④ 因为只有先锋队的组织才能团结、教育和组织无产阶级和全体劳动群众，才能抵制这些群众不可避免的小资产阶级动摇性，也只有党才能领导全体无产阶级的一

---

① 顿巴斯是苏俄有名的工业中心，其发展程度不亚于西欧资本主义国家。农民租到小矿井后，把开采出来的约30%的煤以实物税的形式交给了国家。
② 列宁专题文集：论社会主义 [M]. 北京：人民出版社，2009：294.
③ 俞良早. 列宁后期思想探要 [M]. 武汉：湖北人民出版社，1995：331.
④ 列宁全集：第30卷 [M]. 北京：人民出版社，1957：160.

切联合行动，才能在政治上领导无产阶级，并且通过无产阶级领导全体劳动群众，"从原则上说，对于应该有共产党的领导这一点，我们不能有任何怀疑"①。坚持党的领导地位，也是顺利进行社会主义建设的需要。马克思主义认为，在过渡时期，无产阶级政党的主要任务就是完成资本主义经济的社会主义改造。对于落后的俄国，无产阶级政党肩负着更为艰巨的发展经济和社会主义改造的双重任务。因此，只有在无产阶级政党领导下，吸收广大人民群众参加独立的政治生活，根据人民群众的亲身经历对他们进行政治教育，帮助全体人民学习管理，才能保证各项事业朝着社会主义方向前进。

密切联系群众。相信人民，依靠人民，这是列宁主义的基本观点，也是列宁建党思想的基本原则。十月革命胜利后，列宁根据无产阶级政党从革命党向执政党的转变，强调指出，只有保持同人民群众的密切联系，才能巩固执政地位，才能取得社会主义事业的胜利。列宁认为："人民——工人、士兵和农民——是奋不顾身地跟着共产党的，这就是党和苏维埃政府力量的无穷无尽的源泉。""只有相信人民，只有深入到人民的生动创造力量泉源中去的人，才能获得胜利并保持政权。"② 同时，列宁还清醒地看到，作为执政党，脱离群众的危险比过去增大了。他说："对一个人数不多的共产党来说，对一个作为工人阶级的先锋队来领导一个大国在暂时没有得到较先进国家的直接援助的情况下向社会主义过渡的共产党来说，最严重最可怕的危险之一，就是脱离群众。"③ 对此，列宁强调要保持清醒的头脑，防止骄傲自大，同各种官僚主义做斗争。

加强组织建设。十月革命胜利后，为了保护苏维埃政权，党迫切需要扩大自己的队伍。1919 年，苏联共产党宣布"吸收党员周"。数万个对党的事业无限忠诚的工人、农民、红军战士和苏联人民的优秀代表加入党的队伍，党员人数也因此剧增。十月革命之前，在 1917 年 4 月 24 日召开党的第七次代表大会时，党员人数只有 8 万人；到 1919 年 3 月召开党的第八次代表大会时，党员人数增加到 31.3 万余人。到 1920 年 3 月召开党的第九次代表大会时，党员总数骤增到 61.1 万余人，一年又增加近一倍。④ 列宁特别强调在扩大党员队伍的同时，一定要特别注意提高党员的质量。"徒有其名的党员，就是白给，我们也不要。世界上只有我们这样的执政党，即革命工人阶级的党，才不追求党员数量的增

---

① 列宁专题文集：论社会主义 [M]. 北京：人民出版社，2009：202.
② 列宁全集：第 26 卷 [M]. 北京：人民出版社，1988：259.
③ 列宁专题文集：论社会主义 [M]. 北京：人民出版社，2009：304.
④ 简明才. 夺目的旗帜鲜明的真理：十月革命胜利后列宁建党思想的基本观点探讨 [J]. 求实，1997（2）：30.

加，而注意党员质量的提高和清洗'混进党里来的人'。"① 为了提高党员质量，纯洁党的队伍，列宁提出了一系列具体措施：规定严格的入党条件；加强党员思想教育；党员必须服从党纪、国法的严格监督；随时清除"混进党里来的人"；等等。列宁在总结十月革命成功的经验时指出："如果我们党没有严格的真正铁的纪律，如果我们党没有得到整个工人阶级全心全意的拥护……那么布尔什维克别说把政权保持两年半，就是两个半月也保持不住。"②

俄国是第一个社会主义国家，而且是一个在各方面都不够格的社会主义国家，列宁对执政党建设的探索和其他领域一样都具有开拓性，其经验和教训对于后来的社会主义国家执政党建设都是弥足珍贵的。关于执政党的民主集中制原则将放在下一部分"社会主义民主建设"中集中讨论。

（二）社会主义民主建设

列宁在《国家与革命》中提出彻底发展民主的主张，将保障人民的民主权利、实现人民管理的政治理想作为理论与实践活动的重要诉求。但是究竟应该采取什么样的具体的民主形式，没有现成的答案可以参考。为此，列宁为苏俄社会主义民主建设进行了重要探索，以克服官僚主义为主攻对象，建立同俄国现实的经济基础和文化水平相适应的新型社会主义民主国家。在实践过程中，俄国民主建设经历了十月革命初期巴黎公社式的人人参加管理的理想民主模式和内战时期高度中央集权的政治模式，逐渐形成了直接民主和间接民主相结合、党内民主与人民民主相结合、党的领导与群众监督相结合、党内监督与党外监督相结合的民主模式，在提高人民群众文化水平与管理能力的基础上，不断改革社会主义民主制度。

1. 加强苏维埃政权建设

首先，加强无产阶级国家的专政职能。为了镇压国内外敌对势力的破坏和反抗，保卫新生的苏维埃政权，列宁强调国家暴力镇压的职能，以致被一些人指责为"一个独裁主义者""一个罕见的具有军事官僚主义思想的革命者"。然而，列宁认为民主和无产阶级专政是统一的。作为马克思主义者必须明确民主的阶级性，只要有不同的阶级存在，就只有阶级的民主。脱离阶级性的"纯粹的民主"是根本不存在的。列宁在论述无产阶级专政对于实现社会主义的意义时明确指出："社会主义不通过无产阶级专政是不能实现的，无产阶级专政把对

① 列宁选集：第4卷 ［M］. 北京：人民出版社，2012：51.
② 列宁选集：第4卷 ［M］. 北京：人民出版社，2012：134，135.

付资产阶级即少数居民的暴力同充分发扬民主结合起来。"①

其次，发扬民主，最大限度地发挥人民群众的积极性和创造性。列宁在党纲中提出："俄共的任务是吸引日益众多的劳动群众来运用民主权利和自由，并扩大劳动群众运用民主权利和自由的物质条件。"② 在俄国工人阶级文化水平普遍落后的情况下，列宁主张通过普遍的文化教育逐步提升工人阶级的文化教育水平和管理能力，广泛吸收工农群众参与国家管理，对国家机关实行有效监督，等等。

最后，改革国家机关，精简机构，反对官僚主义。为克服中央集权制的弊端，列宁号召发挥地方基层的主动性、积极性，把权力下放给地方和基层，扩大地方和基层发展经济的自主权；针对机关人浮于事、机构臃肿、效率低下等状况，列宁提出改善国家机关的主张，如尽量少开会，清理各种委员会，减少非生产性开支等措施。对于官僚主义，列宁更是深恶痛绝，他一再向全党敲起警钟："共产党人成了官僚主义者。如果说有什么东西会把我们毁掉的话，那就是这个。"③ 同时，列宁看到反官僚主义斗争的长期性与艰巨性，主张通过长期的综合治理从各方面整治官僚主义的顽疾。

2. 加强执政党的民主建设

按照民主集中制的原则建党。民主与集中的关系是落后社会主义国家进行社会主义建设无法回避的问题，也是列宁民主思想中争议最多的问题。卢森堡与列宁在民主与集中关系问题上曾展开激烈的讨论。卢森堡指责列宁的集中制是"极端集中主义""无情的集中主义"和"密谋主义"，认为列宁所倡导的社会民主党的组织原则实质是"把布朗基密谋集团的运动的组织原则机械地搬到社会民主党的工人群众运动中来"④。

然而事实上，列宁总是将民主和集中具体地历史地统一在一起。内战时期，党内形成了高度集中的政治体制，这是与党的历史传统和斗争形势的客观需要相联系的。列宁曾经指出："在黑暗的专制制度下，在流行由宪兵来进行选择的情形下，党组织的'广泛民主制'只是一种毫无意思而且有害的儿戏。"⑤ 当党在1905年俄国革命获得公开活动的时机后，列宁立即提出用民主原则对党进行改造。

---

① 列宁全集：第28卷 [M]. 北京：人民出版社，1990：111.
② 列宁全集：第36卷 [M]. 北京：人民出版社，1985：169.
③ 列宁全集：第52卷 [M]. 北京：人民出版社，1988：300.
④ 卢森堡文选：上 [M]. 中央马列著作编译局，译. 北京：人民出版社，1984：504.
⑤ 列宁选集：第1卷 [M]. 北京：人民出版社，2012：418.

1906 年，列宁第一次提出民主集中制的原则，要求把民主和集中辩证地统一起来。他说："党内的民主集中制的原则是现在一致公认的原则"，"在目前的政治条件下实行民主制度固然有困难，但是在一定范围内还是可以实行的。"① 当新生的苏维埃政权面临国内外敌人疯狂反扑处于危险境地时，列宁果断提出："我们应当开始严格区分民主的两种职能：一种是辩论和开群众大会，另一种是对各项执行的职能建立最严格的责任制和无条件地在劳动中有纪律地、自愿地执行各项必要的指令和命令，以便使经济机构真正像钟表一样工作。"② 因此，共产党只有按照高度集中的方式组织起来，实行近似军事纪律那样铁的纪律，党才能履行自己的职责。

在和平时期，这种高度集中体制的消极作用凸显出来，列宁提出相应的改革措施，更加注重民主的实现。1921 年 3 月，俄共（布）十大决议明确规定：排斥一切委任制度，从上到下的一切机关都实行普遍选举制、报告制和监督制；对于党内一切最重要的问题，在党的决议未经通过之前，都要预先开展广泛的讨论和争论，充分自由地进行党内批评，让全体党员都有机会参加党的机关的公开会议；党的舆论要对党的领导机关的工作进行经常的监督，并使领导机关和全党之间保持固定的联系。为了发展党内民主，加强党内监督机制，列宁提出把扩大党的中央委员会、提拔新生革命力量和改组工农监察委员会统一起来，内外结合，强化对党中央最高领导的监督。最后，列宁主张党政分开，让党的中央委员会和政治局摆脱琐碎的日常事务工作，集中精力考虑重大的政治决策问题，制定党的路线、方针和政策。党的机关和苏维埃机关应该划清职权，提高苏维埃政府机关工作人员的威信、责任感、独立性和主动性。

总之，列宁扬弃了资产阶级民主学说中的"三权分立"和"政党选举"的权力制约论，建立起"三结合"的新型民主集中制，开辟了社会主义民主建设的新道路，掀开了人类政治文明史上的新篇章。

（三）社会主义文化建设

文化建设是保持苏联社会主义可持续发展的强大推动力，也是列宁社会主义建设理论体系中的重要内容。在经济文化落后的俄国，如何进行社会主义文化建设是列宁晚年着力探索的问题。

列宁始终站在社会主义本质的高度看待社会主义文化建设的重要性。在列宁看来，社会主义社会是一个全民参与国家管理，最能体现大多数劳动人民的

---

① 列宁全集：第 12 卷［M］. 北京：人民出版社，1987：214.

② 列宁全集：第 34 卷［M］. 北京：人民出版社，1985：143.

利益的社会。这样的社会在文盲的国家是不可能实现的。因此，列宁认为，如何提高无产阶级和广大劳动人民群众的文化水平，如何提高共产党员的文化素质和管理水平是制约苏俄社会主义建设的关键问题。1922 年，列宁在俄共（布）第十一大政治报告中指出："政治权力是完全够了。这里恐怕没有一个人能指出，在处理某个实际问题时，在某个办事机构中，共产党或共产党的权力不够……主要经济力量操在我们手里。一切具有决定意义的大企业、铁路等，都操在我们手里……俄国无产阶级国家掌握的经济力量完全足以保证向共产主义过渡。究竟缺少什么呢？缺什么是很清楚的：做管理工作的那些共产党员缺少文化。"①

因此，必须把工作重心转移到和平的文化组织工作上去，"只要实现了这个文化革命，我们的国家就能成为完全社会主义的国家了"②。

为保证社会主义文化建设顺利进行，列宁提出社会主义文化建设应当遵循的四项原则：

坚持党的领导原则。坚持党对文化工作的领导就是要解决文化工作的发展方向和为谁服务的问题。列宁认为艺术家有按照自己理想自由创作的权利，但是共产党人必须有意识地努力去引导这一发展，去形成和决定它的结果。③ 因此，为了保证文化建设的社会主义发展方向，必须坚持党的领导。在社会主义过渡时期，无产阶级的各种旧思想的偏见和恶习依然存在，各种阶级成分并存，为了有力抵制这些偏见和恶习以及小资产阶级动摇性，必须实现无产阶级对全体劳动群众的领导。为了实现党的领导作用，必须加强党对各种文化团体的组织和政治领导，为文化工作的落实提供强大的组织保障和政治保障。坚持党的领导，也就是坚持马克思主义的理论指导的原则。列宁在批判"无产阶级文化协会"时，不仅论述了马克思主义理论的科学性，并阐明了马克思主义同人类一切文明成果之间的继承关系，进而指出以马克思主义为指导，利用一切文化遗产的指导原则。

坚持培养社会主义新人的目标原则。俄国的文化建设是在共产党领导下进行的具有社会主义性质的新型文化建设，它在思想上以马克思主义为根本指导，兼收并蓄人类一切优秀文化遗产。因此，文化建设的目标是"培养真正的共产主义者，使他们有本领战胜谎言和偏见，能够帮助劳动群众战胜旧秩序，建设

① 列宁选集：第 4 卷 [M]. 北京：人民出版社，2012：679-680.
② 列宁选集：第 4 卷 [M]. 北京：人民出版社，2012：774.
③ 列宁选集：第 4 卷 [M]. 北京：人民出版社，2012：125.

一个没有资本家、没有剥削者、没有地主的国家"①。

坚持文化工作重点在农村的原则。列宁从俄国农村人口占全国人口的82%的基本国情出发，指出文化建设应首先提高农民的文化素质，文化建设应坚持工作重点在农村的工作原则。同样地，列宁将农村的文化工作提高到了苏俄"两个划时代的主要任务（另一个是改造国家机关）"之一。在他看来，"完全合作化这一条件本身就包含农民（正是人数众多的农民）的文化水平的问题，就是说，没有一场文化革命，要完全合作化是不可能的"②。

坚持循序渐进的工作原则。列宁认为在俄国这样一个文化落后的国家进行社会主义文化建设必须依靠循序渐进的工作原则。不仅要使人民群众可以识字读书，还要提高文化修养，不断学习新文化，同旧文化做斗争，这无疑是一项长期的艰巨的任务，不是依靠大规模的、急风暴雨式的群众斗争方式可以完成的。"这需要一个较长的时期，我们应该使自己适应这个较长的时期，据此规划我们的工作，发扬坚忍不拔、不屈不挠、始终如一的精神。"③ 列宁一再强调文化问题上的急躁冒进是最有害的，一定要舍得花时间，"十分缓慢，小心谨慎，实事求是，对自己的每一步骤都要进行千百次的实践检验"④。

按照列宁的工作部署，文化建设主要分为国民教育和思想政治教育。其中国民教育可以分为两方面。

一方面，学校教育与扫盲运动并举。列宁认为，学校是无产阶级专政的工具。在《青年团的任务》这篇著名的演说中，列宁提出："我们的学校应当使青年获得基本知识，使他们自己能够培养共产主义的观点，应该把他们培养成有学识的人。"⑤ 同时，学校教育应当与生产劳动实践相结合，教师"不能把自己限在狭窄的教师活动的圈子里，教师应该和一切战斗着的劳动群众打成一片。新教育学的任务是要把教师活动同建立社会主义社会的任务联系起来"⑥。列宁还主张大力开展职业教育，鼓励工人和劳动农民自学自修。在课程设置上，列宁要求既要满足思想政治教育的需要，同时也要尽快满足经济建设的需要。在教育机构建设方面，列宁重新组建了教育人民委员会，把全国各类学校纳入其中。为了解决工农群众不具备进入高等学校学习条件的问题，列宁创办了工农

---

① 列宁选集：第4卷［M］. 北京：人民出版社，2012：306.
② 列宁选集：第4卷［M］. 北京：人民出版社，2012：773.
③ 列宁选集：第4卷［M］. 北京：人民出版社，2012：591.
④ 列宁选集：第4卷［M］. 北京：人民出版社，2012：700.
⑤ 列宁选集：第4卷［M］. 北京：人民出版社，2012：293.
⑥ 列宁全集：第34卷［M］. 北京：人民出版社，1985：392.

进修学校。到 1921 年 4 月，工农进修学校已增加到 59 所，学生人数达到 25，436名。① 在改造学校教育的同时，苏维埃政权还采取了一系列积极的扫盲措施，如颁布相关决议与法令，设立全俄扫除文盲特设委员会，全国各地纷纷开展各种扫盲活动，等等。特别值得一提的是，参加扫盲学习的人工作时间缩短 2 小时，工资不变；军事部门内，工作后学习 2 小时，发给相当于原工资 50%的额外工资。② 这些措施成效显著：截至 1921 年 10 月，红军的文盲人数降至 5%，海军则完全消除了文盲③；1925 年，工人中的文盲已基本扫除。

另一方面，财力和人力的全面投入。为了在经济困难、财政拮据的情况下保证教育经费的必要投入和有效使用，列宁尽量压缩不必要的开支，以增加基础教育的经费。1923 年 1 月，列宁在《论合作社》中指出："首先应当削减的不是教育人民委员部的经费，而是其他部门的经费，以便把削减下来的款项转用于教育人民委员部。"④ 财力的投入为发展国民教育提供了物质保障，而教师队伍的建设则为国民教育的发展提供了智力保障。列宁强调必须把全体教师争取到拥护苏维埃政权的立场上来。即使在国民经济极度困难的时期，列宁也注意提高教师的物质生活条件。列宁指出，不仅要在生活上关心教师，还要在政治上信任教师，要重视选拔优秀教育工作者参与教育行政管理，对于具有丰富理论知识和实践知识的教育家，教育行政部门应该"有计划地吸收他们担任地方机关特别是中央机关的负责工作"⑤。

① 李靖宇. 列宁与苏维埃政权初期的精神文明建设 [J]. 俄罗斯东欧中亚研究，1999（3）：10.
② 江流. 中国社会主义精神文明研究 [M]. 北京：中共中央党校出版社，1987：23-24.
③ 列宁选集：第 4 卷 [M]. 北京：人民出版社，2012：302.
④ 列宁选集：第 4 卷 [M]. 北京：人民出版社，2012：763.
⑤ 列宁全集：第 40 卷 [M]. 北京：人民出版社，1986：326.

第四章

分析与评价：社会主义的传统与现实

中国特色社会主义发轫于空想社会主义对未来理想社会的追求。在新的历史时期，应当抓住空想社会主义超越性批判的精神实质，构建中国特色社会主义的精神家园。科学社会主义以唯物史观和剩余价值为基础完成了未来社会主义理论的科学构建，是中国特色社会主义的理论根基。列宁主义是马克思主义东方化的第一个系统的理论成果，是中国特色社会主义的直接思想来源。

第一节　空想社会主义的思想遗产

空想社会主义是社会主义思想发展的逻辑起点，是科学社会主义的理论来源。空想社会主义没有随着科学社会主义的诞生而退出历史舞台。空想社会主义为我们勾勒的未来理想社会的美好画卷，至今读来仍耐人寻味。不仅如此，它以一些流行的乌托邦形式继续存在着，而且总是以这样或那样的方式影响着人们对现实社会主义的认识及其实践。正确认识和评价空想社会主义，总结空想社会主义对中国特色社会主义制度形成的影响及其当代价值，或许是一种更有意义的纪念方式。

一、空想社会主义与科学社会主义的同质性

空想社会主义是西欧由原始资本主义发展引起的一种现代化的思想反应。近代资本主义的发展、启蒙运动和法国大革命使乌托邦脱离了完全的道德批判和悲观情绪，从而具有了以历史乐观主义规定未来和改造世界的特点。空想社会主义者做出了在资本主义生产关系尚不成熟阶段对未来理想社会探索可以达到的最高成就，他们的理论成果成为科学社会主义直接的思想来源。因此，科学社会主义和空想社会主义具有同一性的关系，其中重要的一点是它们对未来理想社会制度的论述有相似之处。科学社会主义和空想社会主义都倡导建立一种高于资本主义的新的、美好的社会制度，希望通过新制度的建立使人民摆脱

贫困、剥削、愚昧从而获得平等自由、理性和全面发展的学说。①

马克思、恩格斯一方面继承了空想社会主义的闪光思想，一方面展开了对包括空想社会主义在内的流行社会主义、共产主义思想的批判，并最终完成了对这些思想的超越。科学社会主义区别于其他社会主义学说之处，可以归纳为以下两方面：

指出资本主义生产方式的实质和资本主义灭亡的必然性。空想社会主义对资本主义的剥削现象、不平等现象和私有制等社会弊病展开了猛烈的批判和道德伦理的谴责，但是，他们从未解释过资本主义工业制度的本质和作用。正如恩格斯所说，"以往的社会主义固然批判了现存的资本主义生产方式及其后果，但是，它不能说明这个生产方式，因而也就不能对付这个生产方式；它只能简单地把它当作坏东西抛弃掉"，然而问题恰恰在于"一方面应当说明资本主义生产方式的历史联系和它在一定历史时期存在的必然性，从而说明它灭亡的必然性；另一方面应当揭露这种生产方式的一直还隐蔽着的内在性质"②。马克思通过发现历史唯物主义和剩余价值，揭开了资本主义生产的秘密和资本生产的过程："无偿劳动的占有是资本主义生产方式和通过这种生产方式对工人进行的剥削的基本形式；即使资本家按照劳动力作为商品在商品市场上所具有的全部价值来购买他的工人的劳动力，他从这种劳动力榨取的价值仍然比他为这种劳动力付出的多；这种剩余价值归根到底构成了有产阶级手中日益增加的资本量由以积累起来的价值量。"③ 以此为基础，马克思、恩格斯指出，资本主义社会中社会化的生产和资本主义私人占有的矛盾，决定了资本主义私有制必将为社会主义公有制所代替，社会主义的胜利和资本主义的胜利同样是不可避免的。唯物史观和剩余价值为马克思恩格斯的未来社会理论奠定了科学基础，从方法论上与空想社会主义依赖的道德示范和伦理号召划清了界限，实现了社会主义思想史上的一次重大飞跃。

无产阶级的革命使命。马克思在《共产党宣言》中指出，"至今的一切社会都是建立在压迫阶级和被压迫阶级的对立之上的"④。在资产阶级和无产阶级的对立中，资产阶级创造了巨大的生产力，在历史上起过非常革命的作用，但是随着资产阶级生产关系再也容纳不了它创造的财富，与它一同发展起来的工人阶级开始联合起来，成为与资产阶级对立的一切阶级中真正的革命阶级。这个

① 许耀桐. 正确认识和评价空想社会主义 [J]. 科学社会主义，2011 (4)，34-35.
② 马克思恩格斯选集：第 3 卷 [M]. 北京：人民出版社，2012：796-797.
③ 马克思恩格斯选集：第 3 卷 [M]. 北京：人民出版社，2012：797.
④ 马克思恩格斯选集：第 1 卷 [M]. 北京：人民出版社，2012：412.

阶级将承担起资本主义掘墓人的角色，用暴力推翻全部现存制度。在空想社会主义看来，无产阶级只是资本主义制度下受剥削、令人同情的"客体"。他们既没有能力，也没有必要，去反对资产阶级和整个资本主义制度。大多数空想社会主义者认为可以通过说服教育、道德感召和地区示范等改良主义措施，以那些天才人物的天才头脑符合理性的设计为蓝图，完成资本主义社会向未来理想社会的过渡，而不必打破旧的国家机器。对此，马克思和恩格斯从唯物史观出发，指出了空想社会主义者这种错误认识的根源，"他们拒绝一切政治行动，特别是一切革命行动；他们想通过和平的途径达到自己的目的，并且企图通过一些小型的、当然不会成功的试验，通过示范的力量来为新的社会福音开辟道路。这种对未来社会的幻想的描绘，在无产阶级还很不发展，因而对本身的地位的认识还基于幻想的时候，是同无产阶级对社会普遍改造的最初的本能的渴望相适应的"①。

空想社会主义是资本主义原始积累时期和发展初期反对资本主义制度的思潮，马克思主义是资本主义发展相对成熟时期的思想产物，他们都含有对未来理想社会的追求。马克思主义承继了前者一切优秀的思想遗产，实现了社会主义思想史中的第一次飞跃。但是，空想社会主义和马克思主义不是对自由和正义亘古追求的现代翻版，它们是在西欧工业资本主义发展时期，对一系列社会、政治变革的特定反映。脱离了这个时代背景，空想社会主义逐渐走向了它的反面；马克思主义也处于不断发展创新之中，在与各国社会主义实践结合的过程中，同样面临着不断本土化、世俗化和现代化的历史任务。

二、空想社会主义与中国特色社会主义制度的关系

新中国成立后，在中国特色社会主义制度的建立与发展过程中，空想社会主义扮演了极不光彩的角色，如依靠人民群众的革命热情和道德水平促进社会主义经济发展，忽视生产力的客观基础，过分夸大以生产资料所有制形式为中心的生产关系及上层建筑领域的变革在推动社会主义制度建设中所起的作用，以及对于社会主义符号化的理解，不顾实际情况照搬某些社会主义的制度模型等。在落后国家进行社会主义建设必然会经过一个从形式上和内容上仿效社会主义的空想阶段：空想社会主义关于资本主义的充分发展并不构成未来社会的必要充分条件的主张，对于资本主义尚无全面发展、生产力落后的国家建设社会主义具有特别的吸引力。社会主义国家建设初期所犯的一系列缩短过渡时期

① 马克思恩格斯选集：第1卷［M］．北京：人民出版社，2012：432.

和超越生产力的错误无不是这个理论问题在现实中的深深投影。因此中国特色社会主义制度的建立首先要破除空想社会主义的因素，超越空想社会主义。

改革开放之初，邓小平郑重指出："我们当然不会由科学的社会主义退回到空想的社会主义，也不会让马克思主义停留在几十年或一百多年前的个别论断的水平上。"① 江泽民在中共十五大报告中再次强调，建设社会主义只能一切从社会主义初级阶段的实际出发，而不能从主观愿望出发，不能从这样那样的外国模式出发，不能从对马克思主义著作中个别论断的教条式理解和附加到马克思主义明显的某些错误论点出发。在破除了对社会主义的空想和不顾实际的主观愿望后，中国特色社会主义建设开始以发展社会生产力为根本任务，开始把社会主义和市场经济结合起来的新尝试，因此可以说中国特色社会主义制度是在批判乌托邦、告别乌托邦中建立起来的。

对乌托邦的批判和超越对于解放思想、反思旧体制、开辟中国特色社会主义道路无疑起到了巨大的历史作用。但是，这种批判与超越过于简单，秦晖教授认为，仿佛"过去的灾难全都是人们太善良太'理想主义'造成的。而如今只要'理论联系实惠'，大家一齐钻钱眼，少点'理想主义'就好了……也把改革想得太容易了"②。正如对一种理论的误读和谬用不能归结为理论本身的错误一样，空想社会主义不能等同于社会主义的空想，其实质与科学社会主义无异，都是对未来理想社会主义的追求。重新挖掘空想社会主义的精神实质及其时代价值，将有助于中国特色社会主义制度的完善和中国特色社会主义的健康发展。

（一）超越性批判

从托马斯·莫尔开始，乌托邦精神就包含了两方面的内容：对现实的不满和批判以及超越现实、对未来理想社会的憧憬。如一些学者所指出的，乌托邦对价值理想的追求"深深地扎根于现实生活世界之中，乌托邦精神的价值意蕴总是在具体的语境中赋予自身现实的、历史的内涵，因此，是一种基于现实又超越现实的内在超越精神"③。乔多柯夫也曾经说过，乌托邦总是包含着两个相互关联的因素：对现存状态的批评与一个新社会的远景或更新的方案。乌托邦精神的当代价值意义就在于它的批判精神和信仰力量。

首先，乌托邦起源于对现实社会的不满与批判。在历来的空想社会主义著作中存在着大量对现实封建社会以及刚刚萌芽的资本主义生产关系尖锐辛辣的

---

① 邓小平文选：第 2 卷 ［M］. 北京：人民出版社，1994：179.
② 秦晖. 共同的底线 ［M］. 南京：江苏文艺出版社，2013：110.
③ 贺来. 乌托邦精神：人与哲学的根本精神 ［J］. 学术月刊，1997（9）：17.

批判，并构成了空想社会主义学说的重要内容。在《乌托邦》的第一部分，莫尔揭露了对英国社会的种种不满，他生动诙谐地将英国圈地运动的发展过程比喻成羊吃人的过程；温斯坦莱不承认已经成立了的自由共和国，他认为共和国不过是"集体的王权专制"，"当我们这些穷苦的老百姓没有得到一点土地，以便能像乡绅们那样过自由生活的时候，就不可能有共和国"①；圣西门则认为资本主义社会是一种新的奴役形式，法国大革命仅仅是把政权由旧的剥削者手中转到了新的剥削者手中，广大劳动者不仅没有得到解放，反而遭受了更沉重的奴役；等等。因此，空想社会主义的空想首先是立足现实，他们对现实社会的批判既生动又深刻，是启发无产阶级觉悟的宝贵材料。

在批判的基础上，空想社会主义者构建了未来社会主义制度，并在细节方面做出了种种规划，然而空想社会主义最重要的使命不在于此，"而在于克服人的自然惰性对现存事实的消极默认，为人和社会走向新境界提供新的可能性。它启示人们不要放弃这一种希望——去寻找一个先前不曾有过的世界，在那里'最有可能找到正义'"②。因此，空想社会主义不是空想或幻想，它包含了革命的因素，包含了精神的慰藉，包含了以物质世界为逻辑起点面向未来的追求。曼海姆（Karl Mannheim）认为，"每个历史事件都是由于乌托邦而从托邦（现存秩序）中产生的一种不断更新的解放。……历史的道路总是从一个托邦经过一个乌托邦而导向下一个托邦"③，从而构成了人类社会向前发展的不竭动力。

（二）当代价值

在现时代，乌托邦这种批判式超越的精神对中国特色社会主义制度建设具有格外重要的意义。中国的社会主义改革从市场经济为选择而展开，从而使中国特色社会主义建设焕发出新的生命力，并形成了中国特色社会主义制度的主要内容。与此同时，现代性的悖论也逐渐暴露出来，这一困境依靠市场经济是无法解决的。因此，唤醒乌托邦的精神，构筑中国特色社会主义制度的精神家园，牢固树立社会主义信仰，是时代赋予空想社会主义新的历史使命。

1. 构筑中国特色社会主义制度的精神家园

随着中国改革开放的纵深发展，中国的政治、经济、文化和社会领域都取得了举世瞩目的成就。同时，也引发了一系列新的问题，如公平与效率、手段与目的、两极分化等。在这样一次重大的社会转型面前，物质文明和精神文明发展严重失衡，精神文明的发展严重滞后。简而言之，就是现代化之下，人们

① ［英］温斯坦莱. 温斯坦莱文选［M］. 任国栋，译. 北京：商务印书馆，1982：65.
② 贺来. 现实生活：乌托邦精神的真实根基［M］. 长春：吉林教育出版社，2004：6.
③ 卡尔·曼海姆. 意识形态与乌托邦［M］. 黎鸣，译. 北京：九州出版社，2007：83.

精神家园的迷失。

乌托邦超越性批判的精神，否定现实、满怀希望向往未来，充分肯定了人的主体能动性，凝聚着对社会发展的深厚的人文关怀，是人类的精神家园。美国学者拉塞尔·雅各比（Russell Jacoby）认为，它是"一种普世情怀，一种人类共有的精神财富"①。当然，乌托邦确实存在消极性的一面，如过于夸大个人主体的能动性，会造成个人行动和思想大大超前于现实而遭受挫折，并因为行动无法达到预期效果而产生怀疑与迷茫。但我们决不能因为这些局限性和弱点的存在，就简单地抛弃、告别乌托邦，而是应当科学看待乌托邦精神，充分发挥其积极、乐观、向上的一面。美国学者赫茨勒（Joyce Oramel Hertzler）曾经这样高度赞扬乌托邦："乌托邦思想家在他们各自所处的时代，都毫无例外地表现为思想上富于创新性和建设性思想力的人……他们是面对着一片荒野却看到了一座乐园的人。"②

但是，不能否认的是当代乌托邦精神正受到来自现代化的严重考验。弗莱德里克·詹姆逊（Fredric Jameson）认为，因为我们今天处于一个尴尬的境地，一方面社会充满了诸如苦难、贫穷、失业、饥饿、腐败、暴力以及死亡等的危机，相比之下，那些执着于建构美好社会计划的乌托邦思想的研究者们的努力却显得如此苍白无义而多此一举；另一方面，社会又表现出前所未有的繁荣——社会财富剧增、数字化的生产，科学与医学的惊人飞速发展更是20世纪难以想象的，人们从事着遍及全球的商业交往活动，尽情地享受各种文化带来的"盛宴"，在如此令人耳目一新的时代，所有的乌托邦幻想与构建的幻象都相形见绌与不合时宜。如果说布洛赫和詹姆逊传达了乌托邦精神缺失和尴尬境地，曼海姆则指出了其中原因，他认为导致乌托邦终结的原因在于，随着现代社会的进步与发展，科学理性逐渐取得了优势地位，现代人主张用科学主义的态度看世界，这造成了在思想和理论界将一切具有价值判断和热忱成分的学说视为"非科学"的倾向，结果自然是有意识地排斥乌托邦学说，从而使变革社会现实的理论设计逐渐消失。其实，这又何尝不带有科技乌托邦的意味呢？

在科学技术飞速发展、改革开放不断深化、中国特色社会主义制度不断完善的今天，我们比任何时候更需要乌托邦，更需要乌托邦精神的寄托，"如果没有预示未来乌托邦展现的可能性，我们可能只会看到一个颓废的存在，人类的

---

① 拉塞尔·雅各比. 乌托邦之死：冷漠时代的政治与文化［M］. 姚建彬，译. 北京：新星出版社，2007：3.
② 乔·奥·赫茨勒. 乌托邦思想史［M］. 张兆麟，等译. 北京：商务印书馆，1990：251-252.

可能性的自我实现都受到了窒息。没有乌托邦的人总是沉浸于现实之中，没有乌托邦的文化总是被束缚于现实之中，而且会迅速地倒退到过去，因为现在只有处于过去和未来的张力之中才会充满活力"①。然而，如何用乌托邦精神抵消现代化悖论，保证中国特色社会主义制度健康发展，则成为摆在我们面前的新课题。

一方面，可以不断挖掘中华优秀传统文化中与乌托邦精神相通的对未来理想社会追求的大同思想之间的内在关联。在弘扬中华优秀传统文化和社会主义核心价值观的同时，将乌托邦精神融会贯通，使之在现代化和中国化的进程中焕发出新的生命力；另一方面，以超越批判的乌托邦精神，充分调动人民群众的积极性和创造性，对现实社会中存在的问题与矛盾不隐瞒不轻视，既要"关心脚下的事情"，又要"关注天空"，在批判现实中，追求中国梦和社会主义的远大理想，更加全面地、健康地发展和完善中国特色社会主义制度。

2. 树立社会主义信仰

信仰是人类社会发展的原动力，是对理想、信念和美好未来的追求与向往。在救亡图存的年代，马克思主义作为应对危机的意识形态在中国广泛传播，社会主义成为共产党人坚定的理想和信念。当我们打破传统认识的束缚，突破空想社会主义的樊篱，社会主义的信仰也受到前所未有的挑战。更为可悲的是，在一个社会主义国家，讲讲无产阶级专政，强调公有制的主体地位，也会引起轩然大波。如果人民群众，甚至共产党员都不信仰社会主义，共产党和社会主义国家岂不是徒有其名？因此，重温空想社会主义的著作，重温潜藏百年的对社会主义的向往，不仅有助于我们从这种回望中更加从容地、理性地、公正地对待这些思想遗产，而且对于我们牢固树立社会主义信仰大有裨益。

与一般的理想追求不同，乌托邦追求的是在政治、经济、文化等各方面优于资本主义的社会主义制度。在政治领域：空想社会主义者追求更加民主、平等和自由的政治制度；他们主张通过人民选举、监督等措施来避免腐败和专权，如温斯坦莱第一次在社会主义思想史上提出了公职人员选拔、监督与任免的机制；等等。在文化教育和社会生活领域，未来社会主义无不贯穿着公共和平等的原则。到了19世纪，空想社会主义者自身已经开始从纯粹的细节描绘中脱离出来，他们越来越从实际考虑未来社会主义改革计划的可行性，如圣西门立足法国社会经济现实，将保留私有制同两权分离、计划生产、按才分配和造福人类的目标结合在一起。在经济领域：未来社会主义以公有制为基础，从而根除

---

① 保罗·蒂里希. 政治期望 [M]. 何光沪，译. 成都：四川人民出版社，1989：6、215-216.

了由私有制产生的一切弊病；有计划有组织的生产代替了资本主义市场经济下的生产过剩和经济危机；每一位劳动者都是光荣的，劳动在大多数情况下变得愉快而轻松，分工也不再是强迫的；一切产品归为社会公有，实行按需分配，人与人之间实现了真正的平等；商品货币关系已经废除，商品买卖被认为是欺骗和剥削，也被废除。

我们今天仍在思考试图解决的一些问题，如公有与私有、劳动与分配、平等与效率等，早在几百年前，资本主义刚刚萌发，工业文明远未形成的时候，就已经被空想社会主义者们讨论过。随着时代的发展，他们关于社会主义的一些构想，今天反而得到了更多的关注。比如，全球环境治理背景下反对消费主义的主张，体现了空想社会主义中某些克制人的欲望，厉行节俭的要求。一些学者甚至构建起了新的生态乌托邦世界。环保主义者麦克基本（Bill Mckibben）在《自然的终结》中描绘了一个谦卑的世界，一个物质过度充足的社会中，增加人口的愿望得到克服，人们将使用更少的资源等。总之，与传统的乌托邦不同，在谦卑的世界中，人类的幸福排在第二。

无论是从历史上看，还是从现实问题上看，空想社会主义对未来社会主义的构想至今对于中国特色社会主义仍具有重大的借鉴意义。他们为我们勾勒的社会主义蓝图至今仍具有强大的吸引力。他们不惜金钱、社会地位和生命捍卫社会主义学说，难道不应该成为我们尊重和学习的榜样？但是，我国马克思主义理论界对空想社会主义的认识整体上停留在马克思、恩格斯对空想社会主义的评价上，可喜的是在马克思主义哲学领域，一些学者逐渐将乌托邦精神同社会现实和中国特色社会主义联系起来，号召回归真正的乌托邦精神。比起西方在乌托邦方面的研究深度，我们还有很长的路要走。

毋庸讳言，空想社会主义最大的弊病在于无法解决如何实现这种社会主义上。也就是在这个问题上，我们犯过错误，走过弯路，以致人们对任何没有现实感的东西采取了一种弃绝的倾向。然而，没有了理想主义的色彩，社会主义只剩下一个充满各种现实利益的、毫无生气的躯壳，很难抵御来自外界的颠覆。对此，我们必须看到问题的严重性，因为意识形态阵地的丢失首先从社会主义信仰的缺失开始。因此，我们必须结合东方的传统与西方的创新，结合历史的教训与现实的问题，重新唤醒乌托邦的热情，在对至善至美的追求中达到较善较美，敢于亮剑，毫无羞怯地将社会主义写在信仰的红旗之上。

第二节 马克思恩格斯未来社会学说及其当代意蕴

马克思、恩格斯以唯物史观和剩余价值为基础完成了未来社会主义制度理论的科学构建，主要内容包括未来社会名称演变，社会主义起点、道路和前提，未来社会发展阶段及其特征等内容。马克思、恩格斯的未来社会理论，结合国际工人运动、社会主义实践和资本主义的新变化，得到不断的丰富和发展，是科学的、开放的理论体系，是中国特色社会主义的理论根基。

一、未来社会名称的演变

19 世纪 40 年代初期，社会主义和共产主义开始进入马克思的研究领域。1842 年 10 月，马克思在担任《莱茵报》主编工作时，首次接触了社会主义和共产主义的理论，而且社会主义的思想原则要高于共产主义。马克思写道："除了共产主义外，同时还出现了如傅立叶、普鲁东等人的别的社会主义学说，这绝不是偶然的，而是完全必然的，因为这种共产主义本身只不过是社会主义原则的一种特殊的片面的实现而已。"[①] 马克思认为共产主义思想虽然是不切实际的空想，但应当对其持有谨慎的态度，严肃对待。

1843 年 10 月，马克思前往法国，开始了他认识现代市民社会，熟悉社会主义者、共产主义者以及历史学家和政治经济学家的新时期。马克思同法国工人以及德国流亡巴黎的工人都建立了直接的联系，并且结识了他们所进行的斗争的一些领导人，如路易·勃朗、卡贝、普鲁东等。同法国工人的广泛联系与接触，必然会引起马克思思想上的变化。当时法国工人中普遍信奉社会主义和共产主义思想，各派之间经常展开热烈的争论和思想斗争。在这个过程中，马克思第一次较为全面地接触了法国、英国和德国的社会主义者的著作，这些著作成为《1844 年经济学哲学手稿》（以下简称《手稿》）的直接思想来源。在《手稿》中，马克思依然认为社会主义是高于共产主义的社会形态。只有在经历了以私有财产的初步扬弃为中介的"最近将来"的共产主义阶段，才能最终迎来在自身基础上达到人的解放的社会主义阶段。[②]

在《神圣家族》中，马克思、恩格斯开始使用共产主义来代表他们创建的未来社会。不久后，恩格斯在工人中宣传他们的共产主义主张，引导工人阶级

---

① 马克思恩格斯全集：第 1 卷 [M]. 北京：人民出版社，1956：416.
② 马克思. 1844 年经济学哲学手稿 [M]. 北京：人民出版社，2000：92-93.

走共产主义道路。在《德意志意识形态》（以下简称《形态》）中，马克思、恩格斯对社会主义思想进行了彻底清算，他们批判了英法空想社会主义和德国小资产阶级的真正社会主义，同时初步构建了未来共产主义社会的轮廓，并正式把共产主义作为人类社会发展的目标。马克思、恩格斯提出实现共产主义的前提，用生动形象的比喻描述了未来共产主义社会的美好画面，并将共产主义作为理念和运动的双向规定有机地统一起来。但是，由于这部著作在1847年只发表了部分章节，1932年才得以全文出版，因此，人们通常将《共产党宣言》看作马克思、恩格斯正式使用共产主义这一名称的开端。

《形态》之后，马克思、恩格斯以共产主义者自居，与各种诋毁共产主义的言论进行不断的理论斗争。在批判中，马克思恩格斯未来共产主义理想社会的轮廓越来越清晰。"在《形态》以后，只有共产主义才是反映马克思及恩格斯理论特征的用语。这是《共产党宣言》所明示的。"① 这里恐怕找不出比恩格斯在《宣言》1890年德文版序言中指出的原因更恰当的了，简单地说，"在1847年，社会主义意味着资产阶级的运动，共产主义则意味着工人的运动"②。虽然，恩格斯说根本没有想到要把这个名称抛弃，但是，马克思、恩格斯的共产主义理论同工人运动的结合便注定了未来社会名称的使用将与工人运动的思想状况和活动情况紧密结合起来。

1848年欧洲革命后，马克思、恩格斯逐渐抛弃了共产主义的名称，开始使用社会主义来命名未来社会。在《1848年至1850年法兰西阶级斗争》中，马克思以"革命的社会主义"指代资本主义以后，显然也包括过渡时期在内的未来理想社会。在几乎同时期的《致〈新德意志报〉编辑的声明》一文中，社会主义成为共产主义的同义语，两者没有本质区别，这种状况大致延续到70年代。

恩格斯在1894年回复考茨基关于出版一本论社会主义史的丛书，用"共产主义史"这个书名是否更好些时写道："'共产主义'一词我认为当前不宜普遍使用，最好留到必须更确切地表达时才用它。即使到那时也需要加以注释，因为实际上它已三十年不曾使用了。"③ 事实上，马克思在《哥达纲领批判》中还在使用共产主义的称谓。究其原因，有学者指出这主要是因为各种社会主义思潮在广大工人群众、人民群众中的影响越来越大。只有把二者作为同义语才有

---

① 岩佐茂，小林一穗，渡边宪正.《德意志意识形态》的世界［M］.梁海峰，王广，译.北京：北京师范大学出版社，2014：219.
② 马克思恩格斯选集：第1卷［M］.北京：人民出版社，2012：392.
③ 马克思恩格斯全集：第39卷［M］.北京：人民出版社，1974：206.

利于开展工作，争取广大群众。①　最终，马克思、恩格斯确定了"科学社会主义"的名称，并指出，"'科学社会主义'，也只是为了与空想社会主义相对立才使用，因为空想社会主义力图用新的幻想欺蒙人民，而不是仅仅运用自己的知识去探讨人民自己进行的社会运动"②。

在《资本论》中，马克思更多地使用了具有实质内容的"联合体"的概念代替了共产主义和社会主义的名称。在《手稿》中，马克思曾使用了"积极的共同体"的概念。他指出"粗陋的共产主义，不过是私有财产的卑鄙性的一种表现形式，这种私有财产力图把自己设定为积极的共同体"。在《共产党宣言》中，马克思提出了"联合体"的称谓，并规定了它的基本内容。在《资本论》这部经济学著作中，马克思继续沿用了类似的说法，如"自由人联合体"和"联合起来的生产者"等具有实质内容指向的称谓，而较少地使用"共产主义"的说法了。

二、一个起点、两条道路和三个前提

（一）资本主义的起点

以资本主义为发展的历史起点和逻辑起点，是现代社会主义社会生成的不争的事实。而且这个资本主义，按照马克思、恩格斯的设想是充分发展的资本主义，是资本主义的生产关系再也无法适应生产力发展的资本主义，这也是毫无疑问的事实。问题在于，什么是充分发展呢？马克思、恩格斯不也是在这个问题上犯过乐观的错误吗？如果把他们对东方社会向未来社会过渡道路的设想考虑在内，如何看待资本主义起点的问题就必须进行一番讨论了。

马克思、恩格斯所设想的高度发达的资本主义，是我们至今仍无法想象的。但是如果仅仅认为，马克思、恩格斯把无产阶级革命局限在了先进的资本主义国家或先进的生产力基础上，那也是不符合事实的。我们可以首先回顾一下马克思、恩格斯对待巴黎公社的态度，就可以明白，如果客观条件造就了革命的形势，无产阶级有义务争取革命领导权并将革命最终引向社会主义的道路。但是巴黎公社不过是在例外条件下的一座城市的起义，而且这个起义注定是要失败的。正如马克思在 1881 年写给纽文胡斯的信中所分析的，"如果在一个国家还没有发展到能让社会主义政府首先采取必要的措施把广大资产者威吓住，从

---

①　高放. 也谈马克思主义经典著作中未来社会名称的历史演变 [J]. 理论视野，1999 (6)：49.

②　马克思恩格斯选集：第 3 卷 [M]. 北京：人民出版社，2012：341.

而赢得首要的条件，即持续行动的时间，那么社会主义政府就不能在那个国家取得政权"①。马克思主义者从来不会把自己的理论建立在这种偶然性和例外上。但这不表示他们不关注这种例外，如俄国公社直接过渡的问题。马克思、恩格斯认为在世界革命的条件下，俄国有可能通过卡夫丁峡谷。后来，恩格斯已经明确指出，没有西方无产阶级的胜利，"目前的俄国无论是在公社的基础上还是在资本主义的基础上，都不可能达到社会主义的改造"。"这不仅适用于俄国，而且适用于处在资本主义以前的阶段的一切国家。"②

如果在"世界交往"的链条上有某一落后国家产生了社会主义运动并在先进国家之前发生了革命，那它在发展中也只能借"世界交往"之力打破自己的地域性，使自己扩大成世界革命的一部分，否则不但不可能得到最后的胜利，而且会"不可避免地陷入一种无可救药的进退维谷之境"。然而，我们不禁猜想，这个"世界交往"的功能是否可以由几个地缘相近的社会主义国家之间的联合来代替实现？无论怎样，在"世界历史"范围内对社会主义革命道路的具体途径允许变通，但未来社会的建立必须直接立足于发达资本主义的物质基础。

（二）革命与民主的道路

在资本主义原始积累初期，手工工人最早的反抗形式就是暴力捣毁机器，因此暴力是工人阶级斗争的一个传统。但是暴力并不是完全意义上的革命，革命具有两层含义，第一指使用暴力武装斗争的方式，第二指推翻现存制度，建立无产阶级专政。在工业革命时期，这两层含义通常具有途径与目的连贯的意味，而在工业革命后，武装斗争街垒巷战的方式越来越不现实，革命的这两层含义逐渐剥离。工人阶级斗争策略发生向议会民主道路的转变，但斗争的原则即暴力革命的权利和斗争的最终目的始终没有变化。

1. 暴力革命的道路

暴力革命作为斗争方式是有一定的历史局限性的。马克思、恩格斯将暴力革命作为推翻资本主义制度唯一途径的方式既是历史的产物，也是对资产阶级统治本质的认识。因此，暴力革命是我们无论如何都必须保留的历史。

进入19世纪下半叶，斗争条件在主要资本主义国家已经发生了根本变化。"旧式的起义，在1848年以前到处都起过决定作用的筑垒巷战，现在大大过时了。"③ 从工人阶级这方面看，人民各个阶层都同情的起义很难再有了。巷战已经成为统治阶级设下的陷阱，各种条件已经对民间战士变得更加不利。"突然袭击

① 马克思恩格斯选集：第4卷［M］. 北京：人民出版社，2012：541.
② 马克思恩格斯选集：第4卷［M］. 北京：人民出版社，2012：321，313.
③ 马克思恩格斯选集：第4卷［M］. 北京：人民出版社，2012：390.

的时代，由自觉的少数人带领着不自觉的群众实现革命的时代，已经过去。"①

　　然而，很快我们就可以看到暴力革命如何再次登上无产阶级斗争的舞台，并掀开了世界社会主义运动的新篇章。

　　2. 议会民主的道路

　　恩格斯晚年不断强调，马克思主义的理论是发展着的理论，而不是必须背得烂熟并加以机械重复的教条。对于革命道路的探索，恩格斯主张各个国家按照自己的实际情况去开展斗争，而至于对马克思主义理论的接受程度倒成为一个次要的问题了。恩格斯指出"要获取明确的理论认识，最好的道路就是从本身的错误中学习，'吃一堑，长一智'。……对像美国人这样一个如此重视实践而轻视理论的民族来说，别的道路是没有的"②。而对于德国，则应"根据自己的理论去行动，参加工人阶级的一切真正的普遍的运动，接受运动的实际出发点，并通过下列办法逐步地把运动提到理论高度：指出所犯的每一个错误、遭到的每一次失败都是原来纲领中的各种错误理论观点的必然结果"③。只有经历过实际斗争的磨炼，工人阶级才能真正认识到他们从事的事业的目的和前途，而"不要硬把别人在开始时还不能正确了解、但很快就能学会的一些东西灌输给别人，从而使初期不可避免的混乱现象变本加厉"④。因此，无产阶级政党应当充分利用已经获得的合法权利，不断扩大自己的组织基础和阶级基础，用选举宣传的手段，让运动有巩固自己的时间。

　　如同前文提到的，马克思、恩格斯主张的议会民主道路是以保持斗争的阶级性质和坚持斗争的革命目标为原则的。以此为基础，恩格斯提出工人阶级在斗争中联合和团结的重要性。工人阶级必须作为一个阶级行动，无产阶级的解放事业只能是国际的事业。如同革命不能制造，也不能输出一样，议会民主道路究竟要怎么走也应当由各个国家自己去探索，"胜利了的无产阶级不能强迫他国人民接受任何替他们造福的办法，否则就会断送自己的胜利"⑤。对于这一点，社会主义史上是有深刻教训的。

　　（三）三个前提

　　1. 世界历史的前提

　　共产主义必须以世界历史的发展为前提。马克思、恩格斯认为，共产主义

---

① 马克思恩格斯选集：第 4 卷 [M]．北京：人民出版社，2012：394.
② 马克思恩格斯选集：第 4 卷 [M]．北京：人民出版社，2012：586.
③ 马克思恩格斯选集：第 4 卷 [M]．北京：人民出版社，2012：586.
④ 马克思恩格斯选集：第 4 卷 [M]．北京：人民出版社，2012：586-587.
⑤ 马克思恩格斯选集：第 4 卷 [M]．北京：人民出版社，2012：548-549.

不能"作为某种地域性的东西而存在","交往的任何扩大都会消灭地域性的共产主义",共产主义"只有作为占统治地位的各民族'一下子'同时发生的行动,在经验上才是可能的,而这是以生产力的普遍发展和与此相联系的世界交往为前提的",共产主义只有作为"'世界历史性的'存在才有可能实现"①。共产主义的实质是全人类的解放,而不是某一个阶级、某一个国家或某一个民族的解放,它依赖于每一个个体的解放,而每一个个体的解放程度是"与历史完全转变为世界历史的程度一致的"。因为每一个个体都会成为世界历史进程中的个体,地域性的个人终究会被世界历史性的、经验上的、普遍的个人所代替。由此可见,马克思、恩格斯深刻指明了共产主义与世界历史的依赖关系,共产主义需要在人类全部社会历史中存在,在"世界历史中生成"。

2. 高度发达生产力的前提

共产主义的实现与发展需要一定的物质前提。马克思、恩格斯一方面在《形态》中继承了对资本主义进行积极扬弃的思想,另一方面又强调了共产主义本身的经济性质。"共产主义和所有过去的运动不同的地方在于:它推翻一切旧的生产关系和交往关系的基础,并且第一次自觉地把一切自发形成的前提看作前人的创造,消除这些前提的自发性,使这些前提受联合起来的个人的支配。"② 同时,共产主义还将为个体的联合创造各种物质条件。"共产主义所造成的存在状况,正是这样一种现实基础,它使一切不依赖于个人而存在的状况不可能发生,因为这种存在状况只不过是各个人之间迄今为止的交往的产物。这样,共产主义者实际上把迄今为止的生产和交往所产生的条件看作无机的条件。"③ 这说明共产主义既要废除旧的生产关系,又要自觉扬弃一切异化现象,既要对资本主义经济进行合理计划,使之受到联合起来的个人支配,又要创造比资本主义更发达的生产力,为这种"联合"提供充分的物质条件。这些理论主张为发展共产主义与资本主义关系留下了很大空间,正如岩佐茂所说:"以旧社会的生产力'高度发展'为前提的马克思的共产主义论,包含着来源于生产力规定的旧社会与未来社会具有连续性的主张。"④

3. 无产阶级的阶级基础前提

共产主义革命需要阶级基础。资本主义大工业的发展不仅创造了资本主义

① 马克思恩格斯选集:第1卷 [M].北京:人民出版社,2012:166,167.
② 马克思恩格斯选集:第4卷 [M].北京:人民出版社,2012:202.
③ 马克思恩格斯选集:第4卷 [M].北京:人民出版社,2012:202-203.
④ 岩佐茂,小林一穗,渡边宪正.《德意志意识形态》的世界 [M].梁海峰,王广,译.北京:北京师范大学出版社,2014:236-237.

灭亡的物质条件，而且创造了自身的埋葬者——无产阶级。无产阶级的经济地位决定了它是最革命最先进的阶级，是进行共产主义革命的物质力量。"大工业却创造了这样一个阶级，这个阶级在所有的民族中都具有同样的利益，在它那里民族独立性已经消灭，这是一个真正同整个旧世界脱离而同时又与之对立的阶级。"① 同时，作为个体的无产主义者，"他们自身的生存条件，即劳动，以及当代社会的全部生存条件都已变成一种偶然的东西，单个无产者是无法加以控制的，而且也没有任何社会组织能够使他们加以控制"②。因此，他们与国家处于直接的对立中，只有推翻国家，才能真正成为有个性的个人，从而使资本主义经济处于联合起来的个人的支配之下。生产力的发展从经济性质上塑造了无产阶级，但不能自觉产生共产主义的意识，因此，必须通过共产主义的革命从意识觉悟上塑造无产阶级，"只有在革命中才能抛掉自己身上的一切陈旧的肮脏东西，才能胜任重建社会的工作"③。马克思、恩格斯在巴黎期间，亲身参加了工人活动，对工人阶级有着最直观的认识，虽然他们也对工人的品质加以赞扬，但马克思、恩格斯始终是从生产力和生产关系的角度去论证工人阶级的革命性作用的，任何其他的阶层都无法承担起这样的历史使命。总之，"城市工业无产阶级成了现代一切民主运动的核心；小资产者，尤其是农民，总是跟在他们后面"④。

马克思、恩格斯非常看重共产主义的物质前提和阶级基础，他们指出："如果还没有具备这些实行全面变革的物质因素，就是说，一方面还没有一定的生产力，另一方面还没有形成不仅反抗旧社会的个别条件，而且反抗旧的'生活生产'本身、反抗社会所依据的'总和活动'的革命群众，那么，正如共产主义的历史所证明的，尽管这种变革的观念已经表述过千百次，但这对于实际发展没有任何意义。"⑤

三、未来社会的发展阶段及其特征

(一) 未来社会的阶段划分

马克思、恩格斯在未来社会理论创立初期，就谈到过未来共产主义社会的发展阶段问题。在《手稿》中，马克思已经将未来社会划分为两个发展阶段：

---

① 马克思恩格斯选集：第1卷 [M]. 北京：人民出版社，2012：195.
② 马克思恩格斯选集：第1卷 [M]. 北京：人民出版社，2012：200.
③ 马克思恩格斯选集：第1卷 [M]. 北京：人民出版社，2012：171.
④ 马克思恩格斯选集：第1卷 [M]. 北京：人民出版社，2012：280.
⑤ 马克思恩格斯选集：第1卷 [M]. 北京：人民出版社，2012：173.

第一个阶段是以私有财产的初步扬弃为中介的"最近将来"的共产主义阶段，第二个阶段是扬弃私有财产的中介，在自身基础上达到人的解放的社会主义阶段。这种阶段划分以个人是否占有财产为主要标准，在表述上还明显带有黑格尔的痕迹。在《共产主义原理》中，恩格斯认为在工人阶级夺取政权后，必然会经历一个利用民主和经济手段，逐步改造整个社会的过渡时期。恩格斯在这里第一次完整地而且比较少见地给我们呈现了一个在政治上实行无产阶级民主，在经济上通过不断发展生产力和调节生产关系等一系列和平改造措施，消灭私有制，建立公有制的共产主义过渡时期的社会图景。在《哥达纲领批判》中，马克思第一次明确地科学地论证了未来共产主义社会发展阶段的原理。

按照马克思的预见，未来共产主义社会要经历两个阶段，即第一阶段和高级阶段。"共产主义社会的第一阶段"是指，"它不是在它自身基础上已经发展了的，恰好相反，是刚刚从资本主义社会中产生出来的，因此它在各方面，在经济、道德和精神方面都还带着它脱胎出来的那个旧社会的痕迹"①。在"共产主义社会高级阶段"，马克思指出："在迫使个人奴隶般地服从分工的情形已经消失，从而脑力劳动和体力劳动的对立也随之消失之后；在劳动已经不仅仅是谋生的手段，而且本身成了生活的第一需要之后；在随着个人的全面发展，他们的生产力也增长起来，而集体财富的一切源泉都充分涌流之后——只有在那个时候，才能完全超出资产阶级权利的狭隘眼界，社会才能在自己的旗帜上写上：各尽所能，按需分配！"② 此外，"在资本主义社会和共产主义社会之间，有一个从前者变为后者的革命转变时期。同这个时期相适应的也有一个政治上的过渡时期，这个时期的国家只能是无产阶级的革命专政"③。

据此，从资本主义到未来共产主义社会，要经历三个发展阶段：过渡时期，即逐步消灭私有制，建立生产资料公有制，实行无产阶级专政，从政治国家到非政治国家的发展阶段；共产主义社会的第一阶段，即在公有制基础上，加速生产力发展，劳动分工依然存在，为从按劳分配到按需分配过渡，为人的全面发展创造条件的阶段；共产主义社会的高级阶段，生产力高度发达，实行按需分配，在自由劳动的基础上实现每个人的自由全面发展。

（二）无产阶级专政的双重属性：暴力与民主

我们说马克思恩格斯的未来社会，严格地说并不包含过渡时期，从制度角度看更是如此。在这一时期，生产资料所有制由私有制向公有制逐步过渡，或

---

① 马克思恩格斯选集：第3卷 [M]. 北京：人民出版社，2012：363.
② 马克思恩格斯选集：第3卷 [M]. 北京：人民出版社，2012：365.
③ 马克思恩格斯选集：第3卷 [M]. 北京：人民出版社，2012：373.

者说是两种所有制并存，此消彼长的发展过程。正是因为这种所有制的过渡性质，过渡时期社会的阶级属性主要体现在无产阶级专政的性质上。马克思、恩格斯在许多重要文献中论述过无产阶级专政的性质、职能和历史作用等。在此，我们可以对马克思、恩格斯提出的无产阶级专政的概念进行一点补充。

无产阶级专政是阶级斗争发展的必然结果，是达到消灭一切阶级和进入无阶级社会的过渡。这个概念本身包含着暴力与民主的双重属性。所谓暴力，指工人阶级通过暴力革命的手段夺取政权，也指无产阶级政权建立后，仍肩负着暴力镇压革命的对手和敌人的职责。第一个暴力与革命途径有关，第二个暴力与无产阶级斗争经验有关。在马克思、恩格斯早期作品中，暴力革命的思想是非常突出的，但是他们从来不认为为了达到革命的目的到处都应当采取同样的手段。恩格斯晚年则认为，在一些国家，如美国、英国和荷兰，工人可以用和平手段达到自己的目的。通过和平手段夺取政权后，无产阶级专政是否依然是必要的，它的暴力属性还将存在吗？这些我们不能妄加猜想，但是我们必须重视无产阶级专政民主属性的一面，并且是最主要的一面。

首先，无产阶级专政在打碎旧的国家机器的同时，是为消灭一切阶级，消除国家的阶级统治职能服务的。因此，仅仅具备镇压职能是远远不够的，而且镇压职能必须从属于推动未来理想社会建设的积极目标。其次，无产阶级本身是同官僚制度不相容的，这有两个原因：官僚主义是与人类的彻底解放不相容的，特别是因为官僚化会使工人阶级四分五裂和非政治化；官吏会成为一种自主的社会和政治力量并且抗拒消亡。① 最后，民主共和国是无产阶级专政的政治组织形式。恩格斯在《1891年社会民主党纲领草案批判》中指出："如果说有什么是毋庸置疑的，那就是，我们的党和工人阶级只有在民主共和国这种政治形式下，才能取得统治。民主共和国甚至是无产阶级专政的特殊形式，法国大革命已经证明了这一点。"② 1894年，恩格斯再次指出："对无产阶级来说，共和国和君主国不同的地方仅仅在于，共和国是无产阶级将来进行统治的现成的政治形式。"③ 具体的共和国形式，则需要人们进行不断的探索。

（三）所有制的形式：公有与个人所有

众所周知，未来社会的一个基本特征就是在生产资料所有制方面实行公有制。这种公有制与马克思在《资本论》中提到的个人所有制是什么关系呢？

首先，两者的指向是完全不同的。公有制的对象是土地和生产资料，而马

---

① 曲延明. 重新认识马克思的无产阶级专政理论 ［J］. 国外理论动态，2001（5）：2.

② 马克思恩格斯全集：第22卷 ［M］. 北京：人民出版社，1965：274.

③ 马克思恩格斯选集：第4卷 ［M］. 北京：人民出版社，2012：652.

克思提到的所谓重建个人所有制指的是重建消费产品的个人所有制。恩格斯在《反杜林论》中这样写道:"靠剥夺剥夺者而建立起来的状态(在共产主义社会的第一阶段,笔者加),被称为以土地和靠劳动本身生产的生产资料的公有制为基础的个人所有制的恢复。对任何一个懂德语的人来说,这就是,公有制包括土地和其他生产资料,个人所有制包括产品即消费品。"①

其次,个人所有制以公有制为基础。马克思所说的重建,就是要在生产资料公有制的基础上,实现对消费商品的个人占有,脱离了这个重要的基础,个人所有制将重新退回到私有制的水平上。正是有了公有制的基础,个人所有制在共同劳动的基础上,实现了个人占有与共同占有的有机结合,从而同以往的私有制区别开来,即马克思所说的重建个人所有制不是要重建私有制。

最后,个人所有制是公有的本质。未来社会中的"个人"是处于"自由联合体"中的个人。它抛弃了个人生产的落后性和资本主义生产条件下人的异化性,是自由而全面发展的个人。在那里,个人享有的一切权利,个人的一切需要将得到满足,即便体力和智力上的差异也丝毫不影响。由于生产资料的公有,劳动和资本对立的消除,人与人之间将完全处于一种彼此协作、彼此互为前提的和谐状态,即个人既在集体中,又不在集体中;个人一无所有,却拥有着一切。公有制无非是社会化了的个人所有制,它的本质就是一切归共同体的主人所有,即个人所有制。

在过渡时期和共产主义社会第一阶段,马克思、恩格斯特别突出了民主和公正的价值追求。针对现实社会主义中存在的种种问题,应特别重视如何正确理解无产阶级专政的要义,以及如何避免由按劳分配引起个人消费资料占有差异带来的事实上的不平等现象。违背了民主和公正的价值原则,共产主义便失去了它的精神内核,也失去了它存在的意义。

四、马克思主义与中国特色社会主义的关系

(一) 中国特色社会主义的建立是马克思主义中国化的必然结果

在马克思、恩格斯构建的未来社会的坐标体系中,我们很难为现实的社会主义找到准确的位置。无论是从资本主义的历史起点,还是从世界革命或阶级基础来看,现实的社会主义与马克思、恩格斯设想的未来社会都相去甚远。但是从发生学上讲,落后国家可能发生社会主义革命。马克思、恩格斯所设想的未来社会是建立在高度发达的物质生产力基础上的,这一点毫无疑问。但是对

---

① 马克思恩格斯全集:第20卷 [M]. 北京:人民出版社,1971:143.

东方国家来说，这条原则被世界历史代替了。因此，从社会主义由理论变为实践的那一刻起，马克思主义就开始逐步"东方化"。

马克思主义在中国广泛传播，并最终在各种政治思潮中占据主流地位，最根本的一点在于，马克思主义作为一种革命的理论迎合了救亡图存的时代主题。中国共产党成功地完成了马克思主义革命理论从东方化到中国化的理论升级，最终获得了社会主义革命的胜利。但是，在社会主义革命胜利后，马克思主义再次面临着转型的问题，即从应对危机的革命意识形态向世俗化的转型。我们在马克思主义转型方面做得还远远不够。如有的学者所指出的，1949 年马克思主义在中国的胜利，标志着纠缠了中国半个多世纪的政权性危机得以暂时克服。作为一种应对危机的革命意识形态，如果要回应更深层次的现代化的挑战，马克思主义必须有一个世俗化的转型。但在 1949 年以后的三十年中，这一转型不仅没有完成，反而以"继续革命"的方式沿袭着自己的惯性。

不置可否，中国共产党在马克思主义理论转型和社会主义制度建设方面取得了重大的历史成就。但是，如何完成马克思主义时代化和社会主义制度建设理论的中国化，还需要我们进行不断的、艰辛的理论探索。

由于缺乏马克思恩格斯未来社会学说的前提条件，现实社会主义注定要走不同于马克思恩格斯理论构想的发展建设道路，这必将深深地打上本国的烙印。马克思、恩格斯从来没有认为为了达到同一个目的，各个国家都应当采取同样的手段，走同样的路。恰恰相反，马克思、恩格斯没有为未来社会设定一个具体的模式，两位导师希望各个国家可以积极探索自己的革命和发展道路。然而，认识这一点，中国特色社会主义却走过了曲折的实践道路。当我们从这种历史的剧痛中清醒过来后，在和平发展的时代背景下，探索具有本国特色的社会主义发展道路才成为可能，马克思主义才可能焕发出新的活力。

邓小平立足中国生产力和文化发展落后的现实情况，提出重新认识社会主义的历史任务，并得出社会主义的本质就是解放生产力，发展生产力，消除两极分化，最终实现共同富裕的理论成果。也就是说在夺取政权后，如何补上生产力的基础，或者说我们把它转化为马克思利用资本主义积极成果的引申问题，即经济落后的国家如何利用资本主义已经获得的文明成果。正是在这一点上，邓小平创新了马克思主义理论，提出建立社会主义市场经济的主张，开启了马克思主义中国化和时代化的新阶段。而市场经济和货币关系在马克思恩格斯未来社会学说那里，却是要极力消灭的资本主义制度的核心内容。因此，中国特色社会主义制度的建立以马克思主义中国化为起点，是马克思主义在新时期中国化和时代化的必然结果。离开了马克思主义的创新，中国特色社会主义制度就不可能建立。中国特色社会主义制度的建立反过来又极大丰富了马克思恩格斯未来社会学说的内容。只有在马克思主义不断创新中，中国特色社会主义制度才能获得不竭的理论力量；只有在中国特色社会主义制度不断完善的过程中，马克思主义的中国化才能站得住脚，才能真正置于科学的实践的基础之上。

（二）完善中国特色社会主义离不开马克思主义科学方法论的指导

恩格斯说："马克思的整个世界观不是教义，而是方法。它提供的不是现成的教条，而是进一步研究的出发点和供这种研究使用的方法。"① 马克思、恩格斯的未来社会学说，不仅为我们提供了分析研究未来社会的理论基础，而且它本身就是运用马克思主义科学方法论的典范。从现实的基础出发，而不是从抽象的原理出发，从变化的、不断发展的眼光出发，而不是从一成不变的、固定的眼光出发，是马克思、恩格斯构建未来社会的根本方法。

1. 未来社会学说是科学的理论体系

与空想社会主义不同，马克思、恩格斯没有从人们的头脑中去寻找社会变迁和政治变革的终极原因，而是在"生产的现成物质事实"上，建立起未来社会学说的整个体系。

马克思通过发现历史唯物主义和剩余价值，揭开了资本主义生产的秘密和资本生产的过程。以此为基础，马克思、恩格斯指出，资本主义社会中社会化的生产和资本主义私人占有的矛盾，决定了资本主义私有制必将为社会主义公有制所代替，社会主义的胜利和资本主义的灭亡同样是不可避免的。唯物史观和剩余价值为马克思恩格斯的未来社会理论奠定了科学基础，从方法论上与空想社会主义依赖的道德示范和伦理号召划清了界限，实现了社会主义思想史上的第一次飞跃。

马克思、恩格斯的未来社会学说之所以能够成为科学是因为他们从来没有试图构建理性的社会，而是看到了空想社会主义如何受到他们所处时代的限制，如何突破幻想的外壳而露出天才的思想火花。马克思、恩格斯从来没有贬低资本主义社会所取得的一切优秀的文明成果，反而将它们作为自己的理论基础；他们从来没有满足于已经取得的成就，而是主张不断补充、修正、发展和完善他们的理论。这就是"科学"的全部含义。

2. 未来社会学说是发展的理论体系

马克思、恩格斯通过分析资本主义社会的基本矛盾指出了未来社会的发展趋势，但是他们并没有对未来社会做具体详细的描述。恩格斯说他在《反杜林

---

① 马克思恩格斯选集：第4卷 [M]. 北京：人民出版社，2012：664.

论》中也只是对未来社会特征的经济方面"试图加以叙述和解释"，"无论是政治的还是非经济的社会问题都根本未触及"①。马克思、恩格斯从来都不赞成对未来社会的特征做细节的勾画，也没有为未来社会规定具体的发展模式。

由于各国资本主义的发展情况、历史文化传统和阶级条件不同，根本不存在完美的、一劳永逸的社会主义发展模式。各国无产阶级政党在夺取政权后，必须充分认识到改革的必要性和长期性。"所谓'社会主义社会'不是一种一成不变的东西，而应当和任何其他社会制度一样，把它看成经常变化和改革的社会。"②

总之，恩格斯要求各国工人阶级政党将马克思主义当作科学和行动指南而不是现成的理论和教条看待。每一个国家应当积极探索自己通往未来社会的途径、方法和道路。这不仅仅因为马克思、恩格斯的未来社会学说作为科学理论自身的要求，同时这也是马克思恩格斯未来社会学说与其他一切未来学说最根本的区别，即无产阶级的解放、民族的解放终究是这个阶级、这个民族解放意识的唤醒与自觉。

（三）完善和发展中国特色社会主义必须坚持马克思未来社会学说的原则

虽然现实社会主义制度的建立和发展无法完全按照马克思恩格斯未来社会学说行进，马克思主义因此面临着东方化的现实需要，但是这并不意味着放弃马克思主义，更不意味着现实社会主义制度脱离马克思主义的轨道。事实上，马克思主义的东方化、中国化和时代化发展就是将其未来社会学说的基本原则同具体的社会主义实践结合起来。只有这样，才可谓真正地坚持马克思主义；也只有这样才能保证中国特色社会主义制度的政治方向。坚持马克思恩格斯未来社会学说，具体来说一方面是坚持其中所贯彻的科学的方法论，另一方面是坚持学说对未来社会构建的原则。前者已有论述，在此不再赘述。对处于社会主义初级阶段的中国特色社会主义制度建设来说，马克思恩格斯未来社会的构建原则主要包括以下内容：

1. 公有制。在经济制度领域，逐渐废除私有制，建立生产资料公有制，实行按劳分配。公有制是社会主义的传统，是社会主义制度区别并高于资本主义制度的根本的物质基础。按照马克思恩格斯的设想，未来社会是按照这样的进程实现的：推翻资本主义制度，逐步消灭生产资料私有制和雇佣劳动制，大力发展社会生产力，逐步建立生产资料公有制和个人所有制，由按劳分配转向按

---

① 马克思恩格斯选集：第4卷［M］. 北京：人民出版社，2012：582.
② 马克思恩格斯选集：第4卷［M］. 北京：人民出版社，2012：601.

需分配，劳动由被迫劳动变为自觉劳动，最终实现人的全面的解放。彻底废除私有制同全面建立公有制不是一蹴而就的事情，必将经历一个较长的历史阶段。因此，马克思、恩格斯明确提出按劳分配和消费资料的个人所有制在私有制改造过程中的重要意义。由于生产资料的公有，劳动与资本之间的对立不复存在，按劳分配和消费资料的个人所有制在事实上造成人与人之间的不平等，不再具有剥削的性质。

2. 无产阶级专政。在政治制度领域，坚持无产阶级专政，坚持人民民主。马克思、恩格斯认为社会主义是无产阶级解放的学说，社会主义革命与制度建设是无产阶级自己的事业。在革命时期，无产阶级是革命的领导者和主要力量。在和平建设时期，无产阶级是社会财富的主要创造者，是推动社会主义制度建设的主要力量。由于阶级的消亡是一个长期的历史进程，在过渡时期和共产主义的第一阶段，阶级还将存在，阶级斗争也将呈现出新的表现方式。这一点决定了实行无产阶级专政的必要性和客观性。同时，无产阶级专政还肩负着建立社会主义民主制度、实现人的政治解放的历史任务。马克思认为无产阶级夺取政权的首要任务就是要建立起真正的民主制度，最终实现人民的自我管理。这一性质使无产阶级专政成为高于资本主义民主的政治形式，同时将科学社会主义同其他社会主义区别开来。

3. 平等与正义。马克思、恩格斯从来不离开物质基础谈论各种价值问题，平等与正义的价值原则也是如此。马克思、恩格斯所设定的平等正义原则主要体现在分配领域。在过渡时期，财产私有和资产阶级权利依然存在，产品分配实行按资分配和按劳分配相结合的方式。这时的平等指以资本和劳动为衡量标准的权利的平等；在未来社会的第一阶段，私有制改造完毕，劳动和资本的对立完全消失，实行按劳分配的方式。在个体差异和家庭差异的条件下，事实上的不平等依然存在。在过渡时期和第一阶段必须采取一些补充方式，通过"不平等的方式"促成事实上的平等。在高级阶段，平等将由以劳动为标准的权利的平等上升为真正的、事实上的平等。这时，生产力高度发达，物质产品极大丰富，个人获得全面而自由的发展。劳动个体的天然特权使他们对生活资料的数量、种类的需求是不同的。按照个体不同需求进行分配，是未来社会最高的正义原则。马克思恩格斯的正义平等原则从生产力和分配方式出发，充分考虑到个体的差异性，因此同空想社会主义和资本主义的正义原则有着本质的不同。

结　语

　　社会主义发展到今天有 500 多年的历史，马克思主义诞生到今天有 170 多年的历史，中国共产党成立到今天有 100 多年的历史，世界已经发生翻天覆地的变化，国际共产主义运动历经兴衰更替，但是马克思恩格斯所指明的世界历史进程没有变，资本主义社会向共产主义社会过渡的进程没有变，共产党人"建立社会主义制度""实现共产主义"的历史使命没有变。

　　中国共产党是以马克思主义为指导的无产阶级政党，一经成立，就把实现共产主义作为最高理想和最终目标，义无反顾地肩负起"为中国人民谋幸福，为中华民族谋复兴"① 的历史使命。中国共产党人将实现中华民族伟大复兴的中国梦同实现共产主义的远大理想有机统一起来，形成了中国共产党不断向前发展的内在动力。2016 年，习近平总书记在"七一"重要讲话中指出："中国共产党之所以叫共产党，就是因为从成立之日起我们党就把共产主义确立为远大理想。我们党之所以能够经受一次次挫折而又一次次奋起，归根到底是因为我们党有远大理想和崇高追求。"② 远大理想离不开具体实践，离不开科学的理论指导。在新民主主义革命时期，为共产主义远大理想奋斗表现为争取民族独立与解放；新中国成立后，为共产主义远大理想奋斗表现为确立社会主义基本制度，建立独立的、比较完整的工业体系和国民经济体系，探索社会主义建设道路；在改革开放新时期，为共产主义远大理想奋斗表现为开辟、坚持中国特色社会主义，激荡起世界社会主义运动低谷中的新潮声。进入新时代以来，以习近平同志为核心的党中央团结带领全党全国各族人民完成脱贫攻坚、全面建成小康社会的历史任务，实现第一个百年奋斗目标，党和国家的各项事业在全

---

① 习近平. 决胜全面建成小康社会 夺取新时代中国特色社会主义伟大胜利：在中国共产党第十九次全国代表大会上的报告 [EB/OL]. 中华人民共和国中央人民政府，2017-10-27.

② 习近平. 在庆祝中国共产党成立 95 周年大会上的讲话 [EB/OL]. 新闻网，2016-07-01.

面深化改革中不断推向前进，取得了伟大成就。历史已经并将继续证明，只有社会主义才能救中国，只有坚持和发展中国特色社会主义，才能实现中华民族伟大复兴。

共产主义远大理想是一个个阶段性目标逐步实现的历史进程，没有哪一个奋斗目标可以轻轻松松实现，前进的道路也从来不会一帆风顺。在以中国式现代化全面推进强国建设、民族复兴伟业的关键时期，我们必须把共产主义远大理想同中国特色社会主义共同理想统一起来，坚定理想信念，坚守共产党人的精神追求，准备进行具有许多新的历史特点的伟大斗争。

参考文献

一、中文文献

专著：

[1] 马克思恩格斯全集：第 1 卷 [M]．北京：人民出版社，1956.

[2] 马克思恩格斯全集：第 2 卷 [M]．北京：人民出版社，1957.

[3] 马克思恩格斯全集：第 3 卷 [M]．北京：人民出版社，1960.

[4] 马克思恩格斯全集：第 4 卷 [M]．北京：人民出版社，1958.

[5] 马克思恩格斯全集：第 6 卷 [M]．北京：人民出版社，1961.

[6] 马克思恩格斯全集：第 7 卷 [M]．北京：人民出版社，1959.

[7] 马克思恩格斯全集：第 10 卷 [M]．北京：人民出版社，1998.

[8] 马克思恩格斯全集：第 11 卷 [M]．北京：人民出版社，1995.

[9] 马克思恩格斯全集：第 20 卷 [M]．北京：人民出版社，1971.

[10] 马克思恩格斯全集：第 22 卷 [M]．北京：人民出版社，1965.

[11] 马克思恩格斯全集：第 23 卷 [M]．北京：人民出版社，1972.

[12] 马克思恩格斯全集：第 26 卷 [M]．北京：人民出版社，1972.

[13] 马克思恩格斯全集：第 27 卷 [M]．北京：人民出版社，1972.

[14] 马克思恩格斯全集：第 33 卷 [M]．北京：人民出版社，1973.

[15] 马克思恩格斯全集：第 36 卷 [M]．北京：人民出版社，1975.

[16] 马克思恩格斯全集：第 40 卷 [M]．北京：人民出版社，1982.

[17] 马克思恩格斯选集：第 1—4 卷 [M]．北京：人民出版社，1995.

[18] 马克思恩格斯文集：第 3 卷 [M]．北京：人民出版社，2009.

[19] 马克思恩格斯文集：第 10 卷 [M]．北京：人民出版社，2009.

[20] 马克思.1844 年经济学哲学手稿 [M]．北京：人民出版社，2000.

[21] 列宁全集：第 3 卷 [M]．北京：人民出版社，1984.

[22] 列宁全集：第 4 卷 [M]．北京：人民出版社，1984.

［23］列宁全集：第 7 卷［M］.北京：人民出版社，1986.

［24］列宁全集：第 8 卷［M］.北京：人民出版社，1986.

［25］列宁全集：第 9 卷［M］.北京：人民出版社，1987.

［26］列宁全集：第 10 卷［M］.北京：人民出版社，1987.

［27］列宁全集：第 11 卷［M］.北京：人民出版社，1987.

［28］列宁全集：第 12 卷［M］.北京：人民出版社，1987.

［29］列宁全集：第 13 卷［M］.北京：人民出版社，1987.

［30］列宁全集：第 14 卷［M］.北京：人民出版社，1987.

［31］列宁全集：第 15 卷［M］.北京：人民出版社，1988.

［32］列宁全集：第 17 卷［M］.北京：人民出版社，1988.

［33］列宁全集：第 22 卷［M］.北京：人民出版社，1995.

［34］列宁全集：第 23 卷［M］.北京：人民出版社，1990.

［35］列宁全集：第 24 卷［M］.北京：人民出版社，1990.

［36］列宁全集：第 26 卷［M］.北京：人民出版社，1988.

［37］列宁全集：第 27 卷［M］.北京：人民出版社，1990.

［38］列宁全集：第 28 卷［M］.北京：人民出版社，1990.

［39］列宁全集：第 29 卷［M］.北京：人民出版社，1985.

［40］列宁全集：第 31 卷［M］.北京：人民出版社，1985.

［41］列宁全集：第 32 卷［M］.北京：人民出版社，1974.

［42］列宁全集：第 33 卷［M］.北京：人民出版社，1985.

［43］列宁全集：第 34 卷［M］.北京：人民出版社，1985.

［44］列宁全集：第 35 卷［M］.北京：人民出版社，1985.

［45］列宁全集：第 36 卷［M］.北京：人民出版社，1985.

［46］列宁全集：第 38 卷［M］.北京：人民出版社，1986.

［47］列宁全集：第 39 卷［M］.北京：人民出版社，1986.

［48］列宁全集：第 40 卷［M］.北京：人民出版社，1986.

［49］列宁全集：第 41 卷［M］.北京：人民出版社，1986.

［50］列宁全集：第 42 卷［M］.北京：人民出版社，1987.

［51］列宁全集：第 43 卷［M］.北京：人民出版社，1987.

［52］列宁全集：第 47 卷［M］.北京：人民出版社，1990.

［53］列宁全集：第 52 卷［M］.北京：人民出版社，1990.

［54］列宁全集：第 60 卷［M］.北京：人民出版社，1990.

［55］列宁选集：第 1—4 卷［M］.北京：人民出版社，1995.

［56］列宁专题文集：论社会主义［M］.北京：人民出版社，2009.

［57］列宁专题文集：论资本主义［M］.北京：人民出版社，2009.

［58］斯大林选集：上、下卷［M］.北京：人民出版社，1979.

［59］卢森堡文选：上卷［M］.北京：人民出版社，1984.

［60］卢森堡文选：下卷［M］.北京：人民出版社，1990.

［61］德尼·维拉斯.塞瓦兰人的历史［M］.黄建华，姜亚洲，译.北京：商务印书馆，2009.

［62］欧文选集：第1—3卷［M］.北京：商务印书馆，2009.

［63］圣西门选集：第1—3卷［M］.北京：商务印书馆，2009.

［64］傅立叶选集：第1—3卷［M］.北京：商务印书馆，2009.

［65］马布利选集［M］.北京：商务印书馆，2009.

译著：

［66］德萨米.公有法典［M］.黄建华，姜亚洲，译.北京：商务印书馆，1982.

［67］摩莱里.自然法典［M］.黄建华，姜亚洲，译.北京：商务印书馆，1982.

［68］温斯坦莱文选［M］.北京：商务印书馆，1982.

［69］托马斯·莫尔.乌托邦［M］.戴镏龄，译.北京：商务印书馆，1982.

［70］巴贝夫文选［M］.北京：商务印书馆，1962.

［71］让·梅叶.遗书：第2卷［M］.陈太先，睦茂，译.北京：商务印书馆，1959.

［72］杨雪冬.《马克思主义经典作家关于全球化和时代问题的基本观点研究》［M］.北京：人民出版社，2017.

［73］王巍.德意志意识形态导读［M］.北京：中央党校出版社，2014.

［74］卫兴华，张宇.社会主义经济理论［M］.北京：高等教育出版社，2013.

［75］王贵贤，田毅松，编著.1844年经济学哲学手稿导读［M］.北京：中国民主法制出版社，2012.

［76］曹浩瀚.列宁革命思想研究［M］.北京：中央编译出版社，2012.

［77］王伟光主编.社会主义通史［M］.北京：人民出版社，2011.

［78］本书编写组.科学社会主义概论［M］.北京：人民出版社，高等教育出版社，2011.

[79] 张光明, 罗传芳. 马克思传 [M]. 北京: 人民日报出版社, 2010.

[80] 魏小萍. 探求马克思:《德意志意识形态》原文文本的解读与分析 [M]. 北京: 人民出版社, 2010.

[81] 李鹏程. 马克思早期思想探源 [M]. 北京: 人民出版社, 2008.

[82] 陆南泉. 苏联经济体制改革史论: 从列宁到普京 [M]. 北京: 人民出版社, 2007.

[83] 张光明. 社会主义由西方到东方的演进: 从马克思到邓小平的社会主义思想史考察 [M]. 昆明: 云南人民出版社, 2004.

[84] 吴江. 社会主义前途与马克思主义的命运 [M]. 北京: 中国社会科学出版社, 2001.

[85] 张光明. 布尔什维主义与社会民主主义的历史分野 [M]. 北京: 人民出版社, 1999.

[86] 李宗禹, 等. 斯大林模式研究 [M]. 北京: 中央编译出版社, 1999.

[87] 殷叙彝. 第二国际研究 [M]. 北京: 中央编译出版社, 1998.

[88] 钱乘旦. 世界现代化进程 [M]. 南京: 南京大学出版社, 1997.

[89] 高敬赠, 刘彦章, 刘文涛. 列宁 [M]. 北京: 红旗出版社, 1997.

[90] 陈之骅. 苏联史纲: 下编 [M]. 北京: 人民出版社, 1991.

[91] 周勇胜.《雾月十八日》与历史唯物主义 [M]. 太原: 山西人民出版社, 1987.

[92] 郑异凡, 编译. "一国社会主义"问题争论资料 [M]. 北京: 东方出版社, 1986.

[93] 中央编译局国际共运史研究所编. "一国社会主义问题"论争资料 [M]. 北京: 东方出版社, 1986.

[94] 牧邬. 欧洲历史上的空想社会主义者 [M]. 哈尔滨: 黑龙江人民出版社, 1984.

[95] 马列主义研究资料: 总第 31 期 [M]. 北京: 人民出版社, 1984.

[96] 苏联共产党和苏联政府经济问题决议汇编: 第 1 卷 [M]. 梅明, 等译. 北京: 中国人民大学出版社, 1984.

[97] 汤在新. 马克思、恩格斯对未来社会经济关系的科学预测 [M]. 武汉: 武汉大学出版社, 1983.

[98] 回忆列宁: 第二卷 [M]. 上海外国语学院列宁著作翻译研究室, 译. 北京: 人民出版社, 1982.

[99] 本书编写组. 空想社会主义学说史 [M]. 杭州: 浙江人民出版

社，1981.

[100] 本书编写组. 空想社会主义学说史 [M]. 杭州：浙江人民出版社，1981.

[101] 托洛茨基言论 [M]. 北京：生活·读书·新知三联书店，1979.

[102] 普列汉诺夫机会主义文选 [M]. 虚容，译. 北京：生活·读书·新知三联书店，1964.

[103] 伯恩施坦、考茨基修正主义著作选录 [M]. 北京：生活·读书·新知三联书店，1961.

[104] 伊萨克·多伊彻. 武装的先知 [M]. 王国龙，译. 北京：中央编译出版社，2013.

[105] 格·瓦·普列汉诺夫. 普列汉诺夫文选 [M]. 张光明，编. 北京：人民出版社，2010.

[106] 菲·邦纳罗蒂. 为平等而密谋——又称巴贝夫密谋：上卷 [M]. 陈叔平，译. 北京：商务印书馆，2009.

[107] A.H. 雅科夫列夫，主编. 新经济政策是怎样被断送的 [M]. 李方仲，宋锦海，李永庆，译. 北京：人民出版社，2008.

[108] 卡尔·曼海姆. 意识形态与乌托邦 [M]. 黎鸣，译. 北京：九州出版社，2007.

[109] 拉塞尔·雅各比. 乌托邦之死：冷漠时代的政治与文化 [M]. 姚建彬，译. 北京：新星出版社，2007.

[110] 拉塞尔·雅各比. 不完美的图像：反乌托邦时代的乌托邦思想 [M]. 姚建彬，等译. 北京：新星出版社，2007.

[111] 卡尔·波普尔. 二十世纪的教训：卡尔·波普尔访谈演讲录 [M]. 王凌霄，译. 桂林：广西师范大学出版社，2004.

[112] E.P. 汤普森. 英国工人阶级的形成：下 [M]. 钱乘旦，等译. 南京：译林出版社，2001.

[113] 海因里希·格姆科夫，等. 恩格斯传 [M]. 易廷镇，侯焕良，译. 北京：人民出版社，2000.

[114] 霍布斯鲍姆. 极端的年代 [M]. 郑明萱，译. 南京：江苏人民出版社，1998.

[115] 弗朗索瓦·卡龙. 现代法国经济史 [M]. 吴良健，方廷钰，译. 北京：商务印书馆，1991.

[116] 乔·奥·赫茨勒. 乌托邦思想史 [M]. 张兆林，等译. 南木，校.

北京：商务印书馆，1990.

[117] 保罗·蒂里希. 政治期望 [M]. 何光沪，译. 成都：四川人民出版社，1989.

[118] 布热津斯基. 大失败：二十世纪共产主义的兴亡 [M]. 军事科学院外国军事研究部，译. 北京：军事科学出版社，1989.

[119] 路易斯·费希尔. 神奇的伟人：列宁（上册）[M]. 彭卓吾，译. 北京：中国社会科学出版社，1989.

[120] 切尔涅佐夫斯基. 革命马克思主义者反对中派主义的斗争 [M]. 李宗禹，李兴耕，译. 北京：中国人民大学出版社，1988.

[121] 祖波克. 第二国际史：第1卷 [M]. 南开大学外文系，译. 北京：人民出版社，1984.

[122] 安·米·潘克拉托娃. 苏联通史：第3卷 [M]. 山东大学翻译组，译. 北京：生活·读书·新知三联书店，1980.

[123] G.D.H. 柯尔. 社会主义思想史 [M]. 何瑞丰，译. 北京：商务印书馆，1978.

[124] 托洛茨基. "不断革命"论 [M]. 蔡汉敖，译. 北京：生活·读书·新知三联书店，1966.

[125] 科尔纽. 马克思恩格斯传：第2卷 [M]. 王以铸，等译. 北京：生活·读书·新知三联书店，1965.

[126] 卡尔·考茨基. 帝国主义 [M]. 北京：生活·读书·新知三联书店，1964.

[127] J. 克拉潘. 现代英国经济史：上卷 [M]. 姚曾廙，译. 北京：商务印书馆，1964.

[128] 马克斯·比尔. 英国社会主义史：上卷 [M]. 何新舜，译. 北京：商务印书馆，1959.

[129] 沃尔金. 论空想社会主义者 [M]. 中国人民大学编译室，译. 北京：人民大学出版社，1959.

[130] 伯恩施坦. 社会主义的前提和社会民主党的任务 [M]. 宋家修，等译. 北京：生活·读书·新知三联书店，1958.

期刊：

[131] 刘敬东，王淑娟. "破坏"与"重建"：英国之于印度的双重使命——马克思世界历史理论的印度个案 [J]. 现代哲学，2015（2）.

[132] 林一岚. 第一国际在世界社会主义运动史上的贡献：访中国国际共

运史学会原副会长高放教授 [J]. 上海党史与党建, 2014 (11).

[133] 辛向阳. 19世纪国际共产主义运动中无产阶级国际组织与政党的民主实践初探 [J]. 当代世界与社会主义, 2013 (2).

[134] 陈爱茹. 废除还是坚持新经济政策：斯大林同以布哈林、李可夫为首的"右派"的争论 [J]. 俄罗斯东欧中亚研究, 2013 (2).

[135] 俞敏. 列宁世界革命理论和路线的一次重要转折：兼评列宁的"妥协"策略和思想 [J]. 马克思主义研究, 2012 (1).

[136] 卫兴华. 坚持和完善中国特色社会主义经济制度 [J]. 政治经济学评论, 2012 (1).

[137] 周宇, 程恩富. 马克思"重建个人所有制"的思想探析 [J]. 马克思主义研究, 2012 (1).

[138] 辛向阳. 中国特色社会主义制度的三个基本问题探析 [J]. 理论探讨, 2012 (2).

[139] 于艳艳. 恩格斯著作在中国早期传播的历史考察 [J]. 当代世界与社会主义, 2012 (6).

[140] 徐百军. 共和主义乌托邦：从柏拉图到莫尔 [J]. 北华大学学报（社会科学版）, 2012 (6).

[141] 曹长盛. 苏联解体进程中意识形态的作用及其教训 [J]. 山东社会科学, 2011 (1).

[142] 童建挺. 新中国成立以来的第一国际研究 [J]. 当代世界与社会主义, 2011 (1).

[143] 彼得·胡迪斯文. 革命能够被制造吗？——重温卢森堡《群众罢工》一书 [J]. 当代世界社会主义问题, 2011 (2).

[144] 严小龙. 近年来关于马克思"重新建立个人所有制"研究综述 [J]. 当代世界与社会主义, 2011 (3).

[145] 许耀桐. 正确认识和评价空想社会主义 [J]. 科学社会主义, 2011 (4).

[146] 李慎明. 苏共的蜕化变质是苏联解体的根本原因 [J]. 红旗文稿, 2011 (6).

[147] 周新城. 对否定社会主义国有经济的集中观点的辨析 [J]. 当代经济研究, 2011 (7).

[148] 李传兵. 十六大以来中国特色社会主义文化建设的理论创新 [J]. 思想教育研究, 2011 (9).

[149] 何丽野. 马克思在农民问题上的思想变化及其意义：从《路易·波拿巴的雾月十八日》中的一段删节说起 [J]. 马克思主义研究, 2010 (1).

[150] 马龙闪. 取消新经济政策原因新论 [J]. 当代世界社会主义问题, 2009 (2).

[151] 赵家祥. 马克思主义经典著作中未来社会名称的演变 [J]. 贵州社会科学, 2009 (3).

[152] 殷叙彝. 这是恩格斯的政治遗嘱吗？[J]. 红旗文稿, 2008 (14).

[153] 陆南泉. 对斯大林模式的再思考 [J]. 当代世界社会主义问题, 2007 (3).

[154] 高静宇. 大卫·科茨谈苏联解体 [J]. 当代世界与社会主义, 2005 (1).

[155] 中国人民大学"三个代表"重要思想研究中心课题组. 冷战结束后国外马克思主义研究概况：上 [J]. 北京行政学院学报, 2005 (4).

[156] 董煊. 圣西门的实业思想与法国近代的工业化 [J]. 中南民族大学学报, 2004 (1).

[157] 高放. 第一个政党性的国际工人组织：第一国际光芒四射 [J]. 中国延安干部学院学报, 2004 (1).

[158] 郑异凡. 恩格斯"同时胜利论"质疑 [J]. 国际政治研究, 2003 (4).

[159] 亚当·沙夫. 我的中国观 [J]. 当代世界社会主义问题, 2001 (4).

[160] 季塔连科. 对毛泽东、邓小平社会主义理论的比较 [J]. 中共党史研究, 2001 (6).

[161] 高放. 也谈马克思主义经典著作中未来社会名称的历史演变中的分析 [J]. 理论视野, 1999 (6).

[162] 李靖宇. 列宁与苏维埃政权初期的精神文明建设 [J]. 俄罗斯东欧中亚研究, 1999 (3).

[163] 左凤荣. 斯大林的列宁主义定义：认识斯大林主义的一把钥匙 [J]. 当代世界与社会主义, 1999 (4).

[164] 贾云泉. 论傅立叶的社会改造理论对社会主义学说的贡献 [J]. 社会科学战线, 1998 (6).

[165] 高放. 关于社会主义"同时胜利"和"一国胜利"问题辨析 [J]. 当代世界社会主义问题, 1995 (2).

［166］周呈芳. 马克思恩格斯不断革命理论的形成和基本内容：纪念恩格斯逝世 100 周年［J］. 内蒙古工业大学学报（社会科学版），1995（2）.

［167］杰柳辛. "中国的资本主义"还是"有中国特色的社会主义"［J］. 国外社会科学，1994（4）.

［168］彭穗宁. 圣西门主义的所有制理论新探［J］. 社会主义研究，1994（5）.

［169］文晓明. 空想社会主义者关于未来社会发展阶段思想的探索［J］. 南京社会科学，1991（2）.

［170］李元书. 十月革命前后列宁政治体制理论的两次转变与苏联政治体制的形成［J］. 苏联东欧问题，1989（1）.

［171］裴玉芳. 苏联的改革与意识形态工作：与苏联托申科博士谈话纪要［J］. 苏联问题参考资料，1989（2）.

［172］陈森. 巴贝夫和平等派运动［J］. 国际共运史研究，1988（1）.

［173］姜长斌. "战时共产主义"体制和直接过渡思想研究［J］. 苏联东欧问题，1987（2）.

［174］刘昀献. 试论巴黎公社是第一国际的精神产儿［J］. 史学月刊，1985（3）.

［175］周治平. 资本论关于未来社会所有制的论述：纪念马克思逝世一百周年［J］. 暨南学报（哲学社会科学），1983（1）.

［176］张汉清. 马克思在第一国际中的地位和作用［J］. 北京大学学报（哲学社会科学版），1983（1）.

［177］姜义华. 列宁主义与"战时共产主义"［J］. 复旦学报（社会科学版），1981（1）.

［178］许征帆. 论早期的乌托邦主义与无产阶级先驱的历史关系［J］. 北京大学学报（哲学社会科学版），1980（5）.

［179］陈正容.1905 年俄国革命的性质、特点和意义［J］. 历史教学，1960（2）.

二、英文文献

［1］HOLLIS P，ed. Class and Conflict in Nineteenth-century England 1815-1850［M］. London：Routledge & Kegan Paul，1973.

［2］GOODMAN D S G，Deng Xiaoping and the Chinese Revolution：a Political Biography［M］. London：Routledge，1994.

［3］CHODORKOFF D. The Utopian Impulse: Reflection on a Tradition ［J］. The Jounal of Social Ecology, 1. 1 Winter 83.

［4］ROYLE E, Robert Owen and the commencement of the millennium: A study the Harmony community ［M］. Manchester: Manchester University Press, 1998.

［5］JAMESON F, The Politics of Utopia ［J］. New Left Reviews, 2004 （5）.

［6］COLE G D H. A short history of the British working class movement ［M］. London : George Allen and Unwin Ltd. , 1982.

［7］COLE G D H. Robert Owen ［M］. Boston: Little, Brown, and Co. , 1925.

［8］GOLLIN G L, Theories of the Good Society: Four Views on Religion and Social Change ［J］. Journal for the Scientific Study of Religion, 1970, 9 （1）.

［9］CHANG G, The coming collapse of China ［M］. New York : Random House, 2001.

［10］MICHAEL F, LINDEN C, PRYBYLA J, DOMES J. China and the Crisis of Marxism-Leninism ［M］. US: Westview Press, 1990.

［11］LESLIE M A. The life and ideas of Robert Owen ［M］. London: Lawrence and Wishart, 1962.

［12］CHATTOPADHYAY P, Economic Content of Socialism in Lenin: Is It the Same as in Marx? ［J］. Economic and Political Weekly, 1991, 26 （4）.

［13］GREGORY P R. The Political Economy of Stalinism: Evidence from the Soviet Secret Archives ［M］. Cambridge: Cambridge University Press, 2004.

［14］MILIBAND R. The Politics of Robert Owen ［J］. Journal of the History of Ideas, 1954, 15 （2）.

［15］FRASER W H, A History of British Trade Unionism 1700—1998 ［M］. London: the Macmillan Press, 1999.